Autor _ SCHOPENHAUER
Título _ SOBRE A ÉTICA

Copyright _ Hedra 2014
Tradução© _ Flamarion Caldeira Ramos
Título original _ *Parerga und Paralipomena. Kleine philosophische Schriften* (1851)
Corpo editorial _ Adriano Scatolin, Alexandre B. de Souza, Bruno Costa, Caio Gagliardi, Fábio Mantegari, Felipe C. Pedro, Iuri Pereira, Jorge Sallum, Oliver Tolle, Ricardo Musse, Ricardo Valle

Dados _ Dados Internacionais de
Catalogação na Publicação (CIP)
(Câmara Brasileira do Livro, SP, Brasil)

—

Schopenhauer, Arthur, 1788-1860.

—

Sobre a ética / Arthur Schopenhauer;
organização e tradução Flamarion C. Ramos.
- São Paulo: Hedra, 2012. 282 p.

—

ISBN 978-85-7715-283-4

—

1. Ética 2. Filosofia alemã 3. Schopenhauer,
Arthur, 1788-1860 - Ética I. Ramos,
Flamarion C. II. Título.

12-06162   CDD 193

Índices para catálogo sistemático:
1. Ética: Filosofia alemã 193

Direitos reservados em língua
portuguesa somente para o Brasil

— EDITORA HEDRA LTDA.

Endereço _
R. Fradique Coutinho, 1139 (subsolo)
05416-011 São Paulo SP Brasil
Telefone/Fax _ +55 11 3097 8304
E-mail _ editora@hedra.com.br
Site _ www.hedra.com.br
Foi feito o depósito legal.

—
—
—

Autor _ SCHOPENHAUER
Título _ SOBRE A ÉTICA
Organização e tradução _ FLAMARION C. RAMOS
São Paulo _ 2014

hedra

- **Arthur Schopenhauer** (Danzig, 1788-Frankfurt, 1860) foi um dos grandes filósofos alemães do século XIX. Filho de um rico comerciante, antes de completar os estudos Schopenhauer empreendeu com a família uma série de viagens pela Europa. Em 1813 escreve sua primeira obra, com a qual obteve o título de doutor, a dissertação *Sobre a quádrupla raiz do princípio de razão suficiente*. A partir de 1814 instala-se em Dresden e começa a redigir sua obra principal, publicada no final de 1818, *O mundo como vontade e representação*. É nessa obra que o filósofo expõe sua "metafísica da vontade" que, ao apresentar na base das operações da razão uma instância desprovida de consciência, antecipou vários temas da filosofia contemporânea. A partir de 1833, o filósofo se instala em Frankfurt-sobre-o-Meno, onde permanece até sua morte em 1860. Nesse período, volta a trabalhar intensamente em sua filosofia, escrevendo importantes textos complementares à sua metafísica, como o ensaio "Sobre a vontade na natureza", de 1836, "Os dois problemas fundamentais da Ética", de 1841, e a segunda edição de *O mundo como vontade e representação*, enriquecida com um volume inteiro de complementos. Mas foi só a partir de 1851, com a publicação do livro *Parerga e paralipomena*, que Schopenhauer passou a ser mundialmente conhecido. A partir de então, o filósofo, nessa época chamado "o Buda de Frankfurt", passou a receber constantes visitas de admiradores até falecer, vítima de pneumonia, em 21 de setembro de 1860, aos 72 anos de idade. Na formação de seu pensamento ocorre o entrecruzamento de uma certa tradição filosófica do Ocidente, que vai de Platão a Kant, e a recepção europeia dos escritos sagrados do Oriente, especialmente dos hindus. Com isso, Schopenhauer designa a vontade de viver como a "coisa-em-si", que se manifesta no mundo enlaçada no véu de Maia que constitui o mundo da representação e dos fenômenos sensíveis. No mundo se objetiva uma vontade sem finalidade, irracional e cega, que se afirma no corpo buscando satisfazer suas necessidades. Os homens, dominados pela vontade, vivem num fluxo incessante de desejos e oscilam assim, continuamente, entre a dor, quando o desejo não é satisfeito, e o tédio, quando a vontade não encontra mais objeto de satisfação. A partir disso, o filósofo oferece uma visão desencantada da existência, segundo a qual "toda a vida é sofrimento" e toda aspiração de felicidade uma ilusão. Somente a arte e a renúncia ascética ao mundo e suas solicitações poderiam oferecer vias possíveis de redenção a um mundo repleto de frustrações. Com sua filosofia, Schopenhauer influenciou principalmente os artistas, e especialmente os grandes escritores do século XX, como Proust, Thomas Mann, Beckett, Borges e, entre nós, Machado de Assis.

Sobre a ética – Parerga e paralipomena (v. II, t. II) *Parerga e paralipomena: pequenos escritos filosóficos* (1851), título que pode ser traduzido aproximadamente por "ornatos e complementos", é um conjunto de ensaios, fragmentos e aforismos que contém diversos complementos e ilustrações da filosofia de Schopenhauer exposta em sua obra *O mundo como vontade e representação*. Publicada em dois volumes, esta obra é responsável pela celebridade que Schopenhauer alcançou na segunda metade do século XIX, especialmente entre os artistas. A editora Hedra publicará todos os ensaios de *Parerga e paralipomena*, dividindo-os em seis volumes. Neste volume estão reunidos oito ensaios. Os mais longos são "Sobre a ética", onde o autor reflete sobre o caráter essencialmente pervertido do homem e sobre a possibilidade das ações virtuosas, e "Sobre a religião", no qual discute a oposição entre uma verdade transmitida alegoricamente e fixada pela fé e uma verdade obtida pela especulação filosófica. Complementam o volume seis ensaios sobre direito e política, sobre a vontade que a morte não suplanta, sobre o sentido da experiência do homem e sobre o suicídio, sempre do ponto de vista das implicações éticas.

Flamarion Caldeira Ramos é doutor em filosofia pela Universidade de São Paulo e professor de ética e filosofia política da Universidade Federal do ABC (UFABC). Traduziu, de Schopenhauer, *Sobre a filosofia e seu método* (Hedra, 2010).

SUMÁRIO

Introdução, por Flamarion Caldeira Ramos   9

SOBRE A ÉTICA   35
Sobre a ética   39
Sobre a doutrina do direito e a política   85
Sobre a doutrina da indestrutibilidade
    de nosso ser verdadeiro pela morte   117
Suplementos à doutrina da nulidade da existência   137
Suplementos à teoria do sofrimento do mundo   147
Sobre o suicídio   165
Suplementos à doutrina da afirmação e da negação da
    vontade de viver   173
Sobre a religião   187

INTRODUÇÃO

Continuando a tarefa de apresentar na íntegra ao leitor brasileiro a obra *Parerga e paralipomena* de Schopenhauer, o presente volume traz um conjunto de ensaios que tem como tema principal a ética ou, dito de maneira mais geral, a filosofia moral como um todo. Esse conjunto de textos está no segundo volume dos *Parerga*, e compreende os capítulos 8 a 15 do volume que recebeu de Schopenhauer o subtítulo *Pensamentos específicos, mas ordenados sistematicamente, sobre vários objetos*. Se o primeiro volume dos *Parerga* traz uma coletânea com seis ensaios que podem ser lidos independentemente uns dos outros e não pressupõem o conhecimento prévio de sua filosofia, o segundo volume é composto por 31 capítulos — e mais alguns versos originais do próprio Schopenhauer — que podem ser vistos como complementos ou anexos de sua obra principal, *O mundo como vontade e representação*, publicada em 1819. Esses 31 capítulos podem ser agrupados tematicamente da seguinte forma: o primeiro grupo, do primeiro ao sétimo capítulo, tem a tarefa de complementar a teoria do conhecimento e a metafísica do filósofo;[1] o segundo grupo, do oitavo ao décimo quinto capítulo, versa principalmente sobre temas da ética desenvolvida por Schopenhauer no quarto livro de *O mundo como vontade e representação*; já o terceiro grupo é composto por textos de temáticas diversas, e apesar de uma certa preponderância das questões estéticas (como revelam os títulos dos capítulos 19 — "Sobre metafísica do belo e estética", e 23 — "Sobre

[1] Esses textos foram publicados pela editora Hedra com o título *Sobre a filosofia e seu método*. Na introdução tentamos explicar a estrutura da obra e dar conta de sua multiplicidade temática.

INTRODUÇÃO

atividade literária e estilo"), o que aí predomina são questões acessórias que devido a seus temas não encontraram lugar na obra principal — textos como "Sobre as mulheres", "Sobre ruído e barulho", "Observações psicológicas" etc. Nesta apresentação do grupo de textos que compõe o presente volume, valeria a pena tentar reconstruir o lugar sistemático da ética na filosofia de Schopenhauer e tentar compreender por que ela se encerra com uma reflexão acerca da religião.

A filosofia de Schopenhauer é comumente caracterizada como pessimista. Às construções otimistas da filosofia racionalista, o autor opõe não apenas a incapacidade da razão de conhecer o mundo em sua totalidade, mas também e principalmente, a incompetência do homem para atribuir um efetivo sentido para sua existência. No sistema do filósofo, a vontade não é somente a raiz metafísica do mundo como também a fonte de todos os sofrimentos. Ela é cega, irracional e sem finalidade. A felicidade e o prazer são considerados meramente negativos, pois residem em momentos transitórios de satisfação do querer, que são imediatamente seguidos por novas solicitações do querer insaciável. A vida humana é assim descrita como um pêndulo que oscila constantemente entre a dor — incapacidade de satisfazer o querer — e o tédio — quando o querer não encontra objeto de satisfação. Ao homem só restaria então buscar uma saída nos momentos de silêncio da vontade, na contemplação objetiva do belo natural e artístico e na experiência mística da negação da vontade.

Tal descrição aparentemente simples não deve nos impedir de ver que o pessimismo de Schopenhauer e a descrição trágica da existência que o filósofo oferece são frutos de uma reflexão ética profunda. Essa reflexão está na base de sua metafísica e da crítica que ele faz a toda tradição racionalista da filosofia. O sistema de Schopenhauer é apresentado nos quatro livros que compõem sua obra principal, *O mundo como vontade e representação*. Poderíamos dizer que cada livro tem uma unidade temática, sendo o primeiro dedicado a fornecer as bases epistemológicas da doutrina por meio de uma teoria da representação; o segundo desenvolve o núcleo de sua metafísica, a descoberta do "mundo como vontade"; o terceiro livro apresenta a teoria das ideias — a representação para além do princípio de razão, o objeto da arte; o quarto livro apresenta a ética por meio da teoria da negação da vontade de viver. Essa breve caracterização parecerá parcial se levarmos em conta o que Schopenhauer diz no prefácio à primeira edição de sua obra principal. Lá, o filósofo denomina sua doutrina um "pensamento único".[2] Como exposição de um pensamento único, o "sistema" de Schopenhauer não pode apresentar-se de modo arquitetônico, como uma sequência dedutiva a partir de um único princípio, e constitui-se mais como um todo de proposições que se condicionam e se completam mutuamente. Essas proposições são compostas em pequenos grupos, de modo que o pensamento único encontre neles uma exposição particular, mas de uma maneira tal que cada grupo, enquanto parte do sistema, exponha o todo que é o desdobramento daquele pensamento único. As diferentes disciplinas que compõem as partes desse sistema, concebido de modo orgânico, são para Schopenhauer apenas

---

[2] "Um *sistema de pensamentos* tem sempre de possuir uma coesão arquitetônica, ou seja, uma tal em que uma parte sustenta continuamente a outra, e esta, por seu turno, não sustenta aquela; em que a pedra fundamental sustenta todas as partes, sem ser por elas sustentada; em que o cimo é sustentado, sem sustentar. Ao contrário, *um pensamento único* [ein einziger Gedanke], por mais abrangente que seja, guarda a mais perfeita unidade. Se, todavia, em vista de sua comunicação, é decomposto em partes, então a coesão destas tem de ser, por sua vez, orgânica, isto é, uma tal em que cada parte tanto conserva o todo quanto é por ele conservada, nenhuma é a primeira ou a última, o todo ganha em clareza mediante cada parte, e a menor parte não pode ser plenamente compreendida sem que o todo já o tenha sido previamente." *O mundo como vontade e representação*, § 54, *Sämtliche Werke* (Ed. Hübscher; daqui em diante citada como *SW*), vol. II, p. vi. *O mundo como vontade e como representação*, trad. Jair Barboza. São Paulo: Unesp, 2005, pp. 19–20.

INTRODUÇÃO

visões perspectivas do pensamento único: "quando se levam em conta os diferentes lados desse pensamento único a ser comunicado, ele se mostra como aquilo que se nomeou seja metafísica, seja ética, seja estética. E naturalmente ele tinha de ser tudo isso, caso fosse o quê, como já mencionado, o considero".[3]

Que pensamento único é esse? Schopenhauer o resume: "Os três primeiros livros trazem a nós o conhecimento claro e bem estabelecido de que no mundo como representação a vontade tem seu espelho, no qual ela se conhece a si mesma em graus progressivos de clareza e perfeição, cujo grau mais elevado é o homem".[4] Esse foi o resultado geral a que chegou a metafísica de Schopenhauer nos três primeiros livros de *O mundo como vontade e representação*. Agora, no quarto livro, quando se coloca a questão do significado ético das ações, trata-se de ver quais são as possibilidades que se apresentam ao homem quando lhe é dado conhecer-se a si mesmo como manifestação da vontade de viver. Ao conhecer-se a si mesma com o máximo de clareza possível, a vontade ou se afirma e continua a querer o que sempre quis — esse mesmo mundo com todos os céus e vias-lácteas — ou se nega e se suprime a si mesma — e aqui o que resta não é mais nada que possa ser conhecido e sobre o que se possa falar.[5] É essa a tese que Schopenhauer avança no quarto livro e que é a questão fundamental de sua ética: afirmação e negação da vontade

[3] *Ibid*, p. 20. O que Schopenhauer o considera nada mais é do que aquilo "que por muito tempo se procurou sob o nome de filosofia". *Idem*.

[4] *O mundo como vontade e representação*, I, § 54, *SW* II, p. 323; ed. bras., p. 357.

[5] Entre a afirmação e a negação da vontade está a contemplação artística que partindo do ponto de vista do conhecimento independente do princípio de razão, ou seja, da superação do véu de Maia e do princípio de individuação, chega ao conhecimento do que é a vida, conhecimento que está na base daquele que poderá negar a vontade. Mas a contemplação artística não expressa aquela aversão à vida própria da negação da vontade de viver. Ela apenas suprime temporariamente o modo de conhecimento da afirmação da vontade pelo da negação: não realiza uma negação completa da vontade.

de viver. No § 54 o autor oferece uma definição geral dessas duas atitudes:

> A vontade afirma-se a si mesma, quer dizer: quando na sua objetidade, isto é, no mundo e na vida, seu próprio ser lhe é dado clara e completamente, este conhecimento não impede absolutamente o seu querer, mas mesmo essa vida assim conhecida é também querida por ela, assim como já o era sem conhecimento, como impulso cego, mas agora com conhecimento, conscientemente e com reflexão. — O contrário disso, a *negação da vontade de viver*, se mostra quando, a partir daquele conhecimento, a vontade cessa, na medida em que os fenômenos particulares, uma vez conhecidos não mais agem como *motivos* do querer, mas o conhecimento completo da essência do mundo, que cresce pela apreensão das *ideias*, que espelha a Vontade, se torna *quietivo* da vontade e ela livremente se suprime. Esses conceitos bastante desconhecidos e dificilmente compreensíveis nessa forma geral de expressão serão, espera-se, esclarecidos pela exposição que logo se segue de fenômenos, os quais são aqui modos de agir, nos quais se exprimem, por um lado, a afirmação em seus diversos graus e, por outro, a negação.[6]

Schopenhauer explica em seguida que ambas as atitudes derivam do conhecimento, mas não do conhecimento abstrato, traduzido em palavras, mas sim de um conhecimento vivo, expresso apenas pelos fatos e pela conduta, independente de qualquer dogma. Trata-se apenas de descrever as consequências que advêm de cada uma dessas atitudes, já que aquilo que faz com que a vontade tome a direção da afirmação ou da negação permanece infundado. Aquele que afirma conscientemente a vontade e que também vê para além do princípio de individuação enxerga apenas a própria vontade de viver, manifestando-se em todos os seres da natureza e, apesar do sofrimento e da morte constante dos indivíduos que essa manifestação traz consigo, a afirma. Aquele que leva

---

[6] *O mundo como vontade e representação*, § 54, *SW* II, p. 336; ed. bras., p. 370.

em consideração o sofrimento dos indivíduos no mundo dos fenômenos, deixa de afirmá-la:

> Justamente este se reconhecer no fenômeno alheio, de que, como demonstrei repetidamente, surgem em primeiro lugar justiça e caridade, conduz finalmente à renúncia da vontade; pois os fenômenos em que esta se apresenta se situam tão decididamente no estado do sofrimento, que quem estende seu próprio eu a todos eles não pode continuar assim querendo; precisamente como alguém que ao comprar todos os talões da loteria, sofreria necessariamente um grande prejuízo. A afirmação da vontade pressupõe a limitação da consciência de si ao próprio indivíduo e conta com a possibilidade de receber um curso de vida favorável pela mão do acaso.[7]

Do conhecimento intuitivo e imediato da identidade metafísica de todos os seres surge toda virtude genuína. O que difere, porém, aquele que afirma daquele que nega a vontade, é a consideração do sofrimento de que o mundo está repleto e não apenas a descoberta da ilusão do véu de Maia. Não basta simplesmente reconhecer a vontade una para além dos fenômenos (este seria o primeiro estágio da moral), mas reconhecer a essência irremediável de seu sofrimento. Para Schopenhauer, o conhecimento chegado ao seu mais alto grau de perfeição nos mostra que a vida, obra da vontade de viver, é um erro, algo do qual devemos nos desviar, ou como ele não se cansa de repetir "um negócio cujos lucros não cobrem os gastos".[8] O objetivo da vida não seria outro senão o aprendizado de que melhor valeria simplesmente não ter nascido, pois a existência não passa de uma queda perpétua na morte, e a vida de nosso corpo é apenas uma agonia travada sem cessar, uma morte repelida de instante em instante. Um tal juízo negativo sobre a existência em geral é possível, segundo Schopenhauer, quando, ao colocarmo-nos

---

[7] *Complementos à doutrina da afirmação e da negação da vontade de viver*, § 165.

[8] *O mundo como vontade e representação*, "Complementos", Cap. 19, *SW*, III, p. 271: "*Das Leben [...] ein Geschäft ist, welches die Kosten nicht deckt*".

no lugar de todos os indivíduos que sofrem, deixamos de fazer uma distinção egoísta entre nosso próprio eu e o dos outros, quando consideramos não só as dores reais como até mesmo as simplesmente possíveis, e quando fazemos nossas as misérias do mundo inteiro.

A negação da vontade, no entanto, não surge a partir do sofrimento com a necessidade do efeito saído de uma causa, mas a vontade permanece livre. Aqui se trataria de uma "conversão transcendental", já que esse é o único ponto em que a liberdade da vontade se expressa no fenômeno.[9] Daqui em diante, o autor se utiliza de expressões emprestadas da mística e da religião, cristã e oriental, para expressar seu pensamento. "Aquilo que os místicos cristãos denominam *efeito da graça* e *renascimento* é para nós a única e imediata manifestação da *liberdade da vontade*. Ela aparece apenas quando a vontade, chegada ao conhecimento de sua essência em si, obtém daí um *quietivo*, quando então é removido o efeito dos *motivos*, os quais residem em outro domínio de conhecimento em que os objetos são apenas fenômenos".[10] Essa liberdade é, contudo, misteriosa. Ainda que ela dependa de uma certa reflexão racional sendo, portanto, privilégio do homem, pois depende da ação dos motivos *mediada* pelo conhecimento, deve-se notar que "todo conhecimento e inteligência é como tal independente do arbítrio; assim também aquela negação do querer, aquela penetração na liberdade, não pode ser forçada de propósito, mas provém da relação íntima do conhecimento com o querer no homem, vem portanto repentinamente e como algo que veio de fora".[11] Daí ser possível designar aquela "conversão transcendental" do homem que nega sua vontade como um "efeito da graça" ou "renascimento" [*Wiedergeburt*]. Segundo a teologia cristã

---

[9] Cf. *O mundo como vontade e representação*, § 68, SW, II, p. 466; ed. bras., p. 499.

[10] *Idem*, § 70, SW, II, p. 478; ed. bras., p. 510.

[11] Ibidem; ed. bras., p. 511.

interpretada por Schopenhauer, Adão simboliza a natureza e a afirmação da vontade, e Cristo simboliza a graça, a negação da vontade, a redenção: "Decididamente, a doutrina do pecado original (afirmação da vontade) e da redenção (negação da vontade) é a verdade capital que forma, por assim dizer, o núcleo do cristianismo; todo o resto é, a maior parte das vezes, apenas símbolo, envoltório, acessório".[12]

Dessa forma, a reflexão sobre o significado ético das ações desemboca numa reflexão sobre a verdade contida em certas representações religiosas. É por isso que não será por acaso que após discutir a ética e a teoria da negação da vontade nos capítulos oitavo a décimo quarto do segundo volume dos *Parerga*, Schopenhauer irá dedicar um extenso e importante capítulo à religião. Com isso, o autor estará oferecendo complementos específicos, mas "*sistematicamente* ordenados" sobre a teoria exposta no quarto livro de sua obra principal.

***

O primeiro texto do presente volume, o ensaio "Sobre a ética" oferece importantes complementos à ética *em sentido estrito* que Schopenhauer apresenta tanto no quarto livro de *O mundo como vontade e representação* quanto no ensaio *Os dois problemas fundamentais da ética*, de 1841. Neste último livro, Schopenhauer apresentou dois textos que ele escreveu para concursos de academias de ciências da Escandinávia: o primeiro, o ensaio "Sobre a liberdade da vontade", foi apresentado à Academia da Noruega como resposta a um concurso sobre a questão do livre-arbítrio e foi premiado; o segundo, o ensaio "Sobre o fundamento da moral", foi apresentado à Academia Real de Ciências da Dinamarca e não foi premiado. A academia considerou a resposta de Schopenhauer inadequada e o censurou por ele ter se referido a "vários filósofos contemporâneos de modo tão indecente". Quando publicou os dois ensaios juntos em 1841, Schopenhauer escreveu um

---

[12] *Idem*, § 70, *SW*, II, p. 480; ed. bras., p. 512.

longo prefácio em que criticou veementemente esse juízo da Academia dinamarquesa e apresentou uma contundente crítica da filosofia alemã contemporânea, especialmente a de Hegel. Com isso, sua filosofia continuou desconhecida, apesar do reconhecimento que foi a vitória no primeiro concurso. A isso o filósofo faz referência no § 109: "enquanto mesmo minha ética permanece ignorada pelos professores, prevalece nas universidades o princípio moral kantiano e, entre suas várias formas, a preferida é a da 'dignidade do homem'. A vacuidade dela eu já expus em meu ensaio 'Sobre o fundamento da moral' ".[13]

Os complementos que Schopenhauer publicou à sua ética exposta no quarto livro de *O mundo como vontade e representação* e no livro *Os dois problemas fundamentais da ética*, procuraram apenas reiterar seus principais resultados: o significado ético das ações derivado da unidade metafísica da vontade e o fundamento da moral na compaixão, sentimento que nada mais é que o reconhecimento empírico daquela verdade metafísica. Tanto o capítulo 47 dos *Complementos* ao *Mundo como vontade e representação* (de 1844) quanto o presente capítulo 8 dos *Parerga* oferecem pequenos desdobramentos de uma teoria já constituída.[14] No entanto, o texto dos *Parerga* abunda em fórmulas que se tornaram célebres, como aquela em que, ao discutir o significado moral do mundo, Schopenhauer de certa forma anuncia o anticristo de Nietzsche:

Que o mundo tenha apenas um significado físico e nenhum significado moral constitui o maior, o mais pernicioso, o erro fundamental,

[13] Capítulo 8, "Sobre a ética", §. 109.
[14] Os dois textos têm o mesmo título: "Zur Ethik". Traduzimos "Sobre a ética", mas uma tradução mais literal seria "Para a ética", no sentido de "Contribuições" ou "Complementos" para a ética. A ética *em sentido estrito* seria a discussão puramente moral dos valores e do significado ético das ações, sem levar em consideração a teoria da redenção que é onde ela desemboca. A reflexão sobre a ética que contém também a teoria da redenção é chamada por Schopenhauer "metafísica dos costumes".

a própria *perversidade* do ânimo, e no fundo é aquilo que a fé personificou como o anticristo. Não obstante e a despeito de todas as religiões que em sua totalidade afirmam o contrário disso, buscando fundamentá-lo à sua maneira mítica, este erro fundamental nunca desaparece completamente da Terra, mas ergue sempre, de tempos em tempos, novamente sua cabeça até que a indignação geral lhe obriga a esconder-se.[15]

Daí se segue uma série de considerações complementares sobre os vícios e as virtudes, como a bravura, a coragem, a avareza etc. É no § 114, porém, que encontraremos outro célebre texto de Schopenhauer, talvez um dos que mais contribuíram para sua fama de filósofo pessimista e rabugento, pois aqui o homem é tido como o "animal malvado por excelência": "O homem é no fundo um animal selvagem, terrível. Nós o conhecemos meramente no estado subjugado e domesticado que se denomina civilização: por isso nos apavoram as eventuais irrupções de sua natureza. Mas onde e quando a fechadura e a cadeia da ordem legal se rompem e a anarquia se instaura, então se mostra o que ele é".[16] Nesse texto, Schopenhauer procura traçar todas as características da malignidade humana e não se cansa de responsabilizá-la pelos males que constituem a vida do mais atormentado dos animais. Esse mal radica na própria essência do homem, em sua vontade:

Com efeito, portanto, no coração de cada um repousa um animal selvagem, apenas à espera de uma oportunidade para vociferar e bramir, na intenção de prejudicar outros e até mesmo aniquilá-los quando se metem em seu caminho; é bem daqui que surge todo o prazer guerreiro e combatente, e justamente isto, para ser domado e mantido em determinados limites, requer a ocupação integral do conhecimento, seu companheiro zeloso. De qualquer modo, denominemo-lo mal radical, o que ao menos servirá àqueles que se contentam com uma palavra no lugar de uma explicação. Eu, porém,

---

[15] Capítulo 8, "Sobre a ética", § 109.
[16] Capítulo 8, "Sobre a ética", § 114.

afirmo: é a vontade de viver, cada vez mais e mais amargurada pelo constante sofrimento da existência, que procura aliviar sua própria dor causando a dos outros.[17]

Sendo os males do mundo não algo acidental ou contingente na vida do homem, mas algo que corresponde à sua própria essência, a miséria que acompanha a existência humana não é senão a punição por uma maldade natural — e portanto, sinal de uma "justiça eterna" — "o mundo é juiz de si próprio".[18] É possível da mesma maneira entender que os sinais de bondade que às vezes se dão à mostra não constituem fatos esporádicos, mas a revelação de uma possível saída — nem que seja a saída para fora desse vale de lágrimas:

> Este é o *Samsara*, e tudo o anuncia: mais do que tudo, porém, o mundo dos homens, em que moralmente dominam a maldade e a infâmia, intelectualmente a incapacidade e a estupidez em medidas assustadoras. Entretanto, nele se apresentam, ainda que muito esporadicamente, mas sempre de novo nos surpreendendo, manifestações de honestidade, de bondade e mesmo de generosidade, e também do grande entendimento e do espírito pensante e mesmo da genialidade. Estas nunca se extinguem completamente: nos iluminam como pontos luminosos isolados da grande massa obscura. Devemos aceitá-las como garantia de que um princípio bom e redentor habita neste *Samsara* que pode atingir o rompimento e preencher e libertar o todo.[19]

O princípio redentor e a possibilidade de libertação serão apresentados no capítulo 14, "Complementos à doutrina da afirmação e da negação da vontade de viver". Ao tentar explicar mais detalhadamente sua teoria da redenção, Schopenhauer é inevitavelmente levado a fazer comparações com doutrinas religiosas, especialmente o cristianismo e certas religiões orientais, como o budismo e o bramanismo. Não

---

[17] Ibidem.
[18] Ibidem.
[19] Ibidem.

apenas a teoria da negação da vontade, mas o próprio fundamento da moral, a compaixão e toda a benfeitoria, já é um tipo de ação misteriosa, mística:

> Toda benfeitoria realizada como motivação pura revela que aquele que a efetua, em clara contradição com o mundo fenomênico, no qual o indivíduo estranho se dispõe inteiramente separado dele, se reconhece com o mesmo como idêntico. Por isso, toda beneficência totalmente desinteressada é uma ação misteriosa, um mistério: desta forma, para dar conta dela, deve-se aceitar recorrer a todo tipo de ficções.[20]

É nesse sentido que todos esses capítulos estarão repletos de menções a doutrinas religiosas e por isso a discussão do capítulo 15, "Sobre a religião", não estará de forma alguma deslocada no contexto temático desse volume.

No capítulo 9, "Sobre a doutrina do direito e a política", Schopenhauer reitera sua visão sobre a política exposta no § 62 de sua obra principal, onde procurou distinguir a moral do direito. Se a compaixão, enquanto ação mais afastada de toda motivação egoísta, é a ação fundadora da moral, as ações motivadas pelo ponto de vista contrário, ou seja, o do egoísmo, resultam quase sempre em injustiça. A injustiça é a invasão do domínio onde se afirma a vontade do outro: uma ação injusta é aquela que consiste na destruição ou ferimento do corpo do outro, ou então na redução das forças desse corpo ao seu próprio serviço; assim, o injusto aumenta as forças ao seu serviço e ultrapassa essa soma de recursos que é seu próprio corpo, ele afirma a sua própria vontade para além dos limites do seu corpo, e o faz negando a vontade manifestada por um corpo estranho. Ela compreende, além dos homicídios e ferimentos, os atentados à propriedade e a usurpação do trabalho.[21]

Segue-se disso que a noção de injustiça é primitiva e

---

[20] Capítulo 8, *Sobre a ética*, § 115.
[21] Cf. *O mundo como vontade e representação*, § 62, *SW*, II, p. 394.

positiva, e a de justiça é secundária e negativa. As ações justas são aquelas que não ultrapassam os limites traçados pela vontade do agente, que o limitam e apaziguam seu egoísmo. Segundo Schopenhauer, não se falaria nunca em direito se não houvesse injustiça, pois a definição do direito a contém:

> Quem parte da opinião preconcebida segundo a qual o conceito de *justo* deve ser *positivo* e então procura defini-lo, não será capaz de fazê-lo, pois quer pegar uma sombra, persegue um fantasma, busca um *Nonens*. O conceito de *justo* é *negativo*, assim como o de *liberdade*: seu conteúdo é uma mera negação. O conceito de *injusto* é positivo e tem o mesmo significado de *dano* no sentido mais amplo, isto é, *laesio*. Um tal dano pode afetar ou a pessoa, ou a propriedade ou a honra. Daí então ser fácil determinar os *direitos do homem*: cada um tem o direito de fazer tudo o que não fere o outro.[22]

Assim, enquanto parte da moral, a "doutrina pura do direito" se relaciona apenas ao *fazer* e não ao *sofrer*, pois apenas o fazer é uma expressão da vontade, e é esta última somente que a moral considera. Tendo sempre a ação como objeto, a doutrina do direito consiste na "determinação precisa dos limites que não devem ser ultrapassados pelo indivíduo na afirmação da sua vontade objetivada em seu próprio corpo, sem chegar à negação daquela outra vontade que aparece em outro indivíduo; da mesma forma, deve determinar quais são as ações que transgridem esses limites, que são portanto injustas e das quais podemos nos defender sem injustiça".[23] Só posso ultrapassar o limite do direito, que é a vontade alheia, para defender o meu direito de constrangimento [*Zwangsrecht*], que consiste em constranger, pela oposição da força, toda vontade que queira negar a minha. A legislação, ao contrário, toma em consideração a doutrina moral do direito para usá-la no seu lado passivo, para considerar as mesmas

---

[22] Capítulo 9, "Sobre a doutrina do direito e a política", § 121.
[23] *O mundo como vontade e representação*, § 62, *SW*, II, p 404; ed. bras. p. 438.

ações que ninguém deve padecer para que nenhuma injustiça deva suceder-lhe. Contra estas ações o Estado cria as leis, o direito positivo. O objetivo deste é que ninguém *sofra* injustiça. "Em contrapartida, o objetivo da doutrina moral do direito é que ninguém *faça* injustiça".[24] Assim, segundo o autor, o direito e a injustiça são noções puras e simplesmente morais, têm significado apenas para quem tem em vista a ação humana considerada em si, e o seu valor íntimo, ou seja, "para os homens considerados enquanto homens, não enquanto cidadãos" (*"für den Menschen als Menschen, nicht als Staatsbürger"*)[25]. Essa significação puramente moral das palavras "direito" e "justiça" subsiste mesmo no estado de natureza, na ausência de toda lei positiva; é ela que constitui a base e a substância de tudo o que se denomina *direito natural*, e que segundo o filósofo seria melhor denominado "direito moral", visto que aquilo que lhe é característico é não se estender àquilo que age sobre nós, à realidade exterior; seu domínio é o de nossa atividade interior, do conhecimento natural de nossa própria vontade, que nasce do exercício de nossa atividade, e que se chama *consciência moral*.

Para o filósofo, se deixamos de lado essa consideração puramente moral das ações humanas, ou se a negamos, caímos no erro comum a Hobbes e a Espinosa, erro que consistiria em negar que exista um direito para além do Estado, isto é, segundo Schopenhauer, confundir o direito com os meios de fazê-lo valer[26]. Embora só possa haver garantia do direito no Estado, em si mesmo ele é independente dele, pois se o direito é violentado no estado de natureza ele não é, no entanto, jamais suprimido. Enquanto tal, porém, ele existe apenas

---

[24] *Sobre o fundamento da moral*, trad. Maria Lúcia Cacciola. São Paulo: Martins Fontes, 1995, p. 142 (*SW*, IV, p. 219).

[25] *O mundo como vontade e representação*, § 62, *SW*, II, p. 403; ed. bras., p. 437.

[26] Cf. *O mundo como vontade e representação*, "Complementos", cap. 47, *SW*, III, p. 683.

na consciência, não vai além do indivíduo que o reconhece. Assim, a consciência não pode impedir que, no estado de natureza, a violência se estabeleça em vez do direito. No estado de natureza, depende de cada um não cometer injustiça, mas não depende em nenhum caso de cada um não sofrer injustiça, isso depende apenas da força exterior de que cada um está armado. Desse modo, ainda que por um lado, os conceitos de justo e injusto tenham valor independentemente da legislação estatal e não sejam convencionais, por outro, eles valem apenas como meros conceitos morais e relacionam-se com o autoconhecimento que cada um possui de si. Dessa forma, o Estado é uma instituição protetora, necessária devido aos ataques múltiplos aos quais o homem é exposto e dos quais ele não pode se defender senão por uma aliança com os outros.

A partir dessa teoria do Estado, Schopenhauer critica os filósofos alemães contemporâneos acusando-os de terem deturpado inteiramente o sentido da teoria do direito natural. Com isso, segundo Schopenhauer, as claras e simples relações da vida teriam sido tornadas incompreensíveis enquanto que as coisas nelas mesmas seriam simples e apreensíveis — *simplex sigillum veri*, frase constantemente repetida pelo autor. Aqui, a crítica à verborragia filosófica se junta à defesa de uma visão liberal do Estado cuja base é um pessimismo antropológico:

Em minha obra principal (vol. 2, capítulo 47) mostrei que o *Estado* é essencialmente uma mera instituição de proteção de todos contra ataques externos e dos indivíduos entre si. Disso se segue que a necessidade do Estado repousa, em última instância, na reconhecida *injustiça* do gênero humano, sem o que não se teria pensado em nenhum Estado, pois ninguém temeria prejuízo a seu direito e uma mera reunião contra os ataques de animais selvagens ou dos elementos naturais teria uma fraca semelhança com um Estado. Desse ponto de vista vê-se claramente a trivialidade e a platitude dos filosofastros que, em discursos pomposos, apresentam o Estado como o fim supremo e a flor da existência humana, com o que oferecem uma apoteose do filisteísmo.[27]

O pessimismo tão onipresente e insistente dos capítulos 11 e 12 parece contrastar com a teoria da indestrutibilidade do nosso ser verdadeiro pela morte, tema do capítulo 10. Por ser o único animal racional na face da terra, o homem é também o único que se espanta com sua própria existência. Esse espanto, que torna o homem "animal metafísico", na medida em que ele sente necessidade de uma explicação para sua condição, surge principalmente com a consciência da morte, de que a vontade de viver se torna consciente pela primeira vez. A morte é propriamente o gênio inspirador ou a musa da filosofia. Com a razão, o homem tem certeza de sua morte, ao contrário dos animais que vivem, segundo o autor, num eterno presente. Mas a mesma razão tenta dar um consolo ao homem, e esta é a origem das metafísicas consoladoras, que surgem principalmente como uma tentativa de consolar o homem da certeza de sua morte. De acordo com a capacidade do indivíduo de lidar com ideias abstratas, essas metafísicas se dividem em filosofia e religião.

A resposta ao enigma oferecido pela morte à filosofia é construída por Schopenhauer a partir de sua *Metafísica da vontade*, que se baseia, por sua vez, na teoria da distinção kantiana entre fenômeno e coisa-em-si. Sendo a vontade a própria coisa-em-si, o fundo íntimo, o essencial do universo, enquanto a vida, o mundo visível, o fenômeno, é apenas o espelho dessa mesma vontade, a vida deve ser como a companheira inseparável da vontade. Onde houver vontade, haverá vida. Esta última não é outra coisa senão aquilo que aquela mesma vontade quis. Se a vida é essencial à coisa-em-si, ela não pode ser afetada pela morte: somente os fenômenos, isto é, os indivíduos podem estar submetidos ao nascimento e à morte. Vemos então que embora a morte atinja os indivíduos,

---

[27] Cap. 9, "Sobre a doutrina do direito e a política", § 123.

ela não atinge a vontade de viver. Na verdade, os indivíduos, do ponto de vista da vontade, são apenas meras aparências, surgidas através do *principium individuationis*, condicionadas pelo princípio de razão. A vida lhes é oferecida como uma dádiva, cuja perda representa para eles uma nova queda no nada.

Nenhum indivíduo é feito para durar para sempre: ele sucumbe na morte. Todavia, não perdemos nada. Pois à vida individual é inerente uma outra bem diferente cuja manifestação ela é. Esta não conhece nenhum tempo, portanto nenhuma duração nem declínio.[28]

A morte aparece como uma aniquilação para o indivíduo, mas a coisa-em-si que é a vontade permanece intocada por ela. O que desaparece é apenas a consciência ou o intelecto, o qual não passa de um instrumento, um acidente da vontade. Ao desvalorizar o intelecto em relação à vontade, a morte aparece, de um ponto de vista metafísico, como algo pouco lamentável já que a eternidade da vida está assegurada à vontade. Para conciliar a tese da indestrutibilidade da vontade com a negação da permanência da consciência individual, Schopenhauer diferencia a *metempsicose* — a teoria da transmigração das almas — da *palingenesia*, isto é, a *decomposição* e a nova formação do indivíduo, que, mantendo apenas sua *vontade* e assumindo a figura de um novo ser, recebe um novo intelecto. Esta última estaria de acordo com sua doutrina da permanência metafísica da vontade, da natureza meramente física do intelecto e sua consequente transitoriedade. Essa "metafísica da morte" parece consoladora, mas o consolo é irônico, uma vez que a permanência na vida representa apenas a continuação de uma vida condenada ao sofrimento: "Nos consolamos dos sofrimentos da vida pela morte, e da morte pelos sofrimentos da vida".[29]

[28] Capítulo 10, "Sobre a doutrina da indestrutibilidade de nosso ser verdadeiro pela morte", § 136.
[29] *O mundo como vontade e representação*, "Complementos", cap. 46,

INTRODUÇÃO

Escapar desse labirinto por meio do suicídio não é uma alternativa razoável, uma vez que a morte não toca no essencial. Mas tão absurdo quanto pensar que o suicídio seria uma saída possível é condenar o suicídio como um crime: este é o tema do capítulo 13. O suicídio não é um caminho adequado pois aquele que se mata confunde o fenômeno com a coisa-em-si: "Como a vontade de viver a vida é sempre certa e a esta o sofrimento é essencial, o suicídio, a destruição arbitrária de um fenômeno particular é uma ação inútil e tola, pois a coisa-em-si permanece intacta como o arco-íris imóvel em meio à rápida mudança das gotas, que por instantes são o seu sustentáculo".[30] O homem que põe fim aos seus dias leva a violência ao auge e acaba apenas com a ilusão da individuação, mas não converte a vontade. É porque aquele que se dá a morte não pode deixar de querer que deixa de viver. Por não poder afirmar-se de outro modo, a vontade afirma-se no suicídio pela própria supressão do seu fenômeno. Somente o conhecimento pode suprimir a vontade ao estabelecer aquela mudança na direção da mesma, a partir da qual ela deixa de se manifestar; do contrário, vale a rigorosa necessidade que rege o mundo dos fenômenos. Schopenhauer condena então, no § 69 de *O mundo como vontade e representação*, o suicídio pelo fato de que ele impede a realização do maior objetivo moral que é a redenção por meio da negação da vontade: o suicídio "substitui a efetiva redenção deste mundo de lástimas por uma meramente aparente".[31] Por consequência, o único caminho da salvação consiste em que a vontade se manifeste sem obstáculo, a fim de que possa tomar conhecimento de sua própria essência

---

SW, III, p. 664. O texto continua: "a verdade é que ambas se pertencem inseparavelmente na medida em que constituem um labirinto do qual é tão desejável quanto difícil escapar".

[30] O mundo como vontade e representação, § 69, *SW*, II, p. 472; ed. bras., p. 504.

[31] Capítulo 13, "Sobre o suicídio", § 157.

nesse fenômeno. Apenas em consequência desse conhecimento pode a vontade suprimir-se a si mesma, e, por esse fato, acabar também com o sofrimento que é inseparável do seu fenômeno. Isso não seria possível através de violência física, como a destruição de um germe, o assassinato de um recém-nascido ou o suicídio. Pelo contrário, devem-se fomentar todos os fins da natureza, pois ela conduz a vontade precisamente para a luz e só nela ela poderia encontrar sua redenção.[32]

Sendo essa a única razão moral válida contra o suicídio, Schopenhauer condena a reprovação que o suicídio sofre das religiões, especialmente das religiões monoteístas. O suicídio seria condenado por essas religiões porque ele seria um desmentido contra o otimismo obrigatório delas, para as quais vale o princípio do Gênesis (1,31), "todas as coisas são boas". Do ponto de vista prático, permanece verdadeiro, porém, que "tão logo se constata que os horrores da vida ultrapassam os terrores da morte, o homem porá um fim em sua vida".[33] Schopenhauer admite ainda uma outra espécie de suicídio, moralmente válida por ser uma consequência da negação da vontade: é a morte por inanição, voluntariamente aceita sob a inspiração de um ascetismo levado aos seus últimos limites. Nesse caso, segundo o autor, vê-se que é provável que a negação completa da vontade pode atingir um tal grau, que a vontade necessária para manter a vida vegetativa do corpo, por meio da alimentação, falte ela mesma. "Muito longe de se matar sob a influência da vontade de viver, um asceta desta espécie, tão perfeitamente resignado, deixa de viver apenas porque deixou completamente de querer".[34]

A religião, tão presente em todos os capítulos deste vo-

---

[32] *O mundo como vontade e representação*, § 69, *SW*, II, p. 474; ed. bras., p. 506.

[33] Capítulo 13, "Sobre o suicídio", § 158.

[34] *O mundo como vontade e representação*, § 69, *SW*, II, p. 474; ed. bras., p. 507.

lume, é o tema do capítulo 15. Esse texto, o mais longo, é composto de um diálogo e de parágrafos nomeados — o que em geral não ocorre com os demais textos dos *Parerga*. O diálogo sobre a religião (§ 174) contém uma discussão bem exaltada entre *Demófilo* (o amigo do povo) e *Filaleto* (o amigo da verdade). O ponto de vista de Filaleto, iluminista e crítico da religião, corresponde mais ao pensamento de Schopenhauer, mas seria um erro considerar como absurda a defesa que Demófilo faz da utilidade da religião, uma vez que Schopenhauer não deixa de levar em conta, nesse e em outros textos, a serventia da religião como "metafísica do povo". Schopenhauer distingue então dois tipos de metafísica: a metafísica genuína enquanto filosofia e a metafísica popular, envolta num discurso alegórico e imagético. Ambas são respostas à "necessidade metafísica do homem" que consiste na busca de uma solução para o enigma da vida. O que faz com que essa metafísica se divida em duas seria a diversidade original entre a capacidade intelectual das pessoas em virtude da qual, depois que um povo se forma e abandona a rudeza, não poderia mais haver uma única e mesma explicação para os mistérios do mundo. "Portanto, encontramos nos povos civilizados geralmente dois diferentes tipos dela, que se distinguem uma da outra pois uma tem sua confirmação *em si*, a outra *fora de si*".[35] Para o reconhecimento da primeira espécie de metafísica são necessários vários pressupostos, como reflexão, cultura, tempo livre e juízo, o que só pode se dar em civilizações avançadas, ou seja, supõe todo um desenvolvimento histórico. Não apenas para as civilizações menos avançadas, mas para todas as pessoas insuficientemente formadas e por isso inaptas para reconhecer outra verdade que não aquela transmitida pela autoridade e são, portanto, incapazes de refletir a partir de argumentos, só restam os sistemas da segunda espécie.

[35] *O mundo como vontade e representação*, "Complementos", cap. 17, *SW*, III, p. 180.

Esses dois tipos de sistemas metafísicos se comportam com hostilidade um em relação ao outro. Assim, os sistemas religiosos se valem de tudo para impor sua autoridade: ameaça, poder estatal e uma educação que consiste em enculcar nas pessoas os dogmas religiosos como verdades eternas. Já os sistemas estritamente filosóficos procuram convencer apenas através de argumentos, sua guerra se dá por meio das palavras e da escrita. Ambas pretendem possuir a verdade, o que gera o antagonismo entre elas: a religião como inimiga do pensamento livre e a filosofia como inimiga da superstição. Isso se explica pelo fato de que a religião não admite seu caráter meramente *alegórico* e pretende que se acredite nela como se fosse a verdade *sensu proprio*. Desde que se afaste essa pretensão da religião, então pode se estabelecer rigorosamente o âmbito de validade de cada um dos discursos:

Um sistema da primeira espécie, isto é, uma filosofia, tem a pretensão e portanto o dever de ser verdadeiro *sensu stricto et proprio* em tudo o que diz, pois se dirige ao pensamento e à convicção. Uma religião, ao contrário, destinada ao grande número que é incapaz de provar e de pensar por si mesmo, não poderia jamais apreender as mais profundas e difíceis verdades *sensu proprio*, e tem, por isso, apenas a obrigação de ser verdadeira *sensu allegorico*. A verdade não poderia aparecer nua ao povo.[36]

Se a religião aceitasse essa limitação inerente a seu próprio modo de exposição, ela poderia servir como um adequado e bom "veículo da verdade".[37] Pois aquilo que a religião

---

[36] Idem, p. 183.

[37] Quando a religião pretende ultrapassar esse limite ela incorre em erro: "Se se entende a dogmática cristã *sensu proprio*, então Voltaire tem razão. Tomada alegoricamente, ao contrário, ela é um mito sagrado, um veículo por meio do qual são levadas ao povo verdades que de outro modo lhe seriam absolutamente inacessíveis. Poder-se-ia compará-la com os arabescos de Rafael, ou também com os de Runge, que representam aquilo que é manifestamente antinatural e impossível, mas nos quais se exprime um profundo sentido". Capítulo 15, "Sobre a religião", § 177.

conta, por meio de mitos e dogmas, aparece como um absurdo para o entendimento comum exatamente pelo fato de que aquilo a que ela se refere diz respeito a uma ordem de coisas bem diferente do que aquela com a qual se ocupa esse entendimento comum, nomeadamente, uma ordem de *coisas-em-si*, diante da qual as leis do mundo fenomênico desaparecem. Por essa razão, Schopenhauer elogia Agostinho e Lutero por terem compreendido os mistérios do cristianismo em oposição ao pelagianismo que teria rebaixado tudo para o mero entendimento, a tosca inteligibilidade.[38] É nesse sentido que Schopenhauer reconhece um valor para a religião: como meio de transmissão de um profundo conhecimento metafísico que de outro modo permaneceria inacessível ao povo. É de acordo com essa utilidade prática da religião que podemos ler os juízos positivos de Schopenhauer no capítulo "Sobre a religião".

As religiões mais elogiadas por Schopenhauer são aquelas que estão de acordo com sua filosofia pessimista. Aliás, esse é mesmo o critério para estabelecer uma hierarquia entre as religiões: "A diferença fundamental das religiões consiste em saber se são otimismo ou pessimismo; de modo algum se são monoteísmo, politeísmo, trimúrti, trindade, panteísmo ou ateísmo (como o budismo)".[39] Dessa forma, as religiões mais elogiadas e consideradas mais próximas da verdade filosófica são o cristianismo (de acordo com as interpretações de Agostinho e Lutero), o budismo e o bramanismo. Especialmente essas religiões orientais são elogiadas pelo *idealismo* e pelo *pessimismo* nelas presentes, segundo a interpretação de Schopenhauer, pois atribuiriam ao mundo apenas uma existência onírica e considerariam a vida uma consequência de nossa culpa. É aventada até mesmo a hipótese da origem hindu do cristianismo. Já o judaísmo é acerbamente criticado, pois possui, como características principais, "*o realismo e o*

[38] Cf. Capítulo 15, "Sobre a religião", § 177.
[39] Capítulo 15, "Sobre a religião", § 181.

otimismo, que são intimamente afins e são as condições do verdadeiro *teísmo*, já que esse apresenta o mundo material como absolutamente real e a vida como um agradável regalo feito para nós".⁴⁰

Mas além dessa utilidade prática, a religião também serve à filosofia como ilustração do processo de redenção descrito na teoria da negação da vontade de viver. É por isso que no final do quarto livro de sua obra principal, Schopenhauer dá voz aos místicos e santos de várias religiões já que eles descreveriam justamente o processo que a razão filosófica apenas aponta sem conseguir explicar totalmente. Aqui se estabelece o limite do discurso filosófico e o discurso místico é incorporado à filosofia. É assim então que no diálogo de "Sobre a religião", mesmo com a aparente superioridade de Filaleto diante de seu interlocutor, Schopenhauer não chega a apontar o triunfo completo da filosofia e a supressão da religião. A religião não apenas satisfaz a necessidade metafísica do homem que não tem acesso à verdade filosófica, mas pode mesmo assumir seu lugar, já que ela é "infinitamente difícil e talvez inalcançável", pois a verdade abstrata, livre de todo o mito deverá permanecer "inalcançável para nós todos, também para os filósofos".⁴¹ A verdade seria assim como certos elementos químicos que jamais se apresentam em estado puro, mas ligados a outras matérias. Da mesma forma, "a verdade que não pode ser dita de outra maneira que não mítica e alegoricamente se assemelha à água, que

---

⁴⁰Capítulo 15, *Sobre a religião*, § 179. Nesse sentido, é constatada a superioridade do Novo Testamento em relação ao Antigo. A crítica de Schopenhauer ao judaísmo é tão persistente que é difícil deixar de notar o antissemitismo presente em algumas passagens, especialmente no § 177, ao culpar o judaísmo pelo desprezo aos animais na cultura ocidental. Contudo, a discussão sobre o antissemitismo de Schopenhauer é complexa e não se poderia acusar apressadamente Schopenhauer de inimigo dos judeus, como mostrou Henry Walter Brann em seu livro *Schopenhauer und das Judentum* (Bonn: Bouvier, 1975).

⁴¹Capítulo 15, "Sobre a religião", § 174.

não é transportável sem um recipiente; já os filósofos, que pretendem possuí-la em estado puro se assemelham àqueles que rompem o recipiente para ter a água só para si".[42]

De modo paradoxal, entretanto, o filósofo jamais deixa de dar ao discurso racional da filosofia a primazia, o que é assinalado por Alfred Schmidt em seu ensaio sobre a religião no pensamento de Schopenhauer: "a filosofia pode atribuir à religião um lugar e uma função, não o contrário".[43] Mesmo com todas as limitações do discurso racional, da ciência e da filosofia, Schopenhauer mantém-se afastado de uma queda na religião, e sua postura permanece, no fim das contas, "iluminista": a verdade não deveria assumir a roupagem da mentira pois assim ela entraria numa aliança perigosa.[44] O filósofo chega até mesmo a supor um progressivo declínio da fé, consequência direta do antagonismo entre a ciência e a religião. Seria um erro acreditar que a ciência progride e pode se expandir sem que isso impeça a religião de prosperar e florescer continuamente. Minada sem cessar pela ciência, ela caminharia rumo a seu fim:

> Nos séculos anteriores, a religião era uma floresta na qual o exército poderia se deter e se esconder. A tentativa de repetir isso em nossos dias acabou mal. Porque depois de tantas quedas ela não é mais do que uma moita atrás da qual eventualmente os ladrões se esconderem. Por isso deve-se proteger-se diante daqueles que querem introduzi-la em tudo.[45]

***

Tomou-se como texto-base para a presente tradução a edição alemã organizada por Arthur Hübscher (*Sämtliche Werke*. 3ª ed. Wiesbaden: F.A. Brockhaus, 1972, vol. VI). Também foram consultadas as edições de Wolfgang Frhr.

---

[42] Capítulo 15, "Sobre a religião", § 174.
[43] Schmidt, A. *Die Wahrheit im Gewande der Lüge — Schopenhauers Religionsphilosophie*. Munique/ Zurique: Piper, 1986, p. 165.
[44] Cf. Capítulo 15, "Sobre a religião", § 174.
[45] Capítulo 15, "Sobre a religião", § 182.

von Löhneysen. Frankfurt am Main: Suhrkamp, 1993, e de Ludger Lütkehaus, *Werke in fünf Bänden*. Zurich: Haffmans, 1988, vol. v. Consultamos o sexto volume desta última edição (seu *Beibuch*) para as versões das passagens em grego e latim. Tendo escolhido a edição de Hübscher como base, o leitor terá acesso aos adendos que Schopenhauer preparou para uma futura segunda edição autorizada dos *Parerga e paralipomena*. Essa edição, entretanto, não chegou a ser publicada e os acréscimos aqui presentes muitas vezes deixam o texto final truncado e indevidamente túrgido de referências literárias e científicas. O que dificulta sem dúvida o reconhecimento do valor literário da obra. No entanto, como a maior parte das traduções recentes para o inglês e o francês se baseiam nessa edição de Hübscher, procuramos não nos afastar dessa tendência. Assim, também consultamos a tradução inglesa de E.F.J. Payne (*Parerga and Paralipomena, Short Philosophical Essays*. Oxford: Clarendon, 1974), a francesa de Jean-Pierre Jackson (*Parerga & Paralipomena, Pétits écrits philosophiques*. Paris: Coda, 2005) e a espanhola de Pilar López de Santa María (*Parerga y Paralipómena*. Madrid: Trotta, 2009). Para a tradução dos capítulos 8, 12 e 14, consultamos a tradução de Wolfgang Leo Maar publicada no volume dedicado a Schopenhauer da coleção "Os Pensadores" (*O mundo como vontade e representação* (parte III); *Crítica da filosofia kantiana; Parerga e paralipomena* (capítulos V, VIII, XII, XIV), São Paulo: Abril Cultural, 1980). Para a tradução do capítulo 15 foi consultada a tradução anotada de Étienne Osier (*Sur la Religion*. Paris: Flammarion, 1996).

SOBRE A ÉTICA
PARERGA E PARALIPOMENA
(V. II, T. II)

Eleusis servat quod ostendat revisentibus.[1]

---

[1] "Eleusis guarda algo que ela só pode revelar a quem a revisita", *Sêneca, Quaestiones naturales*, VII, 30. A passagem toda é "Non semel quaedam sacra traduntur: Eleusin servat quod ostendat revisentibus". I. e.: "Alguns segredos não se revelam de uma só vez: Elêusis oculta para mostrar aos que lá voltem". [N.T.]

SOBRE A ÉTICA

§. 108.

VERDADES FÍSICAS PODEM ter muita significação externa, mas lhes falta a interna. Esta é a prerrogativa das verdades intelectuais e morais, que têm como tema os graus superiores de objetivação da vontade, enquanto aquelas têm os mais inferiores. Por exemplo, quando tivermos certeza, como hoje apenas se supõe, de que o sol causa no equador termoeletricidade, esta causa na Terra o magnetismo e este último a luz polar, então, essas verdades teriam uma significação exterior muito grande, mas seriam pobres quanto à significação interior. Exemplos dessas últimas são fornecidos, por outro lado, não apenas por todos os elevados e verdadeiros filosofemas espirituais, mas também pela catástrofe de toda boa tragédia, e mesmo a observação do agir humano em suas manifestações extremas de moralidade e imoralidade, isto é, da maldade e bondade; pois em todas elas se manifesta a essência, cujo fenômeno é o mundo, expondo assim, no mais elevado grau de sua objetivação, seu interior.

§. 109.

Que o mundo tenha apenas um significado físico e nenhum significado moral constitui o maior, o mais pernicioso, o erro fundamental, a própria *perversidade* do modo de pensar, e no fundo é aquilo que a fé personificou como o anticristo. Não obstante e a despeito de todas as religiões que em sua totalidade afirmam o contrário disso, buscando fundamentá-lo à sua maneira mítica, este erro fundamental nunca desaparece completamente da Terra, mas ergue sempre, de tempos em tempos, novamente sua cabeça até que a indignação geral lhe obriga a esconder-se.

Tão certo quanto possa ser o sentimento de um significado moral do mundo e da vida, elucidá-lo e decifrar a contradição entre ele e o curso do mundo é tão difícil que eu poderia ser poupado de apresentar o verdadeiro fundamento da moralidade, unicamente genuíno e puro, por isto sempre e por toda parte eficaz, com o que eu tenho o apoio suficiente da efetividade do processo moral para temer que esta doutrina pudesse alguma vez ser substituída ou suplantada por alguma outra.

Porém, enquanto mesmo minha ética permanece ignorada pelos professores, prevalece nas universidades o princípio moral kantiano e, entre suas várias formas, a preferida é a da "dignidade do homem". A vacuidade dela eu já expus em meu ensaio *Sobre o fundamento da moral*, §. 8, p. 169. Por isso, aqui não me estenderei. Se perguntássemos em que se baseia esta pretensa dignidade humana, então a resposta logo seria que ela se baseia em sua moralidade. Portanto, a moralidade sobre a dignidade, e a dignidade sobre a moralidade. Mas mesmo deixando isso de lado, me parece que o conceito de dignidade só pode ser aplicado de maneira irônica a um ser de vontade tão pecaminosa, de espírito tão limitado e de corpo tão vulnerável e frágil como o homem:

> *Quid superbit homo? cujus conceptio culpa,*
> *Nasci poena, labor vita, necesse mori!*[1]

Por isso eu gostaria de propor a seguinte regra em oposição à forma do princípio moral de Kant indicado: com cada pessoa com que tenhamos contato, não empreendamos uma valorização objetiva dela de acordo com valor e dignidade,

---

[1] "Do que se orgulha o homem? Sua concepção é uma culpa,/ o nascimento, um castigo, a vida, uma labuta, a morte, uma necessidade!" Versos latinos de Schopenhauer. [N.T.]

nem consideremos a maldade de sua vontade, nem a limitação de seu entendimento e a incorreção de seus conceitos; porque o primeiro poderia facilmente causar ódio, e a última, desprezo; tenhamos em vista antes somente seus sofrimentos, suas necessidades, seu medo, suas dores: pois assim sempre teremos com ela alguma familiaridade, nos simpatizaremos com ela e ao invés do ódio ou do desprezo, sentiremos aquela compaixão que unicamente forma a *agapē* [amor] pregada pelo evangelho. Para impedir que o ódio e o desprezo se manifestem contra alguém não é a procura de sua pretensa "dignidade", mas antes o ponto de vista da compaixão o único apropriado.

§. 110.

Os *budistas* partem, segundo suas profundas convicções éticas e metafísicas, não de virtudes cardinais, mas de vícios cardinais, como oposições ou negações das quais surgem as virtudes cardinais. Segundo a *História dos mongóis orientais*, de J.J. Schmidt (p. 7), os vícios cardinais dos budistas são os seguintes: luxúria, indolência, ira e avareza. Mas provavelmente a soberba deveria estar no lugar da indolência, pois assim consta nas *Lettres édifiantes et curieuses*, (édit. de 1819. Vol. 6, p. 372), em que ainda se acrescenta em quinto lugar a inveja, ou ódio. Em favor de minha retificação dos dados do emérito J.J. Schmidt está a concordância da mesma com as doutrinas dos *sufis*, certamente sob influência do bramanismo e do budismo. Também estes estabelecem os mesmos vícios cardinais, e de maneira muito apropriada o fazem aos pares, associando a luxúria e a avareza, a ira e a soberba (Cf. *Florescência da mística oriental*, de Tholuck, p. 206). Luxúria, ira e avareza já encontramos no *Bhagavat Gita*[2] (XVI, p. 21.) delimitadas como vícios cardinais, o que comprova a alta antiguidade da doutrina. Do mesmo modo

---

[2] O *Bhagavad Gita* faz parte da epopeia indiana *Mahabharata*, e é constituído por um diálogo entre Krishna e Arjuna. [N.E.]

no *Prabodha-Chandrodaya*,[3] este drama *filosófico-alegórico* de tanta importância para a filosofia vedanta, encontram-se estes três vícios cardinais, como os três chefes militares do rei paixão em sua guerra contra o rei razão. Como as virtudes cardinais opostas àqueles vícios cardinais se apresentam a castidade e a generosidade, ao lado da brandura e da humildade.

Se compararmos estes conceitos fundamentais orientais profundamente concebidos da ética com as tão célebres e mil vezes reiteradas virtudes cardinais platônicas — justiça, bravura, moderação e sabedoria —, notaremos que sem um conceito condutor fundamental e nítido, elas foram escolhidas de maneira superficial e em parte mesmo manifestamente falsa. Virtudes devem ser propriedades da vontade: a sabedoria porém pertence em primeiro lugar ao intelecto. A *sōphrosynē*, que foi traduzida por Cícero por *temperantia* e em alemão por moderação [*Mäßigkeit*] é uma expressão bem indeterminada e equívoca sob a qual naturalmente muitas ideias vêm à mente, como discernimento, ponderação, manter a cabeça no lugar. Deriva provavelmente de "manter-se prudente"[4] ou, nas palavras de um escritor, Hierax, no *Florilegium* de Estobeu (Cap. 5, § 60, vol. 1, p. 134), "Essa virtude era chamada de temperança [σωφροσύνη] porque ela manifestava uma adesão à prudência".[5] A bravura de modo algum é uma virtude, apesar de passar às vezes como uma serva ou instrumento da mesma: mas ela se presta da mesma forma aos serviços da maior indignidade. De fato, ela é apenas uma propriedade do temperamento. Já Geulinx (*Ética*, prefácio) reprovava as virtudes cardinais platônicas e as substituía por: *diligentia, obedientia, justitia, humilitas*; — claramente uma

---

[3] Trata-se do primeiro drama alegórico-filosófico escrito em sânscrito, no século XI, por Krishna Misra de Maithila. [N.E.]
[4] Em grego, no original: σῶον ἔχειν τὸ φρονεῖν. [N.T.]
[5] Em grego, no original: ὅθεν τὴν ἀρετὴν σωφροσύνην ἐκάλεσαν σωτηρίαν οὖσαν φρονήσεως. [N.T.]

má substituição. Os chineses nomeiam cinco virtudes cardinais: compaixão, justiça, cordialidade, ciência e sinceridade (*Journ. asiatique*, vol. 9, p. 62). Em seu livro (*China*, Londres, 1841, p. 197), Sam. Kidd as denomina *benevolence, righteousness, propriety* (decoro), *wisdom and sincerity*, e dedica a cada uma delas um detalhado comentário. O cristianismo não possui virtudes cardinais, mas virtudes teologais: fé, amor e esperança.

O ponto a partir do qual se separam as virtudes morais e os vícios do homem é aquela oposição da mentalidade fundamental diante dos outros, que ou tem o caráter da inveja ou da compaixão. Pois todo homem carrega em si essas duas propriedades diametralmente opostas que provêm da inevitável comparação do seu próprio estado com o do outro: conforme atua o resultado dessa comparação em seu caráter individual, uma ou outra propriedade se tornará sua disposição fundamental e a fonte de seu agir. A inveja consolida a muralha entre o tu e o eu; com a compaixão ela se torna delgada e transparente; ocasionalmente pode derrubá-la inteiramente quando então a diferença entre o eu e o não-eu desaparece.

§. 111.

A *bravura* acima mencionada, ou, mais precisamente, a *coragem* que está em sua base (pois a bravura é apenas a coragem na guerra) merece ainda ser examinada de mais perto. Os antigos contavam a coragem entre as virtudes e a covardia entre os vícios; isso não corresponde ao sentido cristão, orientado para a benevolência e a tolerância, cuja doutrina proíbe toda inimizade e mesmo toda resistência e é por isso que entre os modernos elas foram abandonadas. No entanto, devemos conceder que a covardia não nos parece combinar bem com um caráter nobre e isso por causa da excessiva preocupação com a própria pessoa que aí se revela. A coragem pode porém ser compreendida pelo fato de que se enfrenta uma ameaça no momento presente para prevenir maiores males no futuro, enquanto a covardia faz o contrário. A primeira atitude é o caráter da *paciência*, que consiste na clara consciência de que existem males ainda piores do que os do presente que poderiam ser precipitados pela fuga ou repulsão violenta. Por conseguinte, a coragem seria uma espécie de *paciência*, e como é justamente ela que nos torna capazes de todo tipo de privações e autossuperações é por meio dela que a coragem é ao menos aparentada à virtude.

Todavia, permita-se talvez ainda um modo de consideração superior. Poder-se-ia reconduzir todo medo da morte a uma ausência daquela metafísica natural, por isso também somente sentida, graças à qual o homem traz em si a certeza de que existe em todos, e mesmo em tudo, do mesmo modo como em sua própria pessoa, cuja morte portanto pouco pode afetá-lo. Pelo contrário, justamente dessa certeza, surgiria a coragem heroica e consequentemente (como se recordará o leitor de minha *Ética*) da mesma fonte as virtudes da justiça e da filantropia. Isto significa porém ver a questão bem por alto; contudo, de outra forma não se conseguiria explicar por que a covardia parece execrável e a coragem pessoal, nobre e sublime. Pois de nenhum ponto de vista inferior se poderia perceber por que um indivíduo finito, que para si próprio é tudo, para si mesmo a condição fundamental da existência do resto do mundo, não subordinaria todas as outras coisas à conservação de si mesmo. Por isso uma explicação inteiramente imanente, portanto puramente empírica, que se baseasse unicamente na utilidade da coragem, não seria suficiente. Daqui talvez tenha se originado a visão cética, mas notável, de Calderón sobre a coragem, negando até mesmo sua realidade; e ele o faz pela boca de um velho e sábio ministro em presença de seu jovem rei:

> *Que aunque el natural temor*
> *En todos obra igualmente,*
> *No mostrarle es ser valiente,*

Y esto es lo que hace el valor.
(La hija del aire, p. II, jorn. 2.)[6]

A respeito da distinção mencionada acima entre a validade da coragem como virtude para os antigos e para os modernos deve-se considerar ainda que os antigos entendiam por virtude, *virtus*, *aretē*, toda excelência, qualquer propriedade elogiável em si mesma, seja ela moral ou intelectual, inclusive a meramente corporal. Mas depois que o cristianismo comprovou como moral a tendência fundamental da vida, passou-se a considerar sob o conceito de virtude apenas as características morais. Entretanto, ainda se encontra o uso anterior da palavra nos latinistas mais antigos, como também no italiano, como comprova o conhecido sentido da palavra *virtuoso*. Haveria de chamar a atenção dos alunos para este alcance mais amplo do conceito de virtude entre os antigos; caso contrário causaria neles facilmente uma secreta perplexidade. Para esta finalidade, recomendo particularmente duas passagens conservadas por Estobeu: uma delas, atribuída ao pitagórico Metopos, no primeiro capítulo de seu *Florilegium*, § 64, em que se declara por *aretē* a aptidão de todo membro de nosso corpo, e a outra em seu *Eclogae ethicae*, Livro II, cap. 7, p. 272 (ed. Heeren). Nesta se afirma expressamente: "Diz-se que a aptidão de um sapateiro é aquela segundo a qual sabe fazer um bom calçado"[7] (*sutoris virtus dicitur secundum quam probum calceum novit parare*). Isto explica também por que na ética dos antigos se falava de virtudes e vícios que não encontram lugar na nossa.

§. 112.

Assim como a posição da bravura entre as virtudes, também pode-se colocar a posição da *avareza* entre os vícios em

---

[6] Schopenhauer traduz os versos de Calderón na sequência: "Embora o natural temor/ atinja a todos igualmente;/ escondê-lo é ser valente/ e é isso que faz o valor." [N.T.]

[7] Em grego, no original: σκυτοτόμου ἀρετὴν λέγεσθαι καθ᾽ ἣν ἀποτελεῖν ἄριστον ὑπόδημα δύναται. [N.T.]

dúvida. Apenas não se deve confundi-la com a ganância que é antes de tudo aquilo que a palavra latina *avaritia* designa. Apresentaremos então os argumentos favoráveis e contrários acerca da avareza, cabendo a cada um o juízo decisivo a seu respeito.

A Não é a *avareza* que constitui um vício, mas o seu oposto, o *desperdício*. Ela provém de uma limitação animal ao presente, contra a qual o futuro ainda existente meramente no pensamento não obtém poder algum, e repousa na ilusão de um valor positivo e real dos prazeres dos sentidos. Assim, a carência e a miséria futuras são o preço com que o esbanjador adquire estes prazeres vazios, fugitivos e mesmo às vezes imaginados, ou apascentam em sua pompa sua presunção vazia e estúpida nas mesuras dos seus parasitas, que dele se riem secretamente, e no espanto da plebe e dos invejosos. Por isto deve-se fugir dele como de um empestado e, depois de ter descoberto seu vício, dele se afastar a tempo para que, quando mais tarde surgirem as consequências, não se tenha que ajudar a sustentá-las ou ter que representar o papel dos amigos de Timão de Atenas. Pela mesma razão, não se deve esperar que aquele que desperdiça futilmente sua própria fortuna deixe intacta a fortuna de outro quando ela cai em suas mãos; mas *sui profusus, alieni appetens*,[8] coloca mui corretamente Salústio (*Catil.* c. 5). Assim, o desperdício conduz não só ao empobrecimento, mas deste ao crime: os criminosos das classes superiores assim se tornaram em consequência do desperdício. Por isso diz com razão o *Alcorão* (s. 17, v. 29): "Os esbanjadores são irmãos dos demônios" (*Sadi*, tradução de Graf., p. 254). A avareza, por outro lado, tem a abundância em sua companhia: e quando esta foi indesejada? Mas

---

[8] "Tendo desperdiçado o seu, cobiça o de outrem." [N.T.]

este deve ser um bom vício, o que possui boas consequências. Pois a avareza parte do correto princípio de que todos os prazeres agem somente negativamente e que portanto uma felicidade composta por eles é uma quimera e as dores são, por outro lado, positivas e muito reais. Assim ele recusa aqueles para melhor se prevenir destas: desse modo sua máxima se torna *sustine et abstine*.[9] E por que além de tudo ele sabe o quão inesgotáveis são as possibilidades de infelicidade e inumeráveis os caminhos do perigo, acumula os meios contra isso, para então, se possível, cercar-se com triplo muro de defesa. Quem pode dizer quando a prevenção contra acidentes se torna excessiva? Somente aquele que soubesse quando a malícia do destino alcança seu fim. E mesmo quando as precauções são exageradas, este erro prejudica só a ele próprio, não a outros. Se ele nunca precisar das riquezas que acumula, estas virão em proveito de outros, menos prevenidos pela natureza. Que até lá ele retire o dinheiro de circulação, não causa nenhum prejuízo, pois o dinheiro não é artigo de consumo, mas é um simples representante dos bens reais e úteis, não um bem próprio. Os ducados são no fundo apenas fichas: não são eles que possuem valor, mas aquilo em cujo lugar estão; isto porém ele não pode tirar de circulação. Além disso, pela sua retenção de dinheiro, o valor do restante em circulação é proporcionalmente acrescido. E mesmo que, como se afirma, por fim muito avarento ama o dinheiro diretamente e por si mesmo; assim, por outro lado, com certeza igual, muito esbanjador ama o gasto e o desperdício por si mesmos. A amizade porém, ou mesmo o parentesco com o avarento, não somente é destituída de perigo, como também é benéfica, pois pode trazer grande pro-

---

[9] "Retenha e abstenha-se." [N.T.]

veito. Porque certamente os que lhe são mais próximos colherão após sua morte os frutos de sua autarquia e mesmo ainda durante sua vida, em casos de grande necessidade, pode-se esperar algo dele, no mínimo sempre mais do que do esbanjador despojado, desamparado e endividado. *Mas dà el duro, que el desnudo* (mais oferece o duro de coração que o nu),[10] diz um provérbio espanhol. Em consequência disso tudo, a avareza não é um vício.

B Ela é a quintessência dos vícios! Se os prazeres físicos desviam o homem do caminho correto, o que carrega a culpa é sua natureza sensível, o que há nele de animal. Ele é tomado pela excitação e age, dominado pela impressão do presente, sem reflexão. Por outro lado, quando os vícios que ele nunca conseguiu abandonar finalmente o abandonam, seja pela fraqueza corporal ou pela idade, na medida em que desaparece sua capacidade para os prazeres dos sentidos, então ao se dirigir à avareza, a cobiça do espírito sobrevive à da carne. O dinheiro, que como representante de todos os bens do mundo constitui o abstrato dos mesmos, transforma-se no tronco seco ao qual se agarram seus desejos amortecidos, como egoísmo *in abstracto*. Regeneram-se doravante no amor a "mamon". De um desejo sensível, fugitivo, surgiu uma cobiça refletida e calculista pelo dinheiro que, como seu objeto, é de natureza simbólica, e como ele, indestrutível. É o persistente amor aos prazeres do mundo, que quer sobreviver a si mesmo, a completa inconvertibilidade, o prazer carnal sublimado e intelectualizado, o foco abstrato em que se reúnem todas as alegrias, em relação às quais ele consequentemente se comporta como o conceito

---

[10] Aqui é o próprio Schopenhauer quem traduz o provérbio: "*mehr giebt der Hartherzige, als der Nackte*". [N.T.]

geral em relação às coisas particulares. De acordo com isso, a avareza constitui o vício da velhice, assim como o desperdício forma o vício da juventude.

§. 113.

A precedente *disputatio in utramque partem*[11] é de todo modo apropriada para chegar à moral do *justemilieu* [justa medida] de Aristóteles. Também a esta é favorável a consideração seguinte.

Cada perfeição humana é associada a um defeito em que ameaça transformar-se; mas também, o inverso, todo defeito em uma perfeição. Daí vem o erro em que incorremos frequentemente quando conhecemos uma pessoa e logo no início trocamos seus defeitos por suas perfeições ou vice-versa. Assim, o cauteloso nos parece covarde, o econômico avarento; ou também o esbanjador liberal, o grosseiro correto e sincero, o estúpido dotado da mais nobre autoconfiança etc.

§. 114.

Todo aquele que vive entre pessoas é levado sempre de novo à suposição de que a maldade moral e a incapacidade intelectual estão estreitamente vinculadas, pois derivam diretamente de uma única raiz. Que este não é o caso, expus detalhadamente no segundo volume de minha obra principal, cap. 19, §. 8. Esta ilusão, que surge simplesmente do fato de ambas serem tão frequentemente encontradas juntas, deve ser explicada totalmente pela ocorrência muito frequente de ambas, pelo que se conclui facilmente que ambas devem residir sob o mesmo teto. Porém, não se deve negar que uma conduz à outra, para proveito recíproco, graças ao que se produz este fenômeno tão infeliz apresentado por demasiadas pessoas, e o mundo segue como segue. De fato, a ausência de inteligência favorece a revelação clara da falsidade, da baixeza e da maldade, enquanto a esperteza sabe ocultá-las melhor. E

---

[11] "Discussão sobre ambas as partes". Técnica retórica. [N.T.]

quão frequentemente, por outro lado, a perversidade do coração impede o homem de reconhecer verdades perfeitamente acessíveis a seu entendimento!

Contudo, que ninguém se exceda! Como qualquer um, mesmo o maior dos gênios é decididamente limitado em alguma esfera qualquer do conhecimento e revela assim seu parentesco com a essencialmente equivocada e absurda espécie humana; da mesma forma, cada um possui moralmente em si algo inteiramente ruim e mesmo o melhor e até mais nobre caráter nos surpreenderá ocasionalmente com traços particulares de malignidade, igualmente, para reconhecer seu parentesco com a espécie humana em que ocorre todo grau de indignidade, e mesmo de crueldade. Pois justamente graças a essa maldade nele, a esse mau princípio, foi obrigado a tornar-se um homem. E pela mesma razão, o mundo é exatamente aquilo que mostrou o meu fiel espelho do mesmo.

Apesar disso tudo, permanece imensamente grande a diferença entre as pessoas, e muitos se assustariam se vissem o outro tal como ele de fato é. Oh, como um Asmodeu da moralidade, tornando transparente ao seu favorito não somente os telhados e os muros, mas o véu da dissimulação, da falsidade, da hipocrisia, da careta, da mentira e da fraude, que sobre tudo se estende, permitindo-lhe enxergar quão pouca honestidade se encontra no mundo, e como tão frequentemente, também onde menos se espera, por trás de todas as virtuosas exterioridades, furtivamente e no mais íntimo recesso, a injustiça domina! Daí mesmo provém as amizades quadrúpedes de tantas pessoas da melhor espécie, pois francamente, como se restabelecer da infinita dissimulação, falsidade e malícia dos homens, se não houvesse os cães, em cuja face honesta podemos olhar sem desconfiança? — Nosso mundo civilizado porém é uma grande mascarada. Nela encontramos cavaleiros, padres, soldados, doutores, advogados, sacerdotes, filósofos e o que mais! Mas eles não são o que eles representam: são simples máscaras, sob as quais, via de regra, escondem-se especuladores financeiros (*moneymakers*). Contudo, também há um que toma de empréstimo a máscara do direito ao advogado, unicamente para malhar adequadamente algum outro; outro escolheu, para o mesmo fim, a máscara do bem público e do patriotismo, um terceiro a da religião, da pureza da fé. Com finalidades diversas, muitos já botaram a máscara da filosofia, e mesmo também da filantropia etc. As mulheres têm pouca escolha: na maioria das vezes se utilizam da máscara da decência, do pudor, das qualidades domésticas e da modéstia. Existem ainda as máscaras gerais, sem caráter específico, algo como os dominós, que se encontram então por toda parte: a essas pertencem a justiça rígida, a cortesia, a participação sincera e a amabilidade sorridente. Frequentemente, como já dito, sob todas essas máscaras se localizam industriais, negociantes e especuladores. Nesse sentido, a única classe honesta é constituída pelos comerciantes, pois somente eles se apresentam tal como são: andam assim sem máscara, mas justamente por isso ocupam um posto inferior. É muito importante, já cedo, ser ensinado na juventude de que nos encontramos numa mascarada. Caso contrário, não compreenderemos nem conseguiremos muitas coisas, mas nos situaremos frente a elas perplexos e por muito tempo como aquele *cui ex meliori luto dedit praecordia Titan*:[12] deste tipo é o favor que a infâmia encontra, o desleixo que sofre o mérito, mesmo o mais raro e maior, por parte das pessoas de sua especialidade, do ser odiado da verdade e das grandes aptidões, o desconhecimento dos sábios em seu âmbito e que quase sempre a autêntica mercadoria seja rejeitada em proveito do produto meramente artificial. Portanto, que o jovem já seja informado que nesta mascarada as maçãs são de cera, as flores de seda, os peixes de papelão e que tudo, tudo é futilidade e diversão; e que daqueles dois que ele vê ali negociar tão seriamente,

---

[12] "A quem Titã deu sentimentos feitos do melhor lodo". Juvenal, *Sátiras*, 14, 34. [N.T.]

um fornece mercadoria falsa enquanto o outro a paga com meras fichas.

Mas há considerações mais sérias a fazer e coisas piores a relatar. O homem é no fundo um animal selvagem, terrível. Nós o conhecemos meramente no estado subjugado e domesticado que se denomina civilização: por isso nos apavoram as eventuais irrupções de sua natureza. Mas onde e quando a fechadura e a cadeia da ordem legal se rompem e a anarquia se instaura, então se mostra o que ele é. Quem entretanto deseja se esclarecer a respeito também sem uma tal oportunidade, pode haurir a partir de centenas de relatos antigos e modernos a comprovação de que o homem não fica atrás em crueldade e ferocidade a nenhum tigre ou hiena. Um exemplo de grande importância do presente é fornecido pela resposta obtida pela sociedade antiescravista britânica à sua pergunta sobre o tratamento dispensado aos escravos nos estados escravistas da federação norte-americana pela sociedade antiescravista norte-americana em 1840: *Slavery and the Internal Slavetrade in the United States of North-America: being replies to questions transmitted by the British Antislavery-society to the American Antislavery society* (Lond. 1841). Este livro constitui uma das mais graves acusações contra a humanidade. Ninguém o tirará das mãos sem espanto, poucos sem lágrimas. Pois o que o seu leitor pode jamais ter ouvido, pensado ou imaginado sobre a infeliz situação dos escravos e mesmo sobre a dureza e crueldade humanas em geral, parecer-lhe-á irrisório ao ler como aqueles demônios em figura humana, estes patifes religiosos, frequentadores de igreja que observam estritamente o *sabbath*, e entre eles inclusive os sacerdotes anglicanos, tratam seus inocentes irmãos negros, que por injustiça e violência caíram em suas garras diabólicas. Este livro, que consiste em relatos secos porém autênticos e documentados, revolta todo sentimento humano em um grau tal que, com o mesmo na mão, poder-se-ia pregar uma cruzada para subjugar e castigar os Estados escravistas da América do Norte. Pois eles são uma mancha de vergonha para toda a humanidade. Um outro exemplo do presente, já que para muitos o passado não parece mais válido, está contido nas *Viagens de Tschudi ao Peru* (*Tschudi's Reisen in Peru*) de 1843, na descrição do tratamento dado aos soldados peruanos pelos seus oficiais.[13] Mas não precisamos procurar os exemplos no Novo Mundo, esta outra face do planeta. No ano de 1848 tornou-se conhecido que na Inglaterra, não uma vez, mas em curto espaço de tempo, umas cem vezes, um cônjuge envenenou o outro, ou ambos em comum os filhos, um após o outro, ou então os levou à morte pela fome e maus-tratos, unicamente para obter das sociedades funerárias (*burial-clubs*) os custos do enterro assegurados em caso de morte, para cujo fim haviam registrado uma criança em muitas, até vinte, destas sociedades simultaneamente. Veja-se a este respeito o *Times* de 20, 22 e 23 de setembro de 1848, jornal que por este motivo insiste na supressão das sociedades funerárias. Repete a mesma acusação com maior veemência no dia 12 de dezembro de 1853.

Obviamente, relatos deste tipo pertencem às páginas mais negras nas atas criminais do gênero humano. Mas a fonte disso tudo e de tudo que é parecido é a essência interna e inata do homem, deste deus por excelência dos panteístas. Em cada um reside antes de tudo um egoísmo colossal, que ultrapassa com a maior facilidade os limites da justiça, como ensina a vida diária em pequena escala e a história, em cada página, em grande escala. Pois já não reside na reconhecida necessidade do equilíbrio europeu tão temerosamente vigiado o fato de o homem ser uma fera, que, tão logo tendo vislumbrado um mais fraco, infalivelmente o ataca? E isto não é confirmado diariamente em pequena escala? Contudo,

---

[13] Um exemplo da época mais recente encontra-se em *Travels in Eastern Africa*, de Mac Leod (2 vols., Londres, 1860), em que se relata a crueldade inaudita, friamente calculada e verdadeiramente demoníaca com que os portugueses tratam seus escravos em Moçambique. [N.A.]

SOBRE A ÉTICA

ao egoísmo ilimitado de nossa natureza ainda se alia uma provisão mais ou menos presente em todo coração humano de ódio, ira, inveja, raiva e maldade, reunidos, como o veneno no receptáculo do dente de cobra, aguardando apenas a oportunidade para vir à tona, para então como um demônio libertado bramir com fúria e devastação. Ao não encontrar nenhum grande motivo, finalmente utilizará o mais ínfimo, ampliado por sua imaginação,

> *Quantulacunque adeo est occasio, sufficit irae.*[14]
> (Juvenal 13, 183)

E a levará a cabo até onde puder e lhe for permitido. Vemos isto na vida diária, onde tais erupções são conhecidas como "despejar sua raiva sobre algo". Também efetivamente se notou que, quando não encontra resistência alguma, o sujeito depois se sente decididamente melhor. Que a ira não é desprovida de prazer, já o afirma Aristóteles: "A ira é agradável" (*Rhet.* I, 11; II, 2),[15] para o que ainda acrescenta uma passagem de Homero que declara ser a ira mais doce do que o mel. Porém, não só à ira, mas também ao ódio, que está para aquela como a doença crônica para a aguda, nos entregamos *con amore*:

> *Now hatred is by far the longest pleasure:*
> *Men love in haste, but they detest at leisure.*
> (Byron, *D. Juan*, c. 13, 6.)[16]

Gobineau (*Essai sur l'inégalité des races humaines*) nomeou o homem *l'animal méchant par excellence* [o animal

---
[14] "Por menor que seja a ocasião, ela basta para a ira." [N.T.]
[15] Em grego, no original: τὸ ὀργίζεσθαι ἤδη. (*Retórica* I, 11, 1370b). [N.T.]
[16] "O ódio é de longe o prazer mais insistente./ Os homens amam apressadamente, mas detestam longamente". Byron, *D. Juan*, c. 13, 6. Reproduzimos a tradução de Schopenhauer para os versos de Byron: *Der Haß gewährt gewiß den süßern Trank: Wir lieben flüchtig, aber hassen lang* (O ódio oferece a mais doce bebida: amamos fugazmente, mas odiamos longamente). [N.T.]

malvado por excelência], o que desagrada as pessoas pois se sentem atingidas: ele tem razão, pois o homem é o único animal que provoca dor em um outro sem nenhum outro fim que não este mesmo. Os outros animais nunca o fazem a não ser para satisfazer sua fome ou na ira da luta. Ao se atribuir ao tigre o fato de que ele mata mais do que devora, deve-se ressaltar que ele o faz somente na intenção de comer e o fato é apenas que, como reza a expressão francesa, *ses yeux sont plus grands que son estomac*.[17] Nenhum animal maltrata apenas por maltratar; mas isso o homem faz e isto constitui o caráter *diabólico*, muito mais grave do que o simplesmente animal. Já se falou disso em seus traços mais amplos, mas também é nítido nas minúcias, pois então qualquer um tem a oportunidade diária de observá-lo. Por exemplo, quando dois pequenos cachorros brincam, algo tão pacífico e amável de se ver, e então se aproxima uma criança de três a quatro anos, imediatamente esta baterá nos animais com seu chicote ou pedaço de pau, mostrando assim ser já *l'animal méchant par excellence*. Mesmo a tão frequente zombaria e pilhéria sem objetivo se origina desta fonte. Por exemplo, ao exteriorizar seu descontentamento sobre qualquer perturbação ou desgosto menor, não faltará quem as produza precisamente por isto: *l'animal méchant par excellence*. Isto é tão certo que se deve evitar a expressão do desagrado em relação a pequenos inconvenientes; e inversamente também seu agrado por qualquer pequena coisa. Pois neste caso as pessoas farão como o carcereiro que, ao descobrir que seu detento havia realizado a árdua proeza da domesticação de uma aranha com a qual se divertia, imediatamente a esmagou: *l'animal méchant par excellence!* Por isso todos os animais temem por instinto o mero olhar ou mesmo o traço do homem, do *animal méchant par excellence*. O instinto também não engana aqui, pois somente o homem vai à caça de animais que

---

[17] "Seus olhos são maiores que seu estômago". [N.T.]

não lhe são úteis nem prejudiciais. Da maldade humana em grande escala já falamos acima.

Com efeito, portanto, no coração de cada um repousa um animal selvagem, apenas à espera de uma oportunidade para vociferar e bramir, na intenção de prejudicar outros e até mesmo aniquilá-los quando se metem em seu caminho; é bem daqui que surge todo o prazer guerreiro e combatente, e justamente isto, para ser domado e mantido em determinados limites, requer a ocupação integral do conhecimento, seu companheiro zeloso. De qualquer modo, denominemo-lo mal radical, o que ao menos servirá àqueles que se contentam com uma palavra no lugar de uma explicação. Eu, porém, afirmo: é a vontade de viver, cada vez mais e mais amargurada pelo constante sofrimento da existência, que procura aliviar sua própria dor causando a dos outros. Mas por este caminho ela progressivamente se desenvolve para a maldade e a crueldade propriamente ditas. Também se pode acrescentar a isso a observação de que, segundo Kant, a matéria só existe através do antagonismo das forças de expansão e de contração, da mesma forma a sociedade humana apenas através daquelas do ódio, ou da ira, e do medo. Pois a hostilidade de nossa natureza talvez fizesse de qualquer um uma vez um assassino, se não fosse dotado de uma suficiente dose de medo, para restringi-la a limites; e por outro lado, este sozinho o transformaria em motivo de troça e brincadeira por parte de qualquer criança se a ira não mantivesse nele a prontidão e a vigília.

O pior traço da natureza humana permanece sendo, porém, a alegria maligna, estreitamente aparentada à crueldade, distingue-se dela propriamente apenas como a teoria da prática, aparece em geral lá onde a compaixão deveria encontrar seu lugar, ela que, como seu oposto, é a verdadeira fonte de toda autêntica justiça e filantropia. Em um outro sentido, oposta à compaixão é a *inveja*, na medida em que surge a partir do motivo oposto: sua oposição à compaixão se baseia inicialmente sobre o motivo, e apenas como consequência disso se apresenta também no próprio sentimento. Por isso precisamente, a inveja, embora condenável, ainda é capaz de uma justificativa e de um modo geral é humana, enquanto a alegria maligna é diabólica e seu escárnio é o riso do inferno. Ela aparece, como já dito, justamente onde deveria se situar a compaixão; a inveja, contudo, somente ali onde não há motivo para ela, mas ao contrário, para o seu oposto, e exatamente como este oposto, surge no coração humano, ainda como uma disposição humana. Chego até a temer que ninguém esteja inteiramente livre dela. Pois que o homem, na contemplação do prazer e da propriedade alheios, sinta amargamente a própria carência é natural e mesmo inevitável, mas isso apenas não deveria provocar seu ódio contra o mais afortunado; mas precisamente nisto consiste a inveja. Muito menos, porém, esta deveria aparecer onde não são as dádivas da sorte ou do acaso, ou do favor alheio, mas aquelas da natureza que constituem o motivo; pois tudo aquilo que é inato repousa em uma base metafísica, possui portanto uma justificativa mais elevada, e por assim dizer, é da graça divina. Infelizmente, porém, a inveja age de modo inverso e se torna implacável quando as vantagens pessoais estão em jogo,[18] assim, a espertez e ainda mais a genialidade são

---

[18] A expressão mais franca e vigorosa disso que eu já encontrei foi fornecida recentemente por um artigo do *Times*. Ele merece aqui ser lembrado: "*There is no vice, of which a man can be guilty, no meanness, no shabbiness, no unkindness, which excites so much indignation among his contemporaries, friends and neighbours, as his success. This is the one unpardonable crime, which reason cannot defend, nor humility mitigate. 'When heaven with such parts has blest him, Have I not reason to detest him?' is a genuine and natural expression of the vulgar human mind. The man who writes as we cannot write, who speaks as we cannot speak, labours as we cannot labour, thrives as we cannot thrive has accumulated on his own person all the offences of which man can be guilty. Down with him! why cumbereth he the ground?*" ["Nenhum vício, nenhuma vileza, nenhuma maldade pelos quais se possa responsabilizar o homem provoca mais indignação entre os contemporâneos, amigos e vizinhos que o sucesso. Trata-se de um crime imperdoável, indefensável,

obrigadas primeiro a pedir perdão, sempre que não se situam em posição de desprezar o mundo com orgulho e audácia. De fato, quando a inveja é produzida apenas pela riqueza, posição ou poder, é atenuada frequentemente pelo egoísmo, pois este considera que se pode esperar do invejado, no caso em questão, ajuda, prazer, amparo, proteção, promoção etc., ou que ao menos no contato com ele, iluminado pelo reflexo de sua distinção, pode-se usufruir de sua honra: também aqui permanece a esperança de alcançar por si próprio todos aqueles bens. Porém, para a inveja orientada aos dons naturais e vantagens pessoais como é a beleza para as mulheres, o espírito para os homens, não há consolo de um tipo e esperança do outro; assim, nada mais lhe resta senão odiar os privilegiados de modo amargo e implacável. Por isso, seu único desejo é a vingança em seu objeto. Aqui se encontra, contudo, na infeliz situação de que todos seus golpes serão impotentes, tão logo se revele que partiram dele. Por isso se oculta tão cuidadosamente como os secretos pecados da volúpia, e torna-se agora inesgotável inventor de manhas, ardis e astúcias para se ocultar e mascarar e sem ser visto ferir seu objeto. Assim, por exemplo, ignorará, não verá, não reconhecerá que as notou e que já ouvira falar delas, com a mais natural das expressões, as vantagens que dilaceram seu coração, tornando-se assim um mestre na dissimulação. Com grande finura, parecerá desconsiderar inteiramente como insignificante aquele cujas qualidades brilhantes lhe corroem o coração, dele não tomará notícia e ocasionalmente o terá totalmente esquecido. Com isso, porém, se esforçará, antes

que nenhuma humildade pode mitigar. 'Quando o céu, com todas as suas graças, o abençoa, por que eu não o detestaria?', é uma expressão natural e genuína da mente humana vulgar. O homem que escreve como nós não podemos escrever, que fala como nós não podemos falar, trabalha como não podemos trabalhar, prospera como não podemos prosperar atrai para si mesmo todas as ofensas que podem ser impultadas a alguém. Acabemos com ele! Por que manter tal estorvo sobre a terra?"] *Times*, 9 de outubro de 1858. [N.A.]

de tudo, por meio de maquinações secretas, para privar cuidadosamente aquelas vantagens de toda oportunidade de se revelarem e se tornarem conhecidas. Logo, lançará da escuridão sobre elas censura, escárnio, zombaria e calúnia, como o sapo que lança seu veneno de um buraco. Não menos deixará ele de dirigir às pessoas insignificantes ou ao medíocre e mesmo ruim na mesma espécie de empreendimentos, louvores entusiásticos. Em suma, ele se tornará um Proteu em estratagemas, para ferir sem se revelar. Contudo, de que adianta? A vista treinada não deixará de reconhecê-lo. Já o trai a vergonha e a fuga de seu objeto, que desta maneira, quanto mais brilhante, tanto mais está só; por isso moças bonitas não possuem amigas: o trai seu ódio sem qualquer ocasião, que na menor oportunidade, frequentemente apenas imaginada, chega à mais violenta explosão. O quão difundida está aliás sua família, percebemos pelo elogio geral da modéstia, esta virtude astuta, inventada graças à vulgaridade insípida, que, contudo, pela necessidade que se lhe apresenta de mitigar a pobreza, acaba justamente a revelando. Para nosso amor próprio e orgulho nada é mais lisonjeiro do que a visão da inveja em seu esconderijo e conduzindo suas maquinações. Contudo, não se deve esquecer que onde está a inveja o ódio a acompanha, nos poupando de fazer do invejoso um falso amigo. Por isso sua descoberta é importante para nossa segurança. Por este motivo devemos estudá-lo para desfazer suas tramas, pois se encontra em toda parte, sempre incógnito ou também como o sapo venenoso, à espreita em tocas sombrias. Pelo contrário, não merece nem consideração nem compaixão, e a regra de conduta deve ser:

> *Den Neid wirst nimmer du versöhnen:*
> *So magst du ihn getrost verhöhnen.*
> *Dein Glück, dein Ruhm ist ihm ein Leiden:*
> *Magst drum an seiner Quaal dich weiden.*[19]

[19] "Jamais conseguirá reconciliar a inveja:/ Assim dela escarnecerá com

SOBRE A ÉTICA

Quando acontece, como aqui, de ter à vista a *maldade* humana e com ela se horrorizar, então devemos tão logo lançar um olhar à *miséria* da existência humana; e da mesma forma, novamente, quando esta nos choca, devemos nos dirigir àquela: perceberemos então que elas se mantêm em equilíbrio e nos damos conta da justiça eterna, ao notar que o mundo é juiz de si próprio e começaremos a compreender por que tudo o que vive deve expiar sua existência, primeiro na vida e depois na morte. Assim, o *malum poenae* corresponde ao *malum culpae*. Pelo mesmo ponto de vista se perde também a indignação pela *incapacidade* intelectual da maioria, que tantas vezes na vida nos causa desgosto. Portanto, *miseria humana, nequitia humana* e *stultitia humana* se correspondem recíproca e perfeitamente neste *Samsara* dos budistas, e são da mesma dimensão. Mas se em uma ocasião especial encararmos mais de perto uma entre elas e a examinarmos em detalhe, veremos logo esta parecer maior que as outras; mas isto é uma ilusão e simples resultado de suas dimensões colossais.

Este é o *Samsara*, e tudo o anuncia: mais do que tudo, porém, o mundo dos homens, em que moralmente dominam a maldade e a infâmia, intelectualmente a incapacidade e a estupidez em medidas assustadoras. Entretanto, nele se apresentam, ainda que muito esporadicamente, mas sempre de novo nos surpreendendo, manifestações de honestidade, de bondade e mesmo de generosidade, e também do grande entendimento e do espírito pensante e mesmo da genialidade. Estas nunca se extinguem completamente: nos iluminam como pontos luminosos isolados da grande massa obscura. Devemos aceitá-las como garantia de que um princípio bom e redentor habita neste *Samsara* que pode atingir o rompimento e preencher e libertar o todo.

---

confiança./ Tua sorte, tua fama é para ela sofrimento./ Por isso poderás regozijar-se com teu tormento". [N.T.]

§. 115.

Os leitores de minha *Ética* sabem que para mim o fundamento da moral repousa em última instância naquela verdade que tem sua expressão no *Veda* e no *Vedanta* pela fórmula mística erigida *tat twam asi* (isto és tu), que é afirmada com referência a todo ser vivo, seja homem ou animal, e denomina-se então o *Mahavakya*, o grande verbo.

De fato, pode-se considerar as ações que ocorrem de acordo com ela, como por exemplo a beneficência, como o começo da mística. Toda benfeitoria realizada como motivação pura revela que aquele que a efetua, em clara contradição com o mundo fenomênico, no qual o indivíduo estranho se dispõe inteiramente separado dele, se reconhece com o mesmo como idêntico. Por isso, toda beneficência totalmente desinteressada é uma ação misteriosa, um mistério: desta forma, para dar conta dela, deve-se aceitar recorrer a todo tipo de ficções. Depois que Kant retirou do teísmo todos os outros apoios, manteve apenas este como aquele que oferece a melhor interpretação e explicação daquela e de todas as ações misteriosas a ela semelhantes. A manteve assim como uma hipótese que, embora teoricamente indemonstrável, permanece válida para a utilização prática. Mas duvido que tenha levado muito a sério essa posição. Pois apoiar a moral por meio do teísmo significa reconduzi-la ao egoísmo; apesar de os ingleses, assim como as camadas mais baixas da sociedade, não verem nenhuma outra possibilidade de fundamentação.

O reconhecimento acima referido de sua verdadeira e própria essência em um indivíduo estranho que se apresenta objetivamente, aparece de maneira particularmente bela e nítida nos casos em que uma pessoa irremediavelmente entregue à morte ainda se dedica com um zelo temeroso e disposição ativa ao bem e à salvação de outras. Deste tipo é a conhecida história de uma criada que, mordida à noite no pátio por um cão raivoso e dando-se por irremediavelmente perdida, o agarra, arrasta até um recinto e o tranca para que ninguém mais seja molestado. Do mesmo modo, aquele caso de Nápoles, que Tischbein eternizou em uma de suas aquarelas: à frente da lava que rapidamente escoa em direção ao mar, o filho foge carregando o velho pai às suas costas: porém, quando apenas um estreito traço de terra separa ambos os elementos destruidores, o pai manda o filho deitá-lo ao chão, e correr para salvar-se a si próprio; pois caso contrário, ambos estariam perdidos. O filho obedece e lança ainda ao partir um olhar de despedida ao pai. Eis o que o quadro apresenta. Também deste tipo é o fato histórico que Walter Scott apresenta com mão de mestre em *Heart of Mid-Lothian* (cap. 2), onde, de dois delinquentes condenados à morte, aquele que provocou a prisão do outro por causa de sua inabilidade liberta este com sucesso na igreja, após a missa mortuária, ao dominar violentamente a guarda, sem fazer qualquer tentativa para si mesmo. Pode-se até mesmo contar aqui, embora possa ser chocante ao leitor ocidental, a cena apresentada em uma gravura tão frequente, em que o soldado ajoelhado, prestes a ser fuzilado, espanta com o lenço o seu cachorro que quer chegar perto. — Em todos os casos desse gênero vemos um indivíduo certo de ir ao encontro de sua destruição pessoal, sem se preocupar mais com sua própria conservação, dirigindo todos os seus cuidados e esforços a favor de um outro. Como poderia a consciência expressar-se mais claramente que essa destruição é apenas a de um fenômeno, que ela mesma é apenas um fenômeno e que a verdadeira essência daquele que perece permanece intocada, perpetua-se no outro, o que aquele percebe agora tão distintamente, como denuncia sua ação? Pois, se assim não fosse, mas tivéssemos diante de nós um ser realmente à beira do aniquilamento, como poderia este demonstrar ainda, pelo extremo esforço de suas últimas forças, uma participação tão íntima no bem-estar e na perpetuação de um outro?

Há de fato duas maneiras opostas de tornar-se consciente de sua própria existência: em primeiro lugar, na intuição empírica, como se apresenta do exterior, como uma existência infimamente pequena, em um mundo ilimitado no que diz respeito ao espaço e ao tempo; como um entre os milhares de milhões de seres humanos que vagueiam sobre este planeta por pouco tempo, renovando-se a cada trinta anos; em segundo, porém, ao afundar-se em seu próprio interior, adquirindo a consciência de ser o todo no todo e propriamente o único ser real, que se contempla adicionalmente ainda mais uma vez nos outros que se apresentam exteriormente, como num espelho. Que o primeiro modo de conhecimento apreenda apenas o fenômeno mediado pelo *principium individuationis*, e o outro seja uma apreensão imediata de si mesmo como da coisa-em-si, é uma doutrina em que eu tenho, na primeira metade, Kant, em ambas porém o Veda ao meu lado. Com efeito, a objeção simples contra o último modo de conhecimento é de que ele pressupõe que um e o mesmo ser possam estar simultaneamente em locais distintos e mesmo assim por completo em cada um. Apesar de constituir precisamente isso, do ponto de vista empírico, a mais palpável impossibilidade e mesmo absurdo, permanece contudo perfeitamente válido para a coisa-em-si; pois aquela impossibilidade e absurdo repousam apenas nas formas do fenômeno, que constituem o *principium individuationis*. Pois a coisa-em-si, a vontade de viver, está presente em cada ser, mesmo no mais ínfimo, inteiro e indiviso, tão completo como em todos que foram, são e serão, tomados em conjunto. E exatamente nisto se funda o que todo ser, mesmo o mais ínfimo, diz para si: *dum ego salvus sim, pereat mundus*.[20] E de fato, se todos os outros seres desaparecessem, neste um que sobrou persistiria todo o ser em si do mundo, sem mácula e diminuição, e sorriria deste desaparecimento como de uma charlatanice. Esta é uma conclusão *per impossibile*, a que se pode com a mesma razão contrapor que, se qualquer ser,

---

[20] "Que o mundo pereça desde que eu me salve." [N.T.]

mesmo o mais ínfimo, fosse inteiramente aniquilado, nele e com ele todo o mundo pereceria. Neste mesmo sentido diz o místico Angelus Silesius:

> *Ich weiß, daß ohne mich Gott nicht ein Nu kann leben:*
> *Werd' ich zunicht; er muß von Noth den Geist aufgeben.*[21]

Mas para que esta verdade, ou ao menos a possibilidade de que nosso próprio eu possa existir em outros seres, cuja consciência é separada e distante da nossa, possa também de um ponto de vista empírico de alguma forma ser constatada, devemos apenas nos lembrar dos sonâmbulos magnetizados, cujo eu idêntico, depois de terem sidos acordados, nada sabe daquilo que eles mesmos disseram, fizeram e sofreram momentos antes. Portanto, a consciência individual é um ponto tão fenomênico que até num mesmo eu podem surgir dois, cada um dos quais nada sabe do outro.

Contudo, considerações como as precedentes sempre conservam aqui, em nosso Ocidente judaizado, algo de muito estranho: tal não ocorre na pátria do gênero humano, naquele país em que reina uma crença inteiramente distinta, uma crença de acordo com a qual, ainda hoje, por exemplo, após o sepultamento dos mortos, os sacerdotes, diante de todo povo, e com o acompanhamento dos instrumentos, entoam o hino do Veda, que começa assim:

O espírito corporificado, que tem mil cabeças, mil olhos e mil pés, enraíza-se no peito humano e penetra ao mesmo tempo toda a terra. Este ser é o mundo e tudo o que jamais foi e será. É aquilo que cresce através dos alimentos, e aquilo que confere imortalidade. Este é seu tamanho, e por isso é o mais nobre espírito encarnado. Os elementos deste mundo constituem uma parte de seu ser, e três

---

[21] "Sei que sem mim Deus não poderia viver nem por um instante sequer:/ se eu pereço, deve abandonar o espírito como a necessidade requer." *Cherubinischer Wandersmann*, livro I, 8. [N.T.]

partes são imortalidade no céu. Estas três partes se ergueram do mundo; uma porém permaneceu, e é aquilo que (pela migração das almas) saboreia e não saboreia os frutos de ações boas e más etc.[22]

Se compararmos tais cânticos com nossos livros de canto, não nos surpreenderemos mais com o fato de os missionários anglicanos realizarem negócios tão deploráveis no Ganges e não conseguirem acesso aos brâmanes com suas conferências sobre seu *Maker*.[23] Quem porém quer usufruir do

---

[22] Segundo Colebrooke, *On the Religious Ceremonies of the Hindus*, no 5º volume das *Asiatic Researches*, p. 345 da edição de Calcutá, e também em seus *Miscellaneous Essays*, vol. 1. p. 167. [N.A.]

[23] *Maker*, em alemão *Macher*, aparece frequentemente, como este último, em palavras compostas, como por exemplo *watchmaker, shoemaker* [*Uhrmacher, Schuhmacher* — relojoeiro, sapateiro], entre outros. *Our maker* (em francês *notre faiseur*) é uma expressão bem corriqueira e favorita para a palavra Deus em escritos ingleses, prédicas e na vida comum, o que para mim caracteriza muito bem a concepção inglesa da religião. Contudo, como os brâmanes educados na doutrina sagrada do Veda, e os vaisia, seus seguidores, como enfim o povo hindu em conjunto, penetrado pela crença na metempsicose e na retribuição que influencia cada ato de sua vida, se sentirá ao se pretender inculcar-lhes tais conceitos, isto o leitor esclarecido poderá facilmente imaginar. Passar do Brama eterno que existe em tudo e em todos, sofre, vive e espera a redenção, a este *Maker* constituído por nada, é uma difícil suposição. Jamais conseguir-se-á convencê-los de que o mundo e o homem é um artefato do nada. Com grande razão afirma portanto o autor do livro a ser elogiado em breve em nosso texto, p. 15 do mesmo: "As tentativas dos missionários permanecerão infrutíferas: nenhum hindu digno de atenção cederá a suas exortações". Da mesma forma, à p. 50, após explicação das doutrinas fundamentais brâmanes: "Esperar que, penetrados por estes pontos de vista, em que vivem, atuam e existem, algum dia eles os abandonem para adotar a doutrina cristã, segundo minha convicção, é uma vã expectativa". Também à p. 68: "Mesmo que para um tal fim se movimentasse todo o sínodo inglês da igreja, este não conseguiria, a não ser por meio de uma força absoluta, converter um entre mil dos inumeráveis habitantes da Índia". O quão correta era sua previsão se confirma agora, 41 anos depois, em uma longa carta ao *Times* de 6 de novembro de 1849, assinada por Civis, que, como a mesma esclarece, provém de um homem que viveu longos anos na Índia. Nela se afirma, entre outras coisas: "nunca conheci um único exemplo de que na Índia um homem digno tenha se convertido ao cristianismo; não sei de nenhum caso em que não se tratasse de alguém que adotou a nova crença por repreensão, e tenha abandonado a antiga por advertência. Os

divertimento de ver como já há 41 anos um oficial inglês enfrentou com coragem as pretensões absurdas e despudoradas daqueles senhores, que leia as *Vindication of the Hindoos from the Aspersions of the Reverend Claudius Buchanan, with a Refutation of his Arguments in Favour of an Ecclesiastical Establishment in British India: the Whole Tending to Evince the Excellence of the Moral System of the Hindoos; by a Bengal Officer* (Londres, 1808). Com a mais rara franqueza, o autor apresenta as vantagens das doutrinas religiosas hindus em comparação com as europeias. O pequeno escrito de aproximadamente cinco laudas merece ainda hoje ser traduzido; pois revela, melhor e com mais sinceridade do que qualquer outro que eu conheço a tão benéfica influência prática do bramanismo, sua atuação na vida e no povo, inteiramente diferente dos relatos provenientes das plumas clericais que, por isso mesmo, merecem pouco crédito; ao contrário, concorda com aquilo que soube oralmente de oficiais ingleses que passaram metade de sua vida na Índia. Porque, para saber até que ponto é invejosa, enfurecida e temerosa de suas sinecuras a igreja anglicana em relação ao bramanismo, deve-se conhecer, por exemplo, os estrondosos latidos que há alguns

prosélitos conquistados até agora, por pouco numerosos que sejam, serviram apenas para afastar os outros do seu exemplo". Depois de uma réplica a esta carta, surge no *Times* de 20 de novembro uma segunda carta assinada por Sepahee, onde se lê: "Servi por mais de doze anos na presidência de Madra, e durante este longo tempo nunca vi um único indivíduo que tivesse, mesmo nominalmente, abandonado o hinduísmo ou o islã e se convertido à religião protestante. Até aí concordo inteiramente com Civis e acredito que todos os oficiais do exército podem apresentar um testemunho semelhante". — Também esta carta foi objeto de fortes contestações; mas eu acredito que estas, se não procederam dos próprios missionários, procederam de primos de missionários; trata-se ao menos de opositores bem devotos. Pode ser que nem tudo o que eles dizem seja destituído de fundamento, mas prefiro me fiar no relato extraído acima dos imparciais soldados. Pois para mim, na Inglaterra, a roupa vermelha é mais digna de crédito que a roupa preta e tudo o que é dito em favor da igreja, esta tão rica e cômoda instituição destinada aos filhos mais jovens e sem meios da aristocracia, me é *eo ipso* suspeito. [N.A.]

anos ergueram os bispos no parlamento, persistindo durante meses, e como as autoridades das Índias Orientais, como sempre em tais ocasiões, se mostraram particularmente rígidas, dando continuamente o tom, a propósito de algumas homenagens exteriores que, como é razoável, eram dispensadas à mais antiga e digna religião local na Índia pelas autoridades inglesas, por exemplo, que ao passar a procissão com as imagens das divindades, a guarda e seu oficial se apresentassem com tambores; além disso, sobre o fornecimento de pano vermelho para cobrir o carro de Jagernaut etc. Este último foi efetivamente suprimido, assim como o tributo aos peregrinos, em atenção àqueles senhores. Enquanto isso, vemos a incansável baboseira sobre tais coisas daqueles portadores de prendas e imensas perucas, autodenominados mui eminentes, ao lado da maneira ainda inteiramente medieval, mas hoje em dia estúpida e vulgar, como se expressam sobre a religião original de nossa espécie, assim como a irritação profunda que experimentaram pelo fato de o Lord Ellenborough em 1845 ter retornado a Bengala e restituído aos brâmanes o portão do pagode de Sumenaut destruído no ano de 1022 pelo amaldiçoado Mahmud, o Ghaznavid — tudo isso, digo, leva a supor que não lhes é desconhecido como a maior parte dos europeus que vivem muito tempo na Índia tornam-se em seu coração permeáveis ao bramanismo e apenas dão de ombros aos preconceitos religiosos e sociais da Europa. "Tudo isso cai como escamas, desde que se tenha vivido dois anos na Índia" — dizia-me um destes. Até mesmo um francês, aquele senhor muito gentil e culto, que há cerca de dez anos acompanhava os Devadassi (vulgo Bayaderes) na Europa, exclamou com fogoso entusiasmo, quando eu comecei a lhe falar sobre a religião daquele país: "*Monsieur, c'est la vraie religion!*"[24]

[24] "Senhor, esta é a verdadeira religião!" [N.T.]

Mesmo a tão fantástica, e às vezes barroca doutrina religiosa hindu, que ainda hoje, tal como há milênios, constitui a religião do povo, é, se formos até o fundo das coisas, apenas a doutrina alegorizada dos *Upanixades*,[25] isto é, disfarçada em imagens em consideração da capacidade de apreensão do povo, e assim personificada e mitificada, e que agora qualquer hindu, conforme a medida de suas forças e de sua formação, adivinha, percebe ou pressente, ou a enxerga por detrás com clareza; enquanto o grosseiro e limitado reverendo inglês, em sua monomania, a ridiculariza e a difama como *idolatria*: ele pensa que somente ele acertou o alvo. O objetivo do Buda Shakyamuni, ao contrário, era destacar o núcleo da casca, era libertar a grande doutrina de todas as figuras e divindades, tornando seu conteúdo puro acessível e compreensível até mesmo pelo povo. Nisto ele foi maravilhosamente bem sucedido, e por isto sua religião é a mais excelente e seguida pelo maior número de fiéis na Terra. Ele pode dizer com Sófocles:

— θεοῖς μὲν κἂν ὁ μηδὲν ὢν ὁμοῦ
κράτος κατακτήσαιτ'· ἐγὼ δὲ καὶ δίχα
κείνων πέποιθα τοῦτ' ἐπισπάσειν κλέος.
Ájax, 767–69.[26]

Por outro lado, diga-se de passagem, é muito divertida a suficiência tranquilamente risonha com que alguns servis filosofastros alemães, como também muitos orientalistas de alfabeto, observam do alto de seu judaísmo racionalista o bramanismo e o budismo. A tais senhorinhos gostaria de recomendar um engajamento na comédia de macacos de

[25] Os *Upanixades* são textos doutrinários e filosóficos hindus escritos em sânscrito entre os séculos IX-VIII e o século IV a.C., e que recebeu acréscimos até o século XVI. Sob o título *Upanixades* estão agrupadas cerca de trezentas obras. [N.E.]

[26] "Pai, com os deuses mesmo quem não é nada/ conquistaria o triunfo; mas eu, mesmo sem/ eles, creio que hei de arrebatar essa glória." Sófocles, *Aias*, trad. Flávio Ribeiro de Oliveira. São Paulo: Iluminuras, 2008, p. 111. [N.T.]

Frankfurt, se os descendentes de Hanuman tolerarem a sua presença entre eles.

Penso que se o imperador da China ou o rei do Sião e outros monarcas asiáticos outorgam às potências europeias a permissão de enviar missionários a seus países, eles só estão autorizados a fazer isso sob a condição de se lhes permitir enviar tantos sacerdotes budistas, com iguais direitos, ao país europeu correspondente; para o que naturalmente elegeriam aqueles bem ensinados na respectiva língua europeia. Teríamos então uma disputa bem interessante diante de nós e veríamos quem se sairia melhor.

O fanatismo cristão, que quer converter todo o mundo para sua crença, é irresponsável. Sir James Brooke (rajá de Bornéu) que colonizou e durante um certo tempo dominou uma parte de Bornéu, realizou em setembro de 1858 em Liverpool uma conferência perante uma reunião da sociedade para a divulgação do evangelho, em que dizia: "Com os maometanos vocês não fizeram nenhum progresso; com os hindus então não fizeram absolutamente nenhum progresso, pelo contrário, vocês se encontram no mesmo ponto em que estavam no primeiro dia em que pisaram na Índia" (*Times*, 29 de setembro de 1858). Mas os emissários da fé cristã se mostraram em outro sentido muito úteis e valiosos, já que alguns dentre eles nos forneceram relatos excelentes e profundos sobre o bramanismo e o budismo e traduções fiéis e meticulosas de livros sagrados, o que não poderia ser feito senão *con amore*. A estes nobres eu dedico a seguinte rima:

Als Lehrer geht ihr hin:
Als Schüler kommt ihr wieder.
Von dem umschleir'ten Sinn
Fiel dort die Decke nieder.[27]

---

[27] "Como professores partis:/ Como discípulos retornais./ Do sentido velado/ Ali caíram os véus". [N.T.]

Devemos esperar, pois, que algum dia também a Europa se livre de toda mitologia judaica. Talvez se aproxime o século em que os povos da língua de Jafé provenientes da Ásia também readquirirão as *sagradas religiões da pátria*, pois depois de longos desvios estão novamente maduros para elas.

§. 116.

Depois de meu ensaio premiado sobre a *liberdade moral* nenhuma pessoa pensante pode ainda duvidar de que esta não deve ser buscada de modo algum na natureza, mas unicamente fora dela. Ela é algo metafísico, impossível porém no mundo físico. Dessa forma, nossos atos individuais de modo algum são livres; entretanto, o caráter individual de cada um deve ser considerado como seu ato livre. Ele próprio é assim porque de uma vez por todas assim quer ser. Pois a vontade ela mesma e em si, também quando se manifesta em um indivíduo, constituindo portanto o querer originário e fundamental do mesmo, é independente de todo conhecimento, pois lhe é anterior. Dele ela recebe apenas os motivos, nos quais ela desenvolve sucessivamente sua essência e se torna conhecida, ou torna-se visível, mas ela mesma, como algo que permanece fora do tempo, é inalterável enquanto existe. Por isso, cada um assim como é de uma vez por todas e sob as circunstâncias do momento, que por seu turno ocorrem sob rígida necessidade, nunca pode fazer outra coisa do que o que está fazendo no momento atual. Por conseguinte, todo o curso empírico da vida de um homem, em todos os seus acontecimentos, grandes e pequenos, é tão necessariamente predeterminado como o de um relógio. Isto se origina, no fundo, do fato de que o modo como o mencionado ato livre metafísico entra na consciência cognoscente é uma intuição que tem como forma o tempo e o espaço, pela qual a unidade e a indivisibilidade daquele ato apresenta-se doravante dispersa em uma série de circunstâncias e ocasiões que se manifestam sob o fio condutor do princípio de razão em suas quatro figuras — e justamente isso se chama *necessário*. O resultado, porém, é moral, a saber, que nós conhecemos aquilo que somos naquilo que fazemos; assim como conhecemos o que merecemos naquilo que sofremos.

Disto se segue ainda que a *individualidade* não repousa unicamente no *principio individuationis* e não é, portanto, inteiramente apenas *fenômeno*, mas enraíza-se na coisa-em-si, na vontade do indivíduo, pois seu próprio caráter é individual. Até onde vai a profundidade de suas raízes constitui uma das questões cuja resposta eu não empreendo.

Aqui vale a pena lembrar que já Platão, à sua maneira, apresenta a individualidade de cada um como seu ato livre, na medida em que cada um nasce tal como é, por meio da metempsicose, em consequência de seu coração e seu caráter (*Fedro*, cap. 28, *Leis*, x). Também os brâmanes exprimem a determinação imutável do caráter inato misticamente ao dizer que Brama, ao criar cada homem, gravou por escrito sobre seu crânio suas ações e seu sofrimento, de acordo com o que transcorreria no curso de sua vida. Eles indicam as suturas dos ossos do crânio como sendo esta escrita. O conteúdo das mesmas seria consequência de sua vida e ação precedentes (vejam-se *Lettres édifiantes*, edição de 1819, vol. 6, p. 149, e vol. 7, p. 135). A mesma concepção parece estar na base do dogma cristão (e mesmo paulino) da eleição da graça.

Uma outra consequência do que precede, que é correntemente comprovado pela experiência, é de que todos os méritos *autênticos*, morais bem como intelectuais, não possuem somente uma origem física, ou empírica, mas metafísica, e consequentemente são dados *a priori* e não *a posteriori*, isto é, são inatos e não adquiridos, e portanto enraízam-se não no mero fenômeno, mas na coisa-em-si. Por isso cada um no fundo só realiza aquilo que já está em sua natureza, isto é, irrevogavelmente fixo em sua constituição inata. É verdade que as capacidades intelectuais precisam de formação, assim como muitos produtos naturais necessitam de preparo para se tornar apreciável ou útil; mas, assim como aqui nenhum preparo pode substituir o material original, também não o pode ali. Por isso todas as qualidades meramente adquiridas, aprendidas ou forçadas, portanto as qualidades *a posteriori*, tanto morais quanto intelectuais, são de fato inautênticas, aparência vaidosa, sem conteúdo. Como isso é consequência de uma metafísica correta, também ensina uma visão profunda da experiência. Isto o comprova mesmo o grande peso que todos atribuem à fisionomia e ao exterior, portanto ao inato, de toda pessoa de alguma maneira notável, e o fato de todos ficarem tão ansiosos por vê-la. As naturezas superficiais e, por boas razões, as vulgares, serão de opinião contrária, para assim, com tudo o que lhes falta, poderem se consolar com o que poderá ainda vir. Assim, este mundo é então não apenas uma arena, por cujas vitórias e derrotas os prêmios serão distribuídos em um mundo futuro; mas ele mesmo já constitui o juízo final, já que cada um carrega recompensa e vergonha segundo seus méritos. Como também não desconhecem o bramanismo e o budismo, na medida em que ensinam a metempsicose.

§. 117.

Levantou-se a questão de saber o que fariam dois homens, crescidos na selva inteiramente sós, quando se encontrassem pela primeira vez. Hobbes, Pufendorf e Rousseau responderam de modos opostos. Pufendorf acreditava que ambos se encontrariam amistosamente; Hobbes, pelo contrário, com inimizade; para Rousseau eles se ignorariam em silêncio. Todos os três têm e não têm razão: bem aí se mostraria a *imensurável diferença da disposição moral inata dos indivíduos* com tanta clareza que do mesmo modo seria a referência e a medida da mesma. Pois há aqueles em que a visão do homem estimula imediatamente um sentimento hostil ao afirmar em seu íntimo: "não-eu!" E outros há em que aquela visão estimula imediatamente um interesse amigável; seu íntimo diz: "eu novamente!" Entre ambos há inúmeros graus. Mas sermos neste ponto capital tão profundamente diferentes constitui um grande problema, mesmo um mistério. Sobre esta aprioridade do caráter moral, o livro do dinamarquês Bastholm fornece matéria para variadas considerações: *Notícias históricas para o conhecimento do homem em estado bruto*. Ele próprio repara que a cultura espiritual e a bondade moral das nações se revelam inteiramente independentes uma da outra, pois uma aparece frequentemente sem a outra. Explicaremos isso pelo fato de que a bondade moral não surge da reflexão, cuja formação depende da cultura espiritual, mas diretamente da própria vontade, cuja característica é inata e é incapaz de qualquer melhoramento mediante a formação. Bastholm descreve a maioria das nações como muito corrompidas e más; dos povos selvagens individuais, pelo contrário, ele tem a relatar os mais excelentes traços de caráter geral: assim os Orochyses, os nativos da ilha Sawu, os Tunguses e os habitantes das ilhas Pelew. Então procura resolver o problema de saber por que povos individuais são tão destacadamente bons, rodeados por tão maus vizinhos. Parece-me que se poderia explicar isso por serem as qualidades morais herdadas do pai, e no caso mencionado, um tal povo isolado surgiu de uma única família, e assim tem o mesmo ancestral, que era justamente um homem bom, e não se misturou. Por ocasião de muitas situações embaraçosas, tais como repúdio de dívidas públicas, expedições de saque etc., os ingleses recordaram aos norte-americanos o fato de serem descendentes de uma colônia penal inglesa; embora isto só seja válido em relação a uma pequena parte dentre eles.

§. 118.

É espantoso como *a individualidade de cada pessoa* (i.e., este caráter determinado, com este intelecto determinado), como uma tintura penetrante, determina todas as suas ações e pensamentos, até os mais insignificantes; em consequência do que todo o curso da vida, i.e., a história exterior e interior, de um se revela tão fundamentalmente diferente do outro.

Assim como um botânico conhece toda a planta por uma folha, e Cuvier construiu o animal inteiro por um osso, é possível a partir de uma ação característica de uma pessoa atingir um conhecimento correto de seu caráter, portanto, construí-lo em certa medida a partir disso, mesmo quando essa ação se refere a algo insignificante; o que frequentemente é até melhor, pois a respeito de coisas importantes as pessoas tomam cuidado, mas por bagatelas elas seguem, sem pensar muito, sua própria natureza. Se alguém mostra em tais situações, por seu comportamento absolutamente inescrupuloso e egoísta, que a disposição para a justiça é estranha ao seu coração, não lhe confiemos, sem grande precaução, nenhum centavo. Pois quem acreditará que aquele que, em outras situações, não relativas a propriedade, todos os dias testemunha injustamente, e cujo egoísmo ilimitado desponta pelas pequenas ações, não submetidas a qualquer responsabilidade, por toda parte da vida comum — assim como uma camisa suja o faz pelos furos de um casaco em trapos —, que este será honesto nos assuntos do meu e do teu, sem qualquer outro motivo do que a justiça? Quem se mostra inescrupuloso em pequenas coisas, se mostrará infame nas grandes. — Quem não presta atenção nos pequenos traços de caráter deverá responsabilizar a si mesmo quando mais tarde conhecer para seu próprio prejuízo os grandes traços do caráter correspondente. Segundo o mesmo princípio, deve--se romper imediatamente, mesmo com os assim chamados bons amigos, quando revelam caráter perverso, mau ou vulgar, mesmo a respeito de bagatelas, prevenindo assim seus grandes golpes de maldade, apenas à espera da oportunidade para se instaurarem. O mesmo vale para criados. Sempre deve-se pensar: antes sozinho do que entre traidores.

De fato, o fundamento e a propedêutica para todo conhecimento humano é a convicção de que o agir do homem, no todo e no essencial, não é conduzido pela razão e seus preceitos. Por isso, ninguém se torna isto ou aquilo por mais que queira sê-lo, mas seu agir procede de seu caráter inato e imutável, é determinado de modo mais próximo e específico pelos motivos e consequentemente é o produto destes dois fatores. De acordo com isso, é possível comparar a atividade de um homem com o curso de um planeta que é o resultado da força tangencial que lhe é dada, e da força centrípeta procedente de seu sol: a primeira força representa o caráter, a segunda, a influência dos motivos. Isto é quase mais do que uma mera comparação: pois a força tangencial, da qual parte propriamente o movimento, enquanto é limitado pela gravidade, constitui a vontade se apresentando em um tal corpo.

Quem compreendeu isto, também verá que sobre aquilo que faremos numa situação futura, de fato nunca possuímos mais que uma suposição, apesar de considerar esta como uma decisão. Quando, por exemplo, uma pessoa, em consequência de uma sugestão, assumiu com a maior sinceridade e mesmo contentamento, o compromisso de, por ocasião de circunstâncias dispostas no futuro, fazer isto ou aquilo, isto ainda não significa que ela o cumprirá; a não ser que ela seja de uma tal natureza que sua própria promessa feita e como tal constitua para ela sempre e em toda parte um motivo suficiente, de modo que a consideração por sua honra atuaria sobre ela como uma coerção externa. Além disso, é possível predeterminar com toda certeza o que fará, por ocasião daquelas circunstâncias, unicamente a partir do conhecimento certo e preciso de seu caráter e das circunstâncias externas sob cuja influência estará. Isto é até bem fácil, se já o tivermos visto alguma vez na mesma situação, pois infalivelmente agirá de modo idêntico da segunda vez, supondo que tenha reconhecido, já na primeira ocasião, correta e completamente as circunstâncias. Pois, como já afirmei repetidamente *causa finalis non movet secundum suum esse reale, sed secundum esse cognitum*[28] (Suarez, *Disp. metaph*, disp. XXIII, sect. 7 et 8). Aquilo que ele não conheceu ou não entendeu da primeira vez, também não pôde atuar sobre sua vontade; da mesma forma como um processo elétrico se detém quando um corpo isolante qualquer impede a ação de um condutor. — A imutabilidade do caráter e a necessidade das ações que dela procedem se apresentam com uma clareza incomum naquele que em uma oportunidade qualquer não se comportou como devia, por falta de decisão, firmeza, coragem ou qualquer outra propriedade requerida pelo momento. Na sequência, ele reconhece e lamenta sinceramente seu ato incorreto, e pensa: "Se estivesse novamente na mesma situação, agiria de modo diferente!" A situação se repete, o mesmo caso se lhe apresenta, mas ele procede do mesmo modo — para seu grande espanto.[29]

Para a verdade aqui em questão, a melhor explicação é oferecida pelos dramas de Shakespeare. Pois ele estava penetrado por ela e sua sabedoria intuitiva a expressa *in concreto* em cada página. Quero exemplificar isso com um caso em que a questão aparece com particular clareza, embora sem intencionalidade e afetação, pois que, como genuíno artista, ele nunca parte de conceitos; pelo contrário, manifestamente para bastar apenas à verdade psicológica, como a intui e apreende imediatamente, sem se incomodar por ser notado e compreendido corretamente por poucos, e sem suspeitar que um dia na Alemanha alguns camaradas insípidos e estúpidos afirmariam que ele escreveu suas peças para ilustrar lugares-comuns morais. Penso aqui no caráter do conde de Northumberland, que vemos em três tragédias, sem que apareça propriamente como personagem principal, mas apenas em algumas poucas cenas, divididas em quinze atos; assim,

---

[28] "A causa final não opera segundo seu ser real, mas segundo o ser conhecido". [N.T.]

[29] Cf. *O mundo como vontade e representação*, II, p. 226 e ss. (*Complementos*, cap. 19). [N.A.]

quem não lê com inteira atenção, deixará facilmente escapar de sua visão sua identidade moral, por maior que seja o vigor com que o poeta a manteve. Ele retrata o conde em toda parte como um nobre e de dignidade cavalheiresca, falando uma linguagem apropriada, inclusive atribuindo-lhe por vezes passagens muito belas e até sublimes; bem diferente de Schiller, que gostava de pintar o diabo de preto, e cuja aprovação ou desaprovação moral dos caracteres por ele apresentados soa através de suas próprias palavras. Mas em Shakespeare, assim com em Goethe, ao contrário, cada um possui toda a razão quando aparece e fala, mesmo que seja o próprio demônio. Compare-se a este respeito o duque de Alba em Goethe e em Schiller. — Conhecemos o conde Northumberland já em *Ricardo II*, onde é o primeiro a incitar uma conspiração contra o rei, em favor de Bolingbroke, posteriormente Henrique IV, a quem também já dedica adulação pessoal (ato 2, cena 3). No próximo ato, é repreendido porque ao falar do rei dissera simplesmente "Ricardo", embora assegurando tê-lo feito por causa da brevidade preferível. Em pouco tempo, sua fala traiçoeira leva o rei à capitulação. No ato seguinte, durante a cerimônia de renúncia à coroa, trata o rei com tal rispidez e impertinência que o infeliz e abatido monarca perde mais uma vez a calma e exclama: "Demônio! Tu me martirizas mesmo antes que eu adentre o inferno!" No final, anuncia ao novo rei ter remetido a Londres as cabeças cortadas dos adeptos do antigo. Na tragédia seguinte, Henrique IV instiga da mesma maneira uma conspiração contra o novo rei. No quarto ato vemos estes rebeldes, reunidos, se preparando para a batalha decisiva ao amanhecer, aguardando com impaciência o conde e sua divisão do exército. Finalmente chega uma carta sua: encontrava-se enfermo, não poderia confiar seu exército a um outro, contudo ordenou que prosseguissem com coragem e bravura. Eles o fazem: porém, enfraquecidos significativamente graças à sua ausência, são completamente derrotados, a maioria de seus chefes é capturada e o próprio filho do conde, o heroico Hotspur, cai sob a mão do príncipe herdeiro. — Mais uma vez na próxima peça, a segunda parte de *Henrique IV*, vemo-lo possuído da mais selvagem ira pela morte de seu filho, furiosamente gritando por vingança. Ele atiça novamente a rebelião: os chefes da mesma de novo se conjuram. Estando estes, no quarto ato, frente à batalha decisiva, esperando apenas que ele se junte a eles, chega uma carta: não lhe fora possível reunir as forças suficientes, e procurará sua segurança agora na Escócia, desejando porém, de coração, o melhor sucesso para seu heroico empreendimento. Depois do que eles se rendem ao rei sob uma convenção, que não é mantida, e sucumbem.

Bem longe portanto de ser o caráter a obra de uma escolha racional e da reflexão, o intelecto nada mais tem a fazer na ação do que fornecer os motivos à vontade: mas então ele deve ver, como simples espectador e testemunha, como, a partir de seu efeito sobre o caráter dado, se configura o curso de vida, cujos processos em sua totalidade, assim compreendidos, aparecem com a mesma necessidade que os movimentos de um relógio; para o que eu remeto a meu ensaio de concurso sobre a liberdade da vontade. A ilusão, não obstante aqui presente, de uma completa liberdade da vontade, em cada ação individual, eu reconduzi a seu verdadeiro significado e origem, assinalando assim a sua causa atuante, da qual eu aqui me referirei somente à causa final, na explicação teológica seguinte daquela aparência natural. Na medida em que a liberdade e a originalidade, que em verdade cabem unicamente ao caráter inteligível de um homem, cuja simples percepção pelo intelecto constitui o curso de sua vida, parecem estar ligadas a cada ação individual, sendo assim a obra original, para a consciência empírica, aparentemente produzida de novo em cada ação individual, o curso de nossa vida alcança a maior *noutethēsis* [reprimenda] possível, pois somente assim o conjunto de aspectos ruins de nosso caráter se torna efetivamente perceptível. De fato, em toda ação a consciência faz o comentário: "tu poderias também agir de outro modo", embora seu verdadeiro sentido seja: "tu também poderias ser um outro". Como o curso de vida de cada um é precisamente determinado de A a Z, por um lado pela imutabilidade do caráter, por outro, pela estrita necessidade com a qual surgem todas as circunstâncias em que ele se situa sucessivamente e como o curso de vida de um, em todas as determinações tanto subjetivas como objetivas, é incomparavelmente mais feliz, nobre e digno do que o de outro, isto leva, se não se quer eliminar toda justiça, à hipótese, existente no bramanismo e no budismo, de que tanto as condições subjetivas como as circunstâncias objetivas com as quais e sob as quais cada um nasce são consequência moral de sua existência anterior.

Maquiavel, que parece de modo algum ter se ocupado com especulações filosóficas, foi conduzido, graças à agudeza penetrante de seu excepcional entendimento, à seguinte afirmação, verdadeiramente profunda, que pressupõe um conhecimento intuitivo de toda necessidade com que, em dados caracteres e motivos, acontecem todas as ações. É com isso que começa o prólogo de sua comédia *Clitia*: "*Se nel mondo tornassino i medesimi uomini, come tornano i medisimi casi, non passarebbono mai cento anni, che noi non ci trovassimo un altra volta insieme, a fare le medesime cose, che hora*" (Se ao mundo retornassem os mesmos homens, assim como as mesmas circunstâncias, jamais transcorreriam cem anos sem que nos encontrássemos novamente juntos fazendo as mesmas coisas que agora). O que o conduziu a isto parece ter sido uma reminiscência do que diz Agostinho em *De civitate dei*, livro 12, capítulo 13.[30]

O fado, a *heimarmenē* dos antigos, não é outra coisa que

---

[30] Schopenhauer apenas menciona sem citar o capítulo 13 do livro 12 d'*A cidade de Deus* de Agostinho que tem o seguinte título: *Alguns filósofos acreditaram no ciclo dos séculos, quer dizer, acreditaram que, terminados por fim certo, todos tornam sem cessar à mesma ordem e à mesma espécie.* [N.T.]

a certeza trazida à consciência de que tudo o que acontece é firmemente ligado pela cadeia causal e ocorre, portanto, de modo estritamente necessário, e assim o futuro já se encontra completamente estabelecido, determinado de maneira certa e precisa e pode ser alterado tão pouco quanto o passado. Somente a previsão do futuro pode ser vista como fabulosa nos mitos fatalistas dos antigos — abstraindo a possibilidade da clarividência magnética e da segunda visão. Ao invés de descartar a verdade fundamental do fatalismo mediante falatórios ineptos e subterfúgios ridículos, dever-se-ia procurar compreendê-la e conhecê-la com justa clareza, pois é uma verdade demonstrável que oferece um dado importante para a compreensão de nossa tão misteriosa existência.

Predestinação e fatalismo não se diferenciam no que é principal, mas no fato de que o caráter dado e a determinação da ação humana que vem de fora procedem de um ser cognoscente no caso da predestinação e de um ser desprovido de conhecimento no caso do fatalismo. No resultado eles coincidem: acontece o que tem que acontecer. O conceito de uma *liberdade moral*, ao contrário, é inseparável do conceito de *originalidade*. Pois que um ser possa ser a obra de um outro e ainda assim ser *livre* segundo seu querer e agir, é algo que pode ser dito em palavras, mas não percebido em pensamentos. Aquele que o chamou do nada à existência, também criou e estabeleceu sua essência, i.e., suas propriedades em conjunto. Pois jamais se pode criar sem que se crie um algo, i.e., um ser preciso e inteiramente determinado segundo todas as suas propriedades. Dessas assim estabelecidas propriedades fluem com necessidade todas as suas manifestações e efeitos, na medida em que são apenas aquelas mesmas qualidades postas em jogo, que precisam simplesmente da ocasião exterior para se revelarem. Como o homem é, assim ele deve agir; portanto, não a seus atos individuais, mas a seu ser e essência cabem culpa e mérito. Por isso, teísmo e responsabilidade moral do homem são incompatíveis; justamente porque a responsabilidade sempre recai sobre o autor da essência, onde tem seu centro de gravidade. Em vão se procurou construir uma ponte entre esses dois inconciliáveis, através do conceito de liberdade moral do homem: mas ela sempre cai. O ser *livre* tem que ser também o ser *original*. Se nossa vontade é *livre*, também o é o *ser originário*, e vice-versa. O dogmatismo pré-kantiano, que pretendia separar esses dois predicamentos, foi obrigado a aceitar também duas liberdades, a saber, a da causa primordial do mundo, para a cosmologia, e aquela da vontade humana, para a moral e a teologia: de acordo com isso, em Kant tanto a terceira quanto a quarta antinomia se referem à *liberdade*.

Em *minha* filosofia, ao contrário, o simples reconhecimento da estrita necessidade das ações corresponde à doutrina de que também no ser desprovido de conhecimento é a *vontade* que se manifesta. Senão, na atuação desta necessidade evidente, se disporia a mesma em oposição ao querer, se houvesse efetivamente uma tal liberdade do agir individual e esta não fosse precisamente necessitada tão rigidamente como todas as outras ações. — Por outro lado, como acabei de mostrar, a mesma doutrina da necessidade dos atos de vontade exige que a existência e a essência do homem sejam obra de sua própria liberdade, portanto de sua vontade que então possui asseidade. Sob a hipótese contrária, como já se demonstrou, desapareceria toda responsabilidade e o mundo moral, assim como o físico, seria apenas uma mera máquina, posta em movimento pelo seu construtor situado de fora, apenas para o próprio entretenimento. — Todas as verdades estão assim entrelaçadas, se exigem e se completam mutuamente, enquanto o erro tropeça em obstáculos em toda parte.

§. 119.

De que espécie é a influência que o *ensinamento moral* tem sobre o agir, e quais são seus limites, eu analisei detalhadamente no § 20 de meu ensaio sobre o fundamento da moral. De modo essencialmente análogo se comporta a influência do *exemplo*, que entretanto é mais poderosa que a influência da doutrinação. Por isso ela merece uma curta análise.

O exemplo atua inicialmente ou dissuadindo ou estimulando. No primeiro caso, quando determina que a pessoa renuncie ao que gostaria de fazer. Ela vê que outros não o fazem; do que em geral conclui que não é aconselhável, podendo acarretar perigo à própria pessoa ou à propriedade, ou à honra; ela se detém nisto e se vê com prazer poupada da necessidade de uma investigação própria. Ou então vê que uma outra pessoa que realizou esta ação sofreu consequências ruins: este é o exemplo dissuasivo. Como estimulante, por outro lado, o exemplo atua de duas maneiras: ou induzindo a pessoa a fazer o que ela renunciaria de bom grado, preocupado do mesmo modo com o fato de que a renúncia poder-lhe-ia acarretar algum perigo ou prejudicá-la na opinião de outros; ou age de tal modo que o encoraja a fazer o que faria com agrado, mas até agora deixou de fazer por receio do perigo ou de vergonha: este é o exemplo sedutor. Finalmente, o exemplo pode conduzi-lo a algo que doutro modo jamais lhe ocorreria. Manifestamente, isto atua primeiro no intelecto: o efeito sobre a vontade é então secundário e quando ocorre é transmitido por um ato do próprio juízo, ou pela confiança que se tem naquele que fornece o exemplo. — O efeito completo, muito forte, do exemplo repousa em que, via de regra, o homem possui muito pouca capacidade de julgar e frequentemente também muito pouco conhecimento para explorar seu próprio caminho; por isso ele segue de bom grado as pegadas dos outros. Dessa forma, cada um estará tanto mais aberto à influência do exemplo, quanto mais carece daquelas duas capacitações. De acordo com isso, a estrela que conduz a maioria das pessoas é o exemplo de outros, e todo o seu agir e fazer, em grande e em pequena escala, se reduz à simples imitação; nem a menor coisa fazem de acordo com a própria medida. A causa disso é seu horror diante de toda e qualquer reflexão e sua justa desconfiança quanto ao juízo próprio. Ao mesmo tempo, essa tão notavelmente forte tendência à imitação no homem testemunha seu parentesco com os símios. A imitação e o hábito constituem os móbiles da maior parte das ações humanas. Contudo, o modo de atuação do exemplo é determinado de acordo com o caráter de cada um; por isso, um mesmo exemplo pode ser estimulante para um e repulsivo para outro. Para observar isso, certos vícios sociais, outrora inexistentes, mas que se afirmaram pouco a pouco, oferecem boa ocasião. Com a primeira percepção de algum deles, alguém pensará: "Oh! Como pode? Quão egoísta, inescrupuloso! Eu jamais farei algo igual!" Outros vinte pensarão o contrário: "Ah, se ele faz isso eu também posso".

Do ponto de vista moral, o exemplo, assim como o ensino, pode favorecer uma melhora civil ou legal, mas não a interior, que é propriamente a moral. Pois atua sempre apenas como um motivo pessoal, em consequência da pressuposição da receptividade a tal tipo de motivos. Mas, se um caráter é receptivo a tal ou tal tipo de motivos, justamente isso é o decisivo para a verdadeira e própria moralidade, que contudo é sempre inata. Em geral, o exemplo atua como meio de promoção da revelação de boas e más propriedades do caráter. Mas ele não as cria; por isso aqui também se aplica o dito de Sêneca: *velle non discitur*.[31] Que o ser inato de todas as genuínas qualidade morais, boas assim como más, se combina melhor com a doutrina da metempsicose dos brâmanes e budistas, segundo a qual "as boas e as más ações do homem o seguem de uma existência a outra, como sua sombra", do que com o judaísmo, que antes exige que o homem chegue ao mundo como moralmente nulo para então, graças a um impensável *liberi arbitrii indifferentiae*,

---

[31] "Não se aprende a querer." [N.T.]

em consequência de uma reflexão racional, decidir se será um anjo ou um demônio ou seja lá o que for que se encontra entre ambos — disso tudo eu sei, mas não me preocupo, pois minha bandeira é a verdade. Pois não sou professor de filosofia, e portanto não reconheço como meu ofício assegurar antes de tudo os princípios do judaísmo, mesmo quando estes obstruem para sempre o caminho de todo e qualquer conhecimento filosófico. *Liberum arbitrium indifferentiae*, sob a denominação "a liberdade moral", é um dos brinquedos preferidos dos professores de filosofia, que devemos deixar para eles — os inteligentes, honestos e sinceros.

SOBRE A DOUTRINA DO DIREITO E A POLÍTICA

§. 120.

UMA FALHA CARACTERÍSTICA dos alemães é buscar nas nuvens aquilo que está sob seus pés. Um exemplo notável disso nos é oferecido pelo tratamento dado ao *direito natural* pelos professores de filosofia. Para esclarecer as simples relações da vida humana que constituem o material da mesma, a saber, o justo e o injusto, a propriedade, o Estado, o direito de punir e assim por diante, eles recorrem aos conceitos mais extravagantes, abstratos, por conseguinte os mais vastos e vazios de conteúdo e assim constroem a partir deles ora uma ora outra torre de Babel nas nuvens, segundo o capricho particular do respectivo professor. Com isso as mais claras e simples relações da vida são tornadas ininteligíveis, para grande prejuízo dos jovens que são formados em tais escolas. As coisas nelas mesmas são extremamente simples e apreensíveis, como se pode convencer o leitor através de minha apresentação a respeito disso no ensaio *Sobre o fundamento da moral*, §. 17; e no *Mundo como vontade e representação*, vol. 1, §. 62. Mas com certas palavras como "direito", "liberdade", o "bem", o "ser" (esse insignificante infinitivo da cópula) e outras do mesmo gênero, o alemão é tomado de vertigem e cai numa espécie de delírio e começa a elucubrar com frases insignificantes e patéticas. Ele combina artificialmente os conceitos mais vagos e consequentemente mais ocos, ao invés de fixar o olhar na realidade e perceber intuitivamente as coisas e suas relações tais como são, das quais são abstraídos aqueles conceitos e que constituem seu único verdadeiro conteúdo.

§. 121.

Quem parte da opinião preconcebida segundo a qual o conceito de *justo* deve ser *positivo* e então procura defini-lo, não será capaz de fazê-lo, pois quer pegar uma sombra, persegue um fantasma, busca um *Nonens*. O conceito de *justo* é *negativo*, assim como o de *liberdade*: seu conteúdo é uma mera negação. O conceito de *injusto* é positivo e tem o mesmo significado de *dano* no sentido mais amplo, isto é, *laesio*. Um tal dano pode afetar ou a pessoa, ou a propriedade ou a honra. Daí então ser fácil determinar os *direitos do homem*: cada um tem o direito de fazer tudo o que não fere o outro.

Ter um direito a algo ou sobre algo nada significa senão fazer, ou então tomar ou poder utilizar algo sem com isso causar dano a um outro — *Simplex sigillum veri*.[1] Daí se torna clara a falta de sentido de muitas questões como, por exemplo, se temos o direito de dar cabo à própria vida. Mas com relação às pretensões que outros possam ter pessoalmente com relação a nós, eles estão submetidos à condição de que nós vivemos, o que cai quando este não é o caso. Que aquele que não quer mais viver para si, deva continuar vivendo apenas como mera máquina para o benefício de outro, é uma exigência extravagante.

§. 122.

Embora as forças do homem sejam desiguais, seus direitos são iguais, pois esses não repousam nas forças, mas, de acordo com a natureza moral do direito, no fato de que em cada um se apresenta a mesma vontade de viver, no mesmo grau de sua objetivação. Isto vale, porém, apenas para o direito originário e abstrato que o homem enquanto homem tem. A propriedade, assim como a honra, que cada um adquiriu segundo suas forças, depende da medida e da característica dessa força e oferece então a seu direito uma nova esfera:

---

[1] "A simplicidade é o sinal do verdadeiro". [N.T.]

aqui termina a igualdade. Aquele que é assim mais abastado, ou mais ativo, alarga, por meio de uma grande conquista, não propriamente seu direito, mas o número das coisas às quais ele se aplica.

§. 123.

Em minha obra principal (vol. 2, capítulo 47) mostrei que o *Estado* é essencialmente uma mera instituição de proteção de todos contra ataques externos e dos indivíduos entre si. Disso se segue que a necessidade do Estado repousa, em última instância, na reconhecida *injustiça* do gênero humano, sem o que não se teria pensado em nenhum Estado, pois ninguém temeria prejuízo a seu direito e uma mera reunião contra os ataques de animais selvagens ou dos elementos naturais teria uma fraca semelhança com um Estado. Desse ponto de vista vê-se claramente a trivialidade e a platitude dos filosofastros que, em discursos pomposos, apresentam o Estado como o fim supremo e a flor da existência humana, com o que oferecem uma apoteose do filisteísmo.

§. 124.

Se a *justiça* dominasse o mundo seria suficiente ter sua casa *construída* e nenhuma outra proteção seria necessária além deste manifesto direito de propriedade. Mas porque a *injustiça* está na ordem do dia, então é necessário também que quem construiu sua casa esteja em condições de protegê-la. Senão, seu direito é *de facto* incompleto: o agressor tem então o *direito da força* [*Faustrecht*], que é exatamente o conceito de direito de Espinosa, que não reconhece nenhum outro direito, mas diz: *unusquisque tantum juris habet, quantum potentia valet* (*Tract. pol.*, c. 2, §. 8)[2] e *uniuscujusque jus potentia ejus definitur* (*Eth.* IV, pr. 37, sch. 1)[3] — A sugestão para esse conceito de direito parece ter-lhe sido oferecida por Hobbes, especialmente numa passagem de *De Cive* (cap. 1, §. 14) em

---

[2] "Cada qual tem tanto direito quanto tem poder". [N.T.]
[3] "O direito de cada um se define pelo poder que tem". [N.T.]

que é feita a curiosa observação de que o direito do amável Deus sobre todas as coisas só repousa em sua onipotência. No mundo dos cidadãos esse conceito de direito foi abolido, tanto na teoria quanto na prática; no mundo político, entretanto, apenas na teoria: *in praxi* [na prática] ele continua valendo.[4] Isso foi confirmado de maneira acachapante pelo recente saque norte-americano contra o México, embora essa confirmação seja ultrapassada de muito pelos precedentes saques dos franceses na Europa sob a direção de seu líder Bonaparte. Mas ao invés de procurar encobrir suas ações por meio de mentiras públicas e oficiais, que revoltam talvez mais até do que os atos em si, os conquistadores deveriam se apoiar franca e livremente na doutrina de Maquiavel. Essa última admite entre indivíduos, do ponto de vista da moral e da doutrina do direito, a validade do princípio *quod tibi fieri non vis, alteri ne feceris* [não faças ao outro o que não gostaria

---

[4] Vemos agora na China as consequências da negligência dessa regra. Com rebeldes de dentro e europeus de fora, o maior império do mundo está desarmado e indefeso devendo expiar a falta de ter cultivado exclusivamente as artes da paz e não aquelas da guerra. Entre as operações da natureza criadora e as do homem há uma analogia particular que não é casual, mas se fundamenta na identidade da vontade presente em ambas. Depois que surgiram os animais herbívoros no todo da natureza animal, apareceu em cada espécie animal, necessariamente por último, o animal de presa, que se alimenta dos primeiros, como sua presa. Da mesma forma, depois que os homens cultivaram o solo, honestamente e com o suor de seus rostos, e adquiriram o que era suficiente para o sustento de um povo, sempre aparece um número de homens que, ao invés de cultivar a terra e viver de sua produção prefere arriscar sua pele e pôr em jogo sua vida, saúde e liberdade para importunar aqueles que estão de posse de uma propriedade adquirida honestamente e apropriar-se do fruto do seu trabalho. Esses animais de rapina do gênero humano são os povos conquistadores que vemos surgir em toda a parte, dos mais velhos aos mais novos tempos. Suas variadas fortunas, com suas alternativas de sucesso ou de fracasso em geral constituem a matéria da história universal; por isso tem razão Voltaire ao dizer: "*dans toutes les guerres il ne s'agit que de voler*" [em todas as guerras trata-se apenas de roubar]. Que eles costumam se envergonhar disso fica claro pelo fato de que cada governo reitera ter pegado em armas apenas para a própria defesa. [N.A.]

que fizessem a ti]; mas entre povos e na política é o princípio oposto que se aplica: *quod tibi fieri non vis, id alteri tu feceris* [faça ao outro o que tu não gostarias que fizessem a ti]. Se não queres ser subjugado então subjugue teu vizinho a tempo, isto é, porquanto sua fraqueza lhe oferece a oportunidade. Pois se deixares passar essa oportunidade, então ela pode se mostrar como um desertor no campo inimigo e será teu adversário que te subjugará; embora possa ocorrer que tal falta não seja expiada pela geração que a cometeu, mas pela próxima. Esse princípio maquiavélico oferece um invólucro bem mais decente ao desejo de rapinagem do que os farrapos inteiramente transparentes das mentiras mais palpáveis dos discursos presidenciais, e do que aqueles que lembram a história bem conhecida do coelho acusado de ter atacado o cachorro. No fundo, cada Estado observa o outro como uma horda de rapinadores que atacará assim que a oportunidade se apresentar.

§. 125.

Entre a servidão, como na Rússia, e a propriedade fundiária, como na Inglaterra, e de modo geral entre o servo e o arrendatário, o proprietário e o devedor hipotecário e assim por diante, a diferença está mais na forma que no conteúdo. Se o camponês me pertence ou a terra da qual ele retira seu sustento, o pássaro ou sua nutrição, o fruto ou a árvore, no fundo tudo isso faz pouca diferença, pois como Shakespeare faz Shylok dizer:

You take my life,
When you do take the means, whereby I live.[5]

O camponês livre tem na verdade a vantagem de poder partir daí para o vasto mundo; ao contrário, o servo e *glebae adscriptus* têm a seu favor a talvez ainda maior vantagem

---

[5] "Tu retiras minha vida/ quando me retiras os meios pelos quais eu vivo". (Shakespeare, *O Mercador de Veneza*, ato IV, cena 1). [N.T.]

de que quando a má colheita, a doença, a velhice ou a incapacidade o condenam à impotência, seu senhor é obrigado a cuidar dele. Por isso ele dorme tranquilo enquanto seu senhor, na má colheita, se agita em seu leito e perde o sono pensando nos meios de oferecer pão aos seus servos. Eis porque diz Menandro (*Stob. Floril.* II, p. 389, ed Gaisford):

> É preferível servir um bom mestre
> do que viver livre na miséria.
> (*Quanto benignum satius est dominum pati,*
> *Quam vivere inopem liberi sub nomine.*)[6]

Um outro privilégio do homem livre é a possibilidade de melhorar sua situação graças ao desenvolvimento dos talentos; mas o escravo também não é inteiramente desprovido disso. Se ele se torna valioso para seu senhor por meio de trabalhos de uma ordem superior, então ele será tratado de acordo com isso; assim como em Roma os artífices, os contramestres, arquitetos, e mesmo os médicos em sua maioria eram escravos e ainda agora na Rússia deve haver grandes banqueiros que eram servos. O escravo também pode comprar sua liberdade, por meio de sua produtividade, como acontece frequentemente na Europa.

Pobreza e escravidão são portanto apenas duas formas, pode-se mesmo dizer dois nomes, da mesma coisa cuja essência consiste em que as forças de um homem são empregadas em grande parte não para ele próprio mas para outros; do que resulta para ele em parte sobrecarga de trabalho, em parte escassa satisfação de suas necessidades. Pois a natureza deu ao homem apenas a força necessária para adquirir seu sustento da terra através de um uso moderado dela, não a deu em grande excesso. Se uma porção considerável do gênero humano é desincumbida do fardo comum da manutenção física da existência, então a parte restante será excessivamente

---

[6]Em grego, no original: ὡς κρεῖττόν ἐστι δεσπότου χρηστοῦ τυχεῖν/ ἢ ζῆν ταπεινῶς καὶ κακῶς ἐλεύθερον. [N.T.]

sobrecarregada e estará na miséria. Daí surge primeiramente aquele mal que, ora com o nome de escravidão, ora de proletariado, afligiu a maior parte do gênero humano. Porém, a causa mais remota deste mal é o luxo. Para que uma minoria possa ter o dispensável, supérfluo e coisas refinadas e mesmo satisfazer necessidades artificiais, uma grande parte das forças humanas existentes deve ser empregada na produção dessas coisas e alijada da produção do que é necessário e indispensável. Ao invés de construir cabanas para si próprios, milhares constroem mansões para poucos; ao invés de tecer malhas grosseiras para si próprios e para os seus, eles tecem malhas finas ou de seda, ou mesmo rendas para os ricos e confeccionam milhares de objetos de luxo para entreter os ricos. Uma grande parte da população das cidades consiste em trabalhadores aplicados à produção de artigos de luxo. Para eles e seus empregados, o camponês deve arar, semear e tecer e com isso tem mais trabalho do que o que a natureza originalmente o encarregou. Além disso, ele próprio deve consagrar ainda mais força e terreno à cultura do vinho, da seda, do tabaco, do lúpulo e do espargo do que para o cultivo de cereais, batatas e a pecuária. Ademais, muitos são retirados da agricultura para servir à construção de barcos e à navegação para a importação de açúcar, café, chá etc. A produção dessas coisas supérfluas se torna então a causa da miséria de milhões de escravos negros que são violentamente arrancados de sua terra natal para produzir com seu suor e seu martírio aqueles objetos de prazer. Em suma, uma grande parte das forças do gênero humano é deslocada da produção do estritamente necessário para proporcionar o supérfluo e o dispensável para poucos. Portanto, enquanto existir por um lado o luxo, por outro deve necessariamente haver trabalho excessivo e vida miserável, receba esta o nome de pobreza ou escravidão, *proletarius*, ou *servus*. Entre ambos a diferença fundamental é que os escravos devem sua origem à violência, já os pobres à astúcia. A condição inteiramente não natural da sociedade, a luta generalizada para escapar da miséria, a navegação que ocasiona tanta perda de vidas, os complicados interesses comerciais e por fim as guerras para as quais tudo isso contribui, tudo isso tem sua raiz no luxo que não faz feliz nem mesmo quem dele desfruta, mas os torna doentes e mal-humorados. Por isso, o meio mais eficaz para diminuir a miséria humana seria a diminuição ou mesmo a abolição do luxo.

Todo esse raciocínio tem em si inquestionavelmente muito de verdadeiro. Contudo, ele é refutado em seus resultados por um outro que, além disso, é reforçado pelo testemunho da experiência. Pois o que a espécie humana perde em *forças musculares* (irritabilidade) para a realização de seus propósitos mais necessários, é mil vezes compensado pelas *forças nervosas* (sensibilidade, inteligência) que então são liberadas (no sentido químico). Pois sendo a sensibilidade e a inteligência de uma espécie superior, suas realizações superam milhares de vezes as realizações da irritabilidade:

> "Um único conselho sábio supera em muito o trabalho de muitas mãos."
> (*ut vel unum sapiens consilium multorum manuum opus superat.*)
> (Eurípides, *Antíope*)[7]

Um povo composto unicamente por camponeses inventaria e descobriria bem pouca coisa: já mãos ociosas geram cabeças ativas. As artes e as ciências são elas mesmas filhas do luxo e elas pagam sua dívida. Sua obra é aquela perfeição da tecnologia em todos os seus ramos, mecânicos, químicos e físicos que elevaram a maquinaria a um nível nunca antes imaginado e que realiza, especialmente através do vapor e da eletricidade, coisas que em outros tempos seriam atribuídas

---

[7] Em grego, no original: σοφὸν γὰρ ἓν βούλευμα τὰς πολλὰς χέρας νικᾷ. [N.T.]

ao concurso do diabo. Pois agora nas fábricas e nas manufaturas de todos os tipos e ocasionalmente na agricultura, as máquinas realizam mil vezes mais trabalho do que poderia ser realizado pelas mãos das classes ociosas e abastadas, dos letrados e intelectuais e que jamais poderia ser alcançado pela abolição de todo o luxo e pela introdução de uma vida campesina em geral. O produto de toda essa indústria não beneficia apenas os ricos, mas a todos. Coisas que outrora dificilmente poderiam ser encontradas estão agora à disposição em bom preço e em quantidade e também a vida das classes baixas ganhou muito em conforto. Na Idade Média, um rei da Inglaterra pegou emprestado de um membro da classe superior um par de meias de seda para dar audiência ao embaixador da França. Mesmo a rainha Elisabeth ficou muito feliz e bastante surpresa quando recebeu o primeiro par de meias de seda como presente de Ano Novo em 1560 (D'Israeli, I, 332). Hoje em dia qualquer servidor do comércio tem a sua. Há cinquenta anos as damas usavam vestidos de algodão como os que hoje são usados pelas serviçais. Se a maquinaria seguir o seu curso de progresso no mesmo ritmo por mais um tempo chegará a época em que os esforços humanos serão quase inteiramente poupados, como já é em grande medida a força dos cavalos. Então poder-se-ia pensar numa certa universalidade da cultura intelectual da humanidade que seria impossível se uma grande parte dela ficasse inteiramente adstrita ao trabalho corporal pesado. Irritabilidade e sensibilidade estão constantemente e em toda parte, em geral como em particular, em uma relação antagônica, mesmo porque uma e a mesma força vital está na base de ambas. Já que, além disso, *artes molliunt mores*,[8] as guerras em grande escala, assim como as querelas e duelos em pequena escala, poderiam talvez desaparecer do mundo, como hoje

---

[8] "As artes amolecem os costumes." Ovídio, *Epistulae ex Ponto*, 2, 9, 48. [N.T.]

já são ambos bastante raros. Mas aqui não é minha intenção escrever uma utopia.

Mas deixando de lado todas essas razões, deve-se levar em consideração contra a argumentação exposta acima em favor da diminuição do luxo e da repartição uniforme de todas as forças de trabalho que a grande massa da humanidade, frequentemente e em toda parte, precisa de um condutor, um líder e conselheiro, sob diversas formas e segundo as circunstâncias, tais como juízes, governadores, generais, funcionários públicos, padres, médicos, eruditos, filósofos etc. Todos esses têm por tarefa conduzir pelo labirinto da vida toda essa espécie que em sua maioria é extremamente incapaz e perversa. Cada um deles adquiriu, de acordo com sua posição e capacidade, uma visão geral desse labirinto, de um ponto de vista mais estrito ou mais amplo. Que esses guias sejam liberados tanto do trabalho físico quanto das carências comuns ou do desconforto e que ainda possam possuir ou usufruir, de acordo com suas realizações bem maiores do que o homem comum, isto é natural e bem razoável. Mesmo os grandes comerciantes devem ser incluídos naquela classe exímia na medida em que eles preveem as necessidades do povo e as proveem.

§. 126.

A questão sobre a soberania do povo consiste no fundo em saber se alguém poderia ter originalmente o direito de reger um povo contra sua vontade. Não vejo como isso pode ser racionalmente afirmado. De todo modo o povo é soberano; mas é um soberano sempre menor que deve permanecer sob tutela contínua e não pode nunca exercer seus direitos sem provocar consideráveis perigos, em particular porque, como todos os menores, pode se tornar o joguete de vigaristas astuciosos, que por isso são conhecidos como demagogos.

Voltaire diz:

Le premier qui fut roi, fut un soldat heureux.[9]

Certamente todos os príncipes foram originalmente generais vitoriosos e durante muito tempo eles regeram nessa condição. Depois que depuseram as armas, consideraram o povo como um meio de sustentar a si e a seus soldados, ou seja, como uma massa pela qual se vela a fim de obter lã, leite e carne. Isso se deve ao fato de que (como será explicado no próximo parágrafo) por natureza, portanto originalmente, não é o direito que reina sobre a terra, mas a *força*, e por isso ela tem sobre o primeiro o privilégio do *primi occupantis*, e por isso ela nunca se deixa anular ou ser abolida no mundo, mas tem que aparecer sempre. Só se pode desejar e pedir que ela esteja do lado do direito e associada a este. Por isso diz o príncipe: "eu rejo sobre vocês pela força; por isso minha força exclui toda a outra e por isso não tolerarei nenhuma outra ao lado da minha, nem aquela proveniente de fora, nem interiormente aquela de um contra o outro. Assim, fiquem satisfeitos com minha autoridade". Uma vez isso tendo se realizado, algo bem diferente do reinado foi se desenvolvendo com o tempo e seus progressos e essa concepção anterior acabou sendo relegada ao pano de fundo e é vista apenas como um espectro que a rodeia. Em seu lugar surgiu a ideia de um pai da nação e o rei se tornou o firme e inabalável pilar sobre o qual unicamente toda a ordem jurídica e com isso os direitos de todos se apóiam e assim são mantidos.[10] Mas um rei só pode fazer isso devido a uma prerrogativa *inata* que dá a ele e só a ele uma autoridade que não se iguala a nenhuma outra, que não pode ser questionada ou desafiada e que todos

---

[9] "O primeiro que foi rei, foi um soldado ditoso". *Mérope*, ato 1, cena 3. [N.T.]

[10] Estobeu, *Florilegium*, 2, p. 201: πέρσαις νόμος ἦν, ὁπότε βασιλεὺς ἀποθάνοι, ἀνομίαν εἶναι πέντε ἡμερῶν, ἵν' αἴσθοιντο ὅσου ἄξιός ἐστιν ὁ βασιλεὺς καὶ ὁ νόμος. ["Entre os persas era costume que depois que um rei morria havia cinco dias de anarquia para que o povo pudesse apreciar como eram valiosos o rei e a lei."] [N.A.]

instintivamente obedecem. Por isso se diz com razão que ele governa "pela graça de Deus" e é de uma vez por todas a pessoa mais útil no Estado, cujos serviços nunca podem ser adequadamente pagos por nenhuma lista civil (*Civilliste*), por mais elevada que seja.

Mas Maquiavel ainda parte tão resolutamente daquela primeira concepção medieval do príncipe que ele considera como uma coisa evidente e não a explica, mas a pressupõe silenciosamente e nela fundamenta todos os seus conselhos. Seu livro é, em geral, apenas a práxis então dominante conduzida à teoria e apresentada de maneira sistemática e consequente. Assim, nessa forma nova, teórica e perfeita, ela recebe uma aparência bem picante. O mesmo vale, seja dito incidentalmente, do livrinho imortal de La Rochefoucauld, cujo tema, entretanto, não é a vida pública, mas a privada, e que fornece não conselhos, mas observações. Em todo caso, pode-se desaprovar o título, pois na maior parte ele não oferece *maximes*, nem *réflexions*, mas *apperçus* — e assim deveria se chamar. De resto, mesmo em Maquiavel pode se encontrar muita coisa aplicável à vida privada.

§. 127.

O direito por si mesmo é impotente: por natureza rege a força. Associar a força e o direito de modo que o direito reja por meio da força, tal é o problema da arte de governar. E um difícil problema. Reconhecer-se-á isso quando se pensa o quão ilimitado é o egoísmo que se aninha em todo peito humano, associado geralmente ainda com um tanto acumulado de ódio e malícia de modo que originalmente a *neikos* [inimizade] supera em muito a *philia* [amizade]. E mesmo assim são milhões de indivíduos assim constituídos que se trata de manter nos limites da ordem e da paz, da calma e da legalidade, enquanto que originalmente qualquer um tem o direito de dizer a qualquer um: "o que tu és, eu sou também!" Considerando isso, deveríamos nos espantar com o fato de que no mundo em geral tudo seja tão tranquilo e pacífico, justo e ordenado, como nós vemos; o que apenas a maquina estatal pode proporcionar. — Com efeito, apenas a força física pode atuar imediatamente; pois somente diante dela os homens tais como são, em via de regra, se impressionam e sentem respeito. Se, para convencer-se disso pela experiência, colocássemos de lado toda coerção e no seu lugar tentássemos incitar as pessoas da maneira mais clara e convincente possível a agir meramente segundo a razão, a justiça e a equidade, mas contrariamente a seu interesse, então ficaria evidente a impotência das forças morais pois simplesmente receberíamos de volta, na maioria dos casos, apenas um sorriso sarcástico como resposta. Portanto, somente a força física pode assegurar respeito. Essa força, entretanto, encontra-se originalmente nas massas, onde é associada à ignorância, estupidez e injustiça. A tarefa da arte de governar é primeiramente, apesar das circunstâncias tão difíceis, subordinar a força física à inteligência, à superioridade espiritual e torná-la útil. Mas se mesmo essa inteligência não for acompanhada pela justiça e por boas intenções, então o resultado será que um Estado assim estabelecido irá se compor de trapaceiros e trapaceados. Mas isso vem gradualmente à luz pelo progresso da inteligências das massas, por mais que se queira impedi-lo, e então leva a uma revolução. Ao contrário, quando a inteligência está associada à justiça e às boas intenções, então há um Estado perfeito, segundo a medida das coisas humanas em geral. Desse ponto de vista, é muito útil que a justiça e as boas intenções não apenas existam, mas também sejam comprováveis e publicamente expostas de modo a se sujeitar ao juízo público e ao controle. No entanto, deve-se evitar que através dessa resultante participação de muitos, o poder central do Estado, com o qual ele tem que agir no interior e no exterior, não perca em força e concentração, como é quase sempre o caso nas repúblicas. Por conseguinte, a mais alta tarefa da arte de governar é satisfazer todas essas exigências na forma de um Estado. Mas, de fato, ela ainda deve levar em consideração o povo dado, com suas particularidades nacionais, como a matéria bruta cuja característica exercerá grande influência no acabamento da obra.

Seria ótimo se a arte de governar cumprisse sua tarefa a ponto de restar apenas o mínimo possível de injustiça na comunidade. Que isso deva ocorrer é só a finalidade ideal que pode ser alcançada apenas aproximativamente. Se a injustiça for posta de lado, ela entra de novo furtivamente, pois a iniquidade está profundamente enraizada na natureza humana. Procura-se atingir aquele fim pelo meio artificial da constituição e da perfeição da legislação, mas essa tentativa permanece uma assíntota, pois conceitos fixos nunca esgotam todos os casos particulares e jamais podem ser reduzidos a coisas individuais, pois se assemelham a pedras de um mosaico e não a pinceladas nuançadas de uma pintura. Além disso, todos os experimentos aqui são perigosos, pois tem-se à mão o material mais difícil de lidar, que é o gênero humano, cuja manipulação é quase tão difícil quanto a de um material altamente explosivo. Nesse sentido, a liberdade de imprensa é para a máquina estatal exatamente o que a válvula de segurança é para a máquina a vapor; pois, por meio dela toda insatisfação pode encontrar o ar da palavra e aí se esgota quando não há muito elemento presente. Quando o tem, porém, então é bom que se a conheça a tempo para que se a remedeie. E isso é bem melhor do que deixar que a insatisfação se concentre, choque, fermente, ferva e finalmente exploda. Por outro lado, a liberdade de imprensa deve ser vista como a permissão de vender veneno: veneno para o espírito e a mente. Pois o que não se pode colocar na cabeça das massas ignorantes e desprovidas de juízo, especialmente quando se pretende inculcar que haverá vantagem e ganho para elas? E de qual crime o homem não é capaz quando se coloca algo em sua cabeça? Eu temo muito, portanto, que os perigos da liberdade de imprensa sejam superiores a seus benefícios, ainda mais onde há vias legais para qualquer queixa. Em todo caso, a liberdade de imprensa deve estar condicionada à proibição mais estrita de todo e qualquer anonimato.

De modo geral pode-se até mesmo aventar a hipótese de que o direito é de uma natureza análoga a certas substâncias químicas que não podem se apresentar puras e isoladas, mas no mínimo com alguma pequena mistura que lhes sirva de suporte ou lhes dê a consistência necessária, tais como, por exemplo, o flúor, mesmo o álcool, o ácido prússico, entre outros. Por consequência, o direito também, se ele quer se estabelecer no mundo real e mesmo prevalecer, precisa necessariamente de uma pequena adição de arbitrariedade e força para poder, apesar de sua natureza propriamente apenas ideal e etérea, atuar e subsistir neste mundo material e real sem evaporar e desvanecer no céu, como acontece em Hesíodo. Como uma tal base química ou liga necessária, todo direito de nascimento, todos os privilégios hereditários, toda religião de Estado e muitas outras coisas; pois somente em um fundamento arbitrária e firmemente estabelecido desse tipo o direito se faz valer e consequentemente se deixa levar a efeito. Tal fundamento seria de certo modo o "dê-me um ponto de apoio [e eu moverei a terra]"[11] do direito.

O sistema vegetal artificial e arbitrário de Lineu não pode ser substituído por nenhum sistema natural, por mais que tal sistema pudesse estar de acordo com a razão e por mais que se tenha tentado fazer isso, pois tal sistema nunca oferece a segurança e a firmeza das determinações que o artificial e arbitrário tem. Da mesma forma, a base artificial e arbitrária da constituição do Estado, tal como exposta acima, não pode ser substituída por uma fundação puramente natural que, rejeitando as condições mencionadas, colocaria o mérito pessoal no lugar dos privilégios do nascimento, a investigação racional no lugar da religião oficial e assim por diante. Pois

---

[11] Em grego, no original: δός μοι ποῦ στῶ. Dito de Arquimedes. [N.T.]

por mais que tudo isso possa estar de acordo com a razão, faltaria a segurança e a firmeza das determinações que somente a estabilidade do ser comum pode assegurar. Uma constituição estatal na qual o direito abstrato se corporificasse seria algo bem apropriado para outros seres que não os homens; mas, uma vez que a grande maioria deles é extremamente egoísta, injusta, sem consideração, mentirosa e mesmo maldosa e dotada de uma inteligência bem escassa, segue-se a necessidade de um poder concentrado em um só homem, ele mesmo acima de toda lei e de todo direito, completamente irresponsável, ao qual todos se curvam e que é considerado como um ser de tipo superior, um regente pela graça de Deus. Somente assim a humanidade se deixa curvar e ser governada por muito tempo.

Contrariamente a isso, vemos nos Estados Unidos da América do Norte a tentativa de se deixar governar inteiramente sem tal fundamento arbitrário, prevalecendo, portanto, o direito abstrato, puro e sem mistura. Mas o resultado não é atrativo, pois apesar de toda prosperidade material do país, encontramos como mentalidade predominante o utilitarismo mesquinho, ao lado de sua inevitável companheira, a ignorância, que abriu caminho ao estúpido bigotismo anglicano, à presunção idiota, à brutalidade grosseira associada à insípida veneração das mulheres. E lá coisas ainda piores estão na ordem do dia, tais como a escandalosa escravidão dos negros, associada à crueldade mais extrema contra os escravos, a mais injusta opressão aos negros livres, *lynch law*, assassinatos frequentes e no mais das vezes impunes, duelos de uma brutalidade inaudita, ocasionalmente desprezo pelo direito e as leis, repúdio das dívidas públicas, escroqueria política revoltante em uma província vizinha seguida de incursões predatórias em seu rico território, que são encobertas pelas mentiras que as autoridades contam e que todos no país conhecem e ironizam; e ainda a oclocracia crescente e por fim a influência perniciosa que a mencionada negação da integridade nas altas esferas exerce inevitavelmente sobre a moralidade privada. Em suma, essa amostra de uma pura constituição de direito no outro lado do planeta, diz muito pouco a favor das repúblicas, ainda menos as imitações dela no México, na Guatemala, Colômbia e Peru. Uma desvantagem bem particular e com isso paradoxal das repúblicas é que nelas é mais difícil para as inteligências superiores alcançar os cargos elevados e assim ter influência política direta do que nas monarquias. Pois sempre, em toda parte e em todas as circunstâncias, as mentes inteiramente limitadas, fracas e comuns se ligam instintivamente e conspiram contra seu inimigo natural, contra tais inteligências, e se unem firmemente por meio de seu medo comum diante delas. Seu bando frequentemente numeroso conseguirá facilmente, numa constituição republicana, oprimir e excluir as inteligências superiores para não ser sobrepujado por elas. E a despeito dos direitos originalmente iguais, eles são sempre cinquenta contra um. Na monarquia, ao contrário, essa liga natural e universal das mentes estreitas contra as privilegiadas existe apenas unilateralmente, a saber, apenas de baixo para cima: de cima para baixo, ao contrário, o entendimento e o talento são naturalmente protegidos e encorajados. Pois em primeiro lugar, o próprio monarca está muito acima e bem estabelecido para temer qualquer autoridade. Ademais, ele mesmo serve o Estado mais com sua vontade do que com sua cabeça, que jamais poderia dar conta de tantas exigências. Ele deverá então servir-se sempre de outras mentes e verá naturalmente que seu interesse está estritamente ligado, é inseparável e idêntico ao interesse da nação e por isso irá preferir e favorecer os melhores já que são seus instrumentos mais úteis. Restar-lhe-á apenas a tarefa de encontrá-las, o que não é muito difícil quando se busca corretamente. Da mesma forma, os ministros têm uma grande ascendência sobre políticos iniciantes para vê-los com inveja e irão, por razões análogas, preferir as mentes destacadas e colocá-las em atividade para se valer de suas aptidões. Dessa forma, nas monarquias o intelecto tem sempre mais chances contra seu inimigo implacável e onipresente, a estupidez, do que nas repúblicas. Mas essa vantagem é muito grande.

Em geral, porém, a forma de regime monárquica é natural ao homem; quase como ela é para as abelhas e para as formigas, para grous em voo, os elefantes nômades, os lobos em hordas para a caça e outros animais ainda que colocam um deles no topo de seus empreendimentos. Toda ação humana que envolve perigo, cada campanha militar, todo barco deve obedecer um comandante; em toda parte, uma só vontade deve ser a dirigente. Mesmo o organismo animal é construído monarquicamente: o cérebro apenas é o guia e regente, o *hēgemonikon* [guia]. Ainda que o coração, os pulmões, o estômago contribuam bem mais para a manutenção do todo, esses bons burgueses não guiam nem conduzem, pois essa é unicamente a incumbência do cérebro e deve proceder de um só ponto. Mesmo o sistema dos planetas é monárquico. Já o sistema republicano, ao contrário, é tão inatural ao homem como desfavorável à vida espiritual elevada, ou seja, para as artes e as ciências. De acordo com isso, encontramos em toda a terra e em todas as épocas, os povos, sejam eles civilizados ou selvagens, ou estejam no estágio intermediário, sendo regidos monarquicamente.

> É mau que muitos homens comandem; um, só, tenha o posto supremo.[12]

Como seria possível ver em toda parte e em todos os tempos, milhões, e mesmo centenas de milhões de homens submetidos e voluntariamente obedientes até mesmo a uma mulher e mesmo provisoriamente a uma criança, se não houvesse um instinto monárquico no homem que o conduzisse

---

[12] *Ilíada*, II, 204, trad. Carlos Alberto Nunes. São Paulo: Hedra, 2011, p. 78. Em grego, no original: οὐκ ἀγαθὸν πολυκοιρανίη, εἷς κοίρανος ἔστω, εἷς βασιλεύς. [N.T.]

a isso como o mais adequado? Pois isso não é o produto da reflexão. Em toda a parte um é o rei e sua dignidade é hereditária. Ele é ao mesmo tempo a personificação ou o monograma de todo o povo, que nele chegou à individualidade; neste sentido ele pode até mesmo dizer com razão: *l'état c'est moi* [o Estado sou eu]. Exatamente por isso, vemos nos dramas históricos de Shakespeare os reis da Inglaterra e da França tratar-se mutuamente como *França* e *Inglaterra*, e também chamam de *Áustria* o duque desse país (*King John*, ato III, cena 1), considerando-se a si próprios como que a encarnação de suas nacionalidades. E isso está bem de acordo com a natureza humana e justamente por isso o monarca hereditário não pode de modo algum separar seu próprio bem e o de sua família do bem do país, como é o caso, ao contrário, na maioria das vezes em que foi escolhido — observe-se o estado da Igreja. Os chineses só podem conceber um regime monárquico, eles não entendem o que possa ser uma república. Quando em 1658 uma embaixada holandesa chegou à China, ela se viu obrigada a apresentar o príncipe de Orange como o rei do país, pois de outro modo os chineses estariam inclinados a considerar a Holanda como um ninho de piratas que viviam sem um comandante (*Neuhof, l'ambassade de la Compagnie Orientale des Provinces unies vers l'Empereur de la Chine*. Leyden, 1665). Estobeu reuniu em seu livro *Da monarquia como a melhor*[13] (*Florilegium*, tit. 47, vol. II, pp. 256–63), as melhores passagens em que os antigos explicam as vantagens da monarquia. As repúblicas são inaturais, artificialmente feitas e originadas da reflexão, surgem apenas como raras exceções em toda a história universal, a saber, as pequenas repúblicas gregas, as românicas e as cartaginesas, tornadas possíveis apenas porque cinco sextos da população, talvez mesmo sete oitavos, eram constituídos por *escravos*. Ainda em 1840, os Estados Unidos da América tinham três

---

[13] Em grego, no original: ὅτι κάλλιστον ἡ μοναρχία. [N.T.]

milhões de escravos para uma população de dezesseis milhões. Além disso, a duração das repúblicas da Antiguidade foi bem curta em comparação com a das monarquias. É fácil fundar repúblicas, mas difícil mantê-las; para as monarquias vale o contrário.

Se se quer planos utópicos, então digo: a única solução do problema seria o despotismo dos sábios e nobres, de uma genuína aristocracia e nobreza, atingida no *caminho da geração*, por meio da união entre os mais generosos homens e as mais inteligentes e brilhantes mulheres. Essa proposta é *minha Utopia* e minha República de Platão.

Os reis constitucionais têm uma semelhança inegável com os deuses de Epicuro que, sem se misturar nos assuntos humanos, permanecem numa felicidade imperturbável e numa tranquila serenidade lá em cima em seu céu. Eles estão agora na moda e em todo pequeno principado alemão é encenada uma paródia da constituição inglesa, bem completa, com câmara alta e câmara baixa, incluindo o *habeas corpus* e o júri. Do caráter inglês e das circunstâncias inglesas, e pressupondo ambas, essas formas são apropriadas e naturais ao povo inglês; da mesma forma é natural ao povo alemão ser dividido em muitos troncos, submetidos cada um deles a um príncipe reinante, com um imperador acima de todos que mantém a paz no interior e representa a unidade do reino para fora. E isso porque procede de seu caráter e de suas relações. Eu sou da opinião de que se a Alemanha não quiser ter o mesmo destino da Itália ela deve tão efetivamente quanto possível restaurar a dignidade imperial suprimida por seu arqui-inimigo, o primeiro Bonaparte. Pois dela depende a unidade alemã e sem ela permanecerá sempre meramente nominal ou precária. Mas como não vivemos mais no tempo de Günther de Schwarzburg, quando a escolha do imperador era uma coisa séria, a coroa imperial deveria passar alternativamente para a Áustria e para a Prússia, na duração de vida do imperador. A soberania absoluta dos pequenos estados é, de qualquer modo, ilusória. Napoleão I fez para a Alemanha o mesmo que Otto, o Grande, fez pela Itália (veja *Annotazioni alla secchia rapita*),[14] a saber, a dividiu em vários pequenos Estados segundo o princípio *divide et impera*. Os ingleses demonstram grande inteligência ao permanecerem ligados firme e religiosamente a suas velhas instituições, usos e costumes, mesmo com o risco de levar essa tenacidade tão longe ao ponto do ridículo. Pois essas coisas não surgiram de uma mente ociosa, mas gradualmente da força das circunstâncias e da sabedoria da própria vida e por isso lhes são convenientes enquanto nação. Já o Michel alemão, por outro lado, se deixou persuadir por seu mestre de escola que ele deveria trajar um fraque inglês e que nenhum outro lhe convém. Ele importuna seu pai para obtê-lo e fica com uma aparência ridícula o bastante, com suas maneiras desajeitadas e seu aspecto acanhado. Mas o fraque é muito apertado, incômodo e muito recente para permitir-lhe sentar no júri. O processo do júri, proveniente do período mais bárbaro da Idade Média inglesa, a época de Alfredo, o Grande, quando o conhecimento da leitura e da escrita ainda eximia um homem da pena de morte.[15] É o pior de todos os tribunais criminais em que, ao invés de juízes sábios e experimentados que envelheceram na discriminação diária das mentiras e astúcias dos assassinos, ladrões e trapaceiros de toda sorte e que aprenderam a ir ao fundo das coisas, agora encontramos alfaiates e sapateiros sentados nos tribunais, e espera-se que com seu entendimento pesado,

---

[14] *La secchia rapita* (O balde roubado) é um poema herói-cômico do italiano Alessandro Tassoni (1565–1635), publicado em Paris em 1622, que trata de uma guerra entre as cidades de Bolonha e Módena, historicamente ocorrida em 1249. Schopenhauer refere-se provavelmente a *Annotazioni del dottore Pellegrino Rossi alla Secchia rapita d'Allessandro Tassoni* (Piacenza, 1738). [N.E.]

[15] Os *juristas alemães* declaram que sob os reis anglo-saxões não havia ainda *propriamente* nenhum júri: nem sob os primeiros reis normandos, mas que ele foi progressivamente aperfeiçoado até aparecer mais propriamente entre os reinos de Eduardo III e Henrique IV. [N.A.]

tosco, inexperiente, grosseiro, incapaz mesmo de qualquer atenção, eles possam encontrar a verdade por detrás do véu enganador da mentira e da aparência, enquanto pensam em seus panos e couros e não vêm a hora de chegar em casa. Eles não possuem nenhum conceito claro sobre a diferença entre a probabilidade e a certeza, e no lugar disso se opera em suas cabeças estúpidas uma espécie de *calculus probabilium* pelo qual eles confidentemente condenam os outros à morte. A eles podemos aplicar o que disse Samuel Johnson sobre uma corte marcial reunida para um assunto importante e na qual ele pouco confiava e por isso asseverou que possivelmente nenhum de seus membros havia dedicado sequer uma hora de suas vidas a pesar probabilidades (Boswell, *Life of Johnson*, ann. 1780, aet. 71). Mas estes, pensa-se, serão diretamente imparciais. O *malignum vulgus* imparcial? Como se a parcialidade não fosse dez vezes mais temível da parte de homens provenientes da mesma classe que o acusado do que de juízes criminais que lhes são inteiramente estranhos, vivem em outras regiões bem diferentes, gozando de estabilidade e cientes da dignidade de seu ofício. Francamente, deixar que os crimes contra o Estado e seu chefe, assim como atentados contra a liberdade de imprensa, sejam julgados pelo júri é como deixar o lobo cuidar da ovelha.

§. 128.

Em toda parte e em todos os tempos houve muita insatisfação com os governos, as leis e as instituições públicas. Isso se deve em grande parte ao fato de estarmos sempre prontos a responsabilizar essas últimas pela miséria que está inseparavelmente ligada à existência humana e que, para dizer de maneira mítica, representa a maldição sofrida por Adão e com ele por toda a espécie. Mas jamais essa falsa opinião foi apresentada de maneira mais mentirosa e mais impudente do que pelos demagogos do "tempo de agora" [*Jetztzeit*].[16]

---

[16] Schopenhauer critica o uso dessa expressão como característica de uma

Como inimigos do cristianismo, eles são otimistas: o mundo é para eles um "fim em si mesmo" e por isso é, em si mesmo, isto é, segundo sua constituição natural, admiravelmente arranjado e constitui um regaço de felicidade. Os gritantes e colossais males do mundo são todos inteiramente atribuídos aos governos: se eles fizessem seu dever então teríamos o céu na Terra, ou seja, todos poderiam se empanturrar, encher a cara, se propagar e morrer sem esforço e aflição. Pois essa é a paráfrase de seu "fim em si mesmo" e a finalidade do infinito "progresso da humanidade" que eles infatigavelmente propagam em frases pomposas.

§. 129.

Outrora o principal esteio do trono era a *fé*; hoje em dia é o *crédito*. Mesmo o papa dificilmente terá mais confiança da parte de seus fiéis do que de seus credores. Antigamente se lamentava a culpa [*Schuld*] do mundo, agora se considera com horror as dívidas [*Schulden*] do mundo e assim como outrora se profetizou o Juízo Final, agora se profetiza a grande *seisakhtheia* [repúdio das dívidas], a bancarrota universal, mas com a firme esperança de não vivenciá-la.

§. 130.

O *direito de propriedade* é na verdade ética e racionalmente incomparavelmente mais bem fundado do que o *direito de nascimento*. Contudo, ele está ligado intimamente a este último e por isso seria difícil excluí-lo sem colocar o outro em perigo. A razão disso é que a maior parte da posse é herdada, e portanto é um direito de nascimento; e é por isso que a antiga nobreza carrega somente o nome da propriedade familiar (*Stammgut*), pela qual expressa meramente

---

atualidade que se caracteriza pela "impotência intelectual, que se distingue por sua veneração de toda espécie de ruindade — que se descreve a si mesma de modo bem apropriado com a palavra autofabricada 'agoridade' [*Jetztzeit*], tão pretensiosa quanto cacofônica, como se agora fosse o agora por excelência, o agora pelo qual todos os outros agoras existiram". Cf. a presente edição, capítulo 11, §. 146. [N.T.]

sua propriedade. Por conseguinte, se os proprietários fossem prudentes ao invés de invejosos, eles deveriam apoiar a manutenção dos direitos de nascimento.

A nobreza, enquanto tal, tem uma dupla vantagem, a saber, por um lado a de ajudar a sustentar o direito de propriedade, e por outro, o direito de nascimento do rei. Pois o rei é o primeiro nobre do país, e via de regra trata o nobre como alguém aparentado e bem diferentemente do burguês, por maior que seja sua confiança. É bem natural que ele tenha mais confiança naqueles cujos antepassados foram na maior parte servidores de seus ancestrais e com eles tiveram relações próximas. Com razão portanto um nobre apela para seu nome quando, em caso de uma suspeita que se levanta, reitera a garantia de sua fidelidade e devoção ao rei. De fato, o caráter é herdado do pai, como sabem meus leitores. É por isso limitado e ridículo não querer ver de quem um homem é filho.

§. 131.

Todas as mulheres, com raras exceções, se inclinam à prodigalidade. Por isso, toda fortuna existente deve ser protegida de sua insanidade, com exceção dos casos em que elas herdaram a fortuna. Exatamente por isso sou da opinião de que as mulheres nunca sejam emancipadas, mas devem permanecer constantemente sob efetiva tutela, seja do pai ou do marido, do filho ou do Estado, como na Índia, e exatamente por isso nunca deveria dispor arbitrariamente de nenhuma propriedade que elas mesmas não herdaram. Que uma mãe se torne até tutora e administradora da parte hereditária paterna de seus filhos, eu considero uma tolice imperdoável e perniciosa. Na maior parte dos casos uma tal mulher dilapidará com seu amante aquilo que o pai dos filhos adquiriu pelo trabalho de toda sua vida, e com toda consideração a eles. E isso espose ela ou não o amante. Essa advertência já nos foi dada por nosso pai Homero:

O coração das mulheres bem sabes como é constituído.
Quer que prospere somente o palácio do novo consorte;
nem do primeiro marido, que a Morte levou, nem dos filhos
dele provindos se lembra jamais, nem, tampouco, pergunta.[17]

A verdadeira mãe se torna frequentemente, depois da morte do marido, madrasta. Mas são apenas as madrastas que têm uma reputação tão ruim, o que originou o adjetivo "madrasto" [*stiefmütterlich*],[18] enquanto nunca se fala de algo "padrasto". Esse renome elas já têm desde o tempo de Heródoto (cf. *Histórias,* livro IV, § 154) e souberam conservá-lo para si. Em geral, uma mulher que não amou seu marido também não amará seus filhos, especialmente quando o amor materno instintivo, pelo qual não é moralmente responsável, tiver passado. — Além disso, sou da opinião de que diante de um tribunal o testemunho de uma mulher *caeteris paribus*,[19] deve ter um peso menor do que o do homem; de modo que dois testemunhos masculinos correspondem a três ou mesmo quatro femininos. Pois acredito que o gênero feminino, tomado em massa, lança diariamente três vezes mais mentiras no ar que o masculino, e isso com uma aparência de verossimilhança e sinceridade que os homens nunca conseguiriam alcançar. Os muçulmanos evidentemente exageram no sentido contrário. Um jovem turco educado me disse: "nós consideramos a mulher apenas como o solo onde depositamos a semente. Por isso sua religião é indiferente: nós podemos casar com uma cristã, sem exigir sua conversão". À minha pergunta, se os dervixes eram casados, ele me res-

---

[17] *Odisseia,* XV, 20-23, trad. Carlos Alberto Nunes. São Paulo: Hedra, 2011, p. 247. Em grego, no original: οἶσθα γὰρ οἷος θυμὸς ἐνὶ στήθεσσι γυναικός/ κείνου βούλεται οἶκον ὀφέλλειν, ὅς κεν ὀπυίῃ / παίδων δὲ προτέρων καὶ κουριδίοιο φίλοιο/ οὐκέτι μέμνηται τεθνηότος οὐδὲ μεταλλᾷ. [N.T.]

[18] Assim como no português, o adjetivo *stiefmütterlich* (madrasto) no alemão significa "destituído de bondade, de generosidade; ingrato, hostil, mesquinho". [N.T.]

[19] "As demais coisas invariáveis, o resto na paridade." [N.T.]

pondeu: "certamente: o profeta era casado e eles não devem querer ser mais santos que ele". —

Não seria muito melhor se ao invés de tantos feriados houvesse horas livres em seu lugar? Seria bem mais salutar se as dezesseis horas do tedioso e por isso perigoso domingo fossem distribuídas a todos os dias da semana! Para o culto religioso duas horas bastariam e dificilmente se gasta mais do que isso, ainda menos para a devota meditação. Os antigos não tinham nenhum dia de descanso semanal. Mas certamente seria muito difícil manter essas duas horas diárias para as pessoas e preservá-las de usurpações.

§. 132.

O judeu errante Ahasverus nada mais é que a personificação de todo povo judeu. Tendo atentado gravemente contra o salvador e redentor do mundo ele não deve jamais ser redimido da vida terrestre e de seu fardo e irá errar no mundo sem pátria. Esse é o delito e o destino do pequeno povo judeu que, de maneira verdadeiramente curiosa, persiste e vagueia sem pátria, desde que foi arrancado de sua terra natal há mais de dois mil anos, enquanto tantas outras nações maiores e mais gloriosas, com as quais uma nação tão insignificante não pode se comparar, como a dos assírios, a dos medos, dos persas, fenícios, egípcios, etruscos, entre outros, entraram num descanso eterno e desapareceram completamente. É assim que ainda hoje encontramos essa *gens extorris*, esse João sem terra entre os povos, em toda a superfície terrestre, e nenhum lugar em casa e em nenhum lugar estrangeira. Pelo contrário, afirma sua nacionalidade com uma obstinação sem precedentes, e lembrando Abraão que vivia em Canaã como um estrangeiro, mas pouco a pouco se tornou, como seu Deus lhe prometera, senhor de toda a nação Gênesis, 17,8), também gostaria de fincar o pé e criar raízes em algum lugar, para habitar novamente um país, sem o qual um povo é apenas uma bola no ar.²⁰ — Desde então, vive como parasita a expensas de outros povos e sobre seu solo, manifestando, não obstante, o mais vivo patriotismo por sua própria nação. E isso se revela pela mais firme união pela qual estão todos por um e um por todos de modo que esse *patriotismus sine patria* funciona mais efetivamente que qualquer outro. A terra pátria do judeu são os outros judeus; por isso ele briga por ele como *pro aris et focis*,²¹ e nenhuma outra comunidade na terra é tão firmemente estabelecida quanto essa. Disso resulta o quão absurdo é querer conceder para eles uma participação no governo e na administração de qualquer Estado. A religião deles, originalmente amalgamada com seu Estado e formando um com ele, não é de modo algum o fundamental, mas antes apenas o vínculo que os une, o *point de ralliement*,²² a bandeira que os identifica. Isso se mostra também pelo fato de que mesmo o judeu batizado de modo algum atrai para si, como ocorre com os apóstatas, o ódio e o desprezo dos restantes, e antes, via de regra, não cessa de ser amigo e companheiro dos últimos, com exceção de alguns ortodoxos, e a considerá-los seus verdadeiros compatriotas. Mesmo no caso da prece judaica regular e solene, na qual é exigida a presença de dez pessoas, quando falta alguém,

---

²⁰ No livro IV do Gênesis, versículo 13 e também no Deuteronômio versículo 2, temos um instrutivo exemplo da marcha do *progressivo povoamento da terra*, a saber, do modo como hordas errantes vindas de fora buscavam conquistar povos já estabelecidos que possuíam um bom solo. O último caso dessa espécie foi a *migração da população*, ou antes a conquista da América, e mesmo a opressão até hoje existente contra os selvagens americanos, assim como os aborígenes australianos. O papel dos *judeus*, em seu estabelecimento na terra prometida, e o dos *romanos*, ao se estabelecerem na Itália, é essencialmente o mesmo, a saber, o de um povo imigrante que combateu continuamente seus antigos vizinhos e terminou por subjugá-los. A única diferença é que os romanos foram incomparavelmente mais além que os judeus. [N.A.]

²¹ Literalmente, "por nossos altares e nossas casas". A expressão indica o firme apego aos deuses e à pátria. [N.E.]

²² "Ponto de junção." [N.T.]

SOBRE A DOUTRINA DO DIREITO E A POLÍTICA

um judeu batizado pode entrar, mas não um outro cristão. O mesmo vale para todos os atos religiosos restantes. Esse fato se tornaria ainda mais claro se um dia o cristianismo entrasse em declínio e desaparecesse, pois então os judeus não cessariam de estar unidos e de viver separadamente como judeus. Por isso é extremamente superficial e falsa a visão dos judeus meramente como seita religiosa, especialmente quando, para favorecer tal visão, o judaísmo é designado por meio de uma expressão emprestada da igreja cristã como "confissão judaica"; pois esta é uma expressão fundamentalmente falsa, deliberadamente calculada para induzir a erro, e que não deve ser autorizada. Talvez a expressão "nação judaica" seja a correta. Os judeus não têm nenhuma confissão: o monoteísmo pertence à sua nacionalidade e à constituição estatal e é autoevidente. De fato, monoteísmo e judaísmo são conceitos intercambiáveis. — Que as conhecidas falhas de caráter dos judeus, inerentes a seu caráter nacional, das quais a mais notável é uma incrível ausência de tudo aquilo que a palavra *verecundia* [honestidade] expressa, ainda que seja uma falha que é bem mais útil no mundo do que qualquer outra qualidade positiva — essas falhas devem ser atribuídas à longa e injusta opressão que eles sofreram, o que os escusa delas, mas não as suprime. Eu devo louvar inteiramente o judeu racional que, deixando de lado velhas fábulas, bobagens e preconceitos, abandona por meio do batismo uma associação que não lhe traz nem honra, nem vantagem (ainda que esta possa ocorrer em casos excepcionais), e mesmo que não leve muito a sério a fé cristã; o mesmo não se passa com todo jovem cristão que recita seu *credo* na confirmação? Todavia, para lhe poupar mesmo este passo e por fim do modo mais salutar a toda essa tragicomédia, o melhor meio seria permitir o casamento entre judeus e cristãos, e mesmo o favorecer; contra isso a Igreja nada poderia objetar pois eles têm para si a autoridade do apóstolo (1 Cor. 7, 12–16). Então, num curso de cem anos poucos judeus restariam e logo o fantasma estaria inteiramente exorcizado. Ahasverus estará enterrado e mesmo o povo eleito não saberá onde ele está. Contudo, esse resultado desejável será frustrado se a emancipação dos judeus for levada até o ponto em que eles consigam os direitos civis e a participação na administração e no governo dos países cristãos. Pois então eles serão e permanecerão judeus *con amore*. A justiça exige que eles desfrutem dos mesmos direitos civis que os outros; mas conceder participação no Estado é absurdo: eles são e permanecerão estrangeiros, um povo oriental, devem ser considerados apenas como estrangeiros estabelecidos no país. Quando, há 25 anos, no parlamento inglês, a emancipação dos judeus foi debatida, um dos oradores colocou o seguinte caso hipotético: um judeu inglês chega em Lisboa, onde encontra dois homens em extrema miséria e necessidade, mas só pode ajudar um dos dois. Ambos lhe são estranhos. Porém, um é um inglês, mas cristão; o outro um português, mas judeu. Quem ele salvará? — Acredito que nenhum cristão inteligente e nenhum judeu justo teria dúvida sobre a resposta. E ela dá a medida para a questão dos direitos que devem ser concedidos aos judeus.

§. 133.

Em nenhuma outra ocasião a religião intervém de modo tão direto e evidente na vida prática e material quanto no *juramento*. É suficientemente ruim que a vida e a propriedade de um tornem-se assim dependentes das convicções metafísicas do outro. E se ao menos uma vez, como se teme agora, as religiões caíssem inteiramente em descrédito e toda fé desaparecesse, como ficaria o juramento? — Por isso é válido o esforço de investigar se não haveria um significado puramente moral do juramento independente de toda fé positiva e ainda redutível a claros conceitos e que, como algo sumamente sagrado em puro ouro, pudesse sobreviver a esse incêndio universal da Igreja. Se bem que tal significado poderia apresentar-se como algo frio e insosso comparado com a pompa e a linguagem enérgica do juramento religioso.

A finalidade indiscutível do juramento é conter por um meio meramente moral a tão frequente falsidade e a mendacidade do homem, de modo que pudéssemos trazer vivamente à sua consciência a reconhecida obrigação moral de dizer a verdade, elevada por meio de qualquer consideração extraordinária que se fizesse presente. Gostaria de tentar tornar mais *claro*, de acordo com *minha* ética, o sentido puramente moral, livre de tudo que é transcendente e mítico, da ênfase neste dever.

Eu apresentei, em minha obra principal (vol. 1, §. 62, p. 384) e ainda mais pormenorizadamente no ensaio *Sobre o fundamento da moral* (§. 17, pp. 221–30), o princípio paradoxal, porém verdadeiro, de que em certos casos cabe ao homem um direito de mentir, e apoiei o mesmo com uma explicação e fundamentação. Tais casos são os seguintes: primeiro, aqueles em que ele tem o direito de utilizar-se de violência contra um outro e em segundo lugar, aqueles em que se lhe dirigem perguntas completamente fora de propósito que são de tal modo construídas que colocariam seu interesse em perigo tanto se ele se recusasse a responder como se as respondesse corretamente. Precisamente porque em tais casos encontra-se inquestionavelmente uma justificação para a inverdade, é necessário, em ocasiões importantes cuja decisão depende da declaração de um homem, assim como em promessas cujo cumprimento é muito importante, que ele primeiramente esclareça expressa e solenemente que ele não se encontra então nos casos mencionados; que ele sabe e vê que aqui nenhuma violência ou ameaça acontece, mas só prevalece o direito e do mesmo modo que ele reconhece como autorizada a questão que lhe foi posta, e por fim, que ele está ciente de que tudo depende de sua presente afirmação concernente à questão. Esse esclarecimento implica que, quando ele mente em tais circunstâncias, ele comete com plena consciência um pesado delito, pois agora ele está na posição de alguém que, em confiança à sua honestidade, recebeu plena autoridade que ele pode usar para o certo ou para o errado. Agora, quando ele mente, ele tem a clara consciência de que é alguém que, tendo livre autoridade a utiliza, após a mais calma deliberação, para o errado. O perjúrio fornece um testemunho sobre ele mesmo. A isso se junta o fato de que, já que não há nenhum homem sem necessidade de uma metafísica qualquer, também aquele que traz em si, ainda que de maneira obscura, a convicção de que o mundo não tem apenas uma significação física, mas também uma significação metafísica, e ainda que, em relação a esta última, nosso agir individual, segundo sua mera moralidade, ainda possui consequências bem diferentes e muito mais importantes do que aquilo que diz respeito à sua atividade empírica e, por conseguinte, é efetivamente de significado transcendente. Sobre isso eu remeto o leitor ao §. 21 de meu ensaio *Sobre o fundamento da moral* e acrescento que o homem que recusa para suas próprias ações todo significado que não o empírico, nunca faz tal afirmação sem sentir uma contradição interior e exercer uma coerção sobre si próprio. A exortação ao juramento coloca o homem expressamente no ponto de vista em que ele tem que se ver, neste sentido, como mero ser moral e com a consciência da alta importância para ele próprio, nesta qualidade, de suas decisões, pelo que agora, para ele, todas as demais considerações devem atrofiar-se até desaparecer completamente. — Sendo assim, é indiferente se a convicção então surgida de um significado metafísico e ao mesmo tempo moral de nossa existência seja vagamente sentida ou revestida de todo tipo de mitos e fábulas e assim animada, ou trazida à clareza do pensamento filosófico. Do que resulta que no essencial não importa se a forma do juramento exprime esta ou aquela conexão mitológica, ou é inteiramente abstrata, como o *je le jure* [eu juro] empregado na França. A forma deve ser escolhida de acordo com o grau de formação intelectual de quem faz o juramento, assim como ela é escolhida de acordo com a fé positiva que ele professa.

Considerando deste modo, poder-se-ia levar muito bem um homem que não professa nenhuma religião ao juramento.

SOBRE A DOUTRINA DA INDESTRUTIBILIDADE DE NOSSO SER VERDADEIRO PELA MORTE

§. 134.

APESAR DE JÁ TER tratado desse tema de maneira consistente e pormenorizada em minha obra principal, acredito porém que um pequeno suplemento de observações particulares sobre isso pode lançar ainda alguma luz àquela exposição e não será sem valor para muitos leitores.

Deve-se ler a *Selina*[1] de Jean Paul para ver como um espírito absolutamente eminente luta com os absurdos de uma falsa concepção da qual ele não quer abrir mão, pois prendeu a ela seu coração, mas é constantemente perturbado pelas inconsistências que ele não pode digerir. É a concepção da permanência individual de nossa inteira consciência depois da morte. Precisamente essa luta e esse esforço de Jean Paul prova que tais concepções, compostas de coisas falsas e verdadeiras, não são erros salutares, são antes decididamente prejudiciais. Pois com a falsa oposição entre alma e corpo, da mesma forma que com a elevação de toda a personalidade a uma coisa-em-si mesma, que deve durar eternamente, o conhecimento verdadeiro da indestrutibilidade de nosso ser propriamente dito, que se baseia na oposição entre o fenômeno e a coisa-em-si, que permanece intocada pelo tempo,

---

[1] Romance inacabado e póstumo (1827), cujo enredo trata da imortalidade da alma. Jean Paul (1763–1825) foi um escritor romântico alemão. [N.E.]

pela causalidade e pela mudança, não apenas se torna impossível, mas ainda aquela falsa concepção não pode ser aceita como substituta da verdade, pois a razão se revolta constantemente contra o absurdo nela contido e acaba por renunciar a ela e àquilo que nela está amalgamado ao verdadeiro. Pois o verdadeiro, a longo prazo, não pode subsistir senão em sua integridade. Misturado ao erro, ele participa de sua fraqueza, assim como o granito se desagrega quando seu feldspato se decompõe, embora o quartzo e a mica não sejam sujeitos a uma tal decomposição. Por isso, não valem como sucedâneos da verdade.

§. 135.

Quando, nas relações cotidianas, alguma das muitas pessoas que querem saber tudo, mas nada querem aprender, pergunta sobre a continuação da vida após a morte, a resposta mais cabível e sobretudo a mais correta é a seguinte: "depois de tua morte tu serás aquilo que já eras antes de teu nascimento". Pois a questão implica o absurdo da exigência de que um tipo de existência tem um começo, não deveria ter um fim; além disso, ela contém a indicação de que poderia haver dois tipos de existência, e por conseguinte, dois tipos de nada. Mas podemos responder do mesmo modo: "seja lá o que for que tu serás depois da morte — mesmo que seja nada — será tão natural e apropriado como é para ti agora tua existência orgânica individual; por isso, tu terias no máximo o momento da transição para temer". Com efeito, como uma reflexão madura leva ao resultado de que a uma existência como a nossa seria preferível o completo não ser, então o pensamento da cessação de nossa existência, ou de um tempo em que não mais seríamos, deveria racionalmente nos afligir tão pouco quanto o pensamento de que poderíamos jamais ter existido. Como essa existência é essencialmente pessoal, então também o fim da personalidade não deve ser visto como uma perda.

Por outro lado, aquele que pelo caminho objetivo e empírico seguiu o fio plausível do materialismo e agora se dirige a nós tomado de terror diante da completa aniquilação pela morte que o ameaça, pode ser tranquilizado da maneira mais imediata e concordante com sua visão empírica, ao tornar visível a diferença entre a matéria e a força metafísica que dela sempre toma posse temporariamente. Podemos mostrar a ele como, por exemplo, o fluído tão homogêneo e sem forma no ovo do pássaro assume, quando se tem a temperatura adequada, a figura tão complexa e precisamente determinada do gênero e da espécie do pássaro. De um certo modo, este é um tipo de *generatio aequivoca*;[2] e é bem provável que as séries ascendentes de formas animais surjam do fato de que um dia, nos tempos primitivos e numa hora feliz, ela se elevou a uma forma mais elevada do que aquela à qual pertence o ovo. Em todo caso, algo de diferente da matéria aparece aqui da maneira mais clara, tanto mais porque numa circunstância minimamente desfavorável, isso não aparece. Com isso se torna evidente que depois de uma operação completa ou posteriormente obstruída, esse algo pode se separar da matéria e permanecer intacto; o que indica uma permanência completamente diferente da persistência da matéria no tempo.

§. 136.

Nenhum indivíduo é feito para durar para sempre: ele sucumbe na morte. Todavia, não perdemos nada. Pois à vida individual é inerente uma outra bem diferente cuja manifestação ela é. Esta não conhece nenhum tempo, portanto nenhuma duração nem declínio.

Se pensarmos num ser que conhece, entende e vê tudo, a questão sobre nossa permanência depois da morte não teria provavelmente o menor sentido para ele, pois para além de nossa existência presente, temporal e individual, persistência e cessação não teriam mais nenhum significado e seriam con-

---

[2] O mesmo que geração espontânea. [N.E.]

SOBRE A DOUTRINA DA INDESTRUTIBILIDADE...

ceitos indistinguíveis. Pois então nem o conceito de extinção nem o conceito de duração teriam qualquer aplicação em nosso ser próprio e verdadeiro, ou à coisa-em-si que se apresenta em nosso fenômeno, pois são conceitos derivados do tempo que é apenas a forma do fenômeno. — Podemos entretanto pensar a *indestrutibilidade* daquele núcleo de nosso fenômeno apenas como uma *permanência* do mesmo e na verdade segundo o esquema da *matéria*, que permanece no tempo através de todas as modificações das formas. Se negarmos a permanência desse núcleo, então veremos nosso fim temporal como uma aniquilação segundo o esquema da *forma*, que desaparece quando lhe é retirada a matéria que a sustenta. Ambas as concepções são porém uma "transição para outro gênero",[3] isto é, uma transposição das formas do fenômeno para a coisa-em-si. Mas de uma indestrutibilidade que não seria nenhuma permanência dificilmente poderíamos formar mesmo um conceito abstrato, pois nos faltaria toda a intuição para comprovar um tal conceito.

Na verdade, o surgimento constante de novos seres e a destruição dos existentes podem ser vistos como uma ilusão produzida pelo aparato de duas lentes polidas (as funções cerebrais) pelas quais somente podemos ver algo: elas se chamam espaço e tempo e, em sua interpenetração mútua, causalidade. Pois tudo o que percebemos sob essas condições é mero fenômeno; não conhecemos, porém, as coisas tais como são em si mesmas, isto é, independente de nossa percepção. Este é o núcleo da filosofia kantiana, que nunca é demais relembrar depois de um período em que a charlatanice venal, através de seu processo de emburrecimento, expulsou a filosofia da Alemanha, com a ajuda voluntária de pessoas para as quais a verdade e o espírito são as coisas mais irrelevantes do mundo, enquanto salário e honorário são as mais importantes.

---

[3] Em grego, no original, μετάβασιν εἰς ἄλλο γένος. [N.T.]

Aquela existência que permanece intocada pela morte do indivíduo não tem o tempo e o espaço como forma; mas tudo o que é real para nós aparece nessas formas: por isso a morte aparece para nós como uma aniquilação.

§. 137.

Cada um sente que é alguma coisa diferente de um ser criado do nada por um outro. Daí surge a confiança de que a morte pode até pôr um fim em sua vida, mas não em sua existência.

Graças à forma cognitiva do *tempo*, a humanidade (isto é, a afirmação da vontade de viver em seu grau mais elevado) se apresenta como uma espécie constituída por homens que continuamente nascem e então morrem.

O homem é algo diferente de um nada animado — e o animal também.

Como se pode, pela visão da *morte* de um homem ou animal, supor que ali uma coisa-em-si seja reduzida *a nada*? Que pelo contrário, apenas um fenômeno encontre seu fim no tempo, essa forma de todos os fenômenos, sem que a coisa-em-si mesma seja afetada por isso, é um conhecimento intuitivo imediato de todo homem. Por isso, em todos os tempos se tentou exprimir isso, e das mais variadas formas e diversas expressões, mas todas tiradas do fenômeno que em seu sentido próprio só podem se referir a este.

Quem quer que pense que sua existência está limitada à sua vida presente considera-se um nada animado, pois há trinta anos ele não era nada e daqui a trinta anos será novamente nada.

Se tivéssemos um conhecimento completo de nosso próprio ser, até o mais íntimo, acharíamos ridículo almejar a imperecibilidade do indivíduo, pois isso significaria trocar aquele ser mesmo por uma única de suas incontáveis manifestações ou fulgurações.

§. 138.

Quanto mais clara para alguém é a consciência da fragilidade, da nulidade e da natureza quimérica de todas as coisas, então mais claramente ele se torna consciente da eternidade de sua própria essência, pois é somente em oposição a esta que aquela qualidade das coisas se torna conhecida, do mesmo modo que só percebemos o curso rápido de um barco quando o vemos da terra firme e não quando se está no próprio barco.

§. 139.

O *presente* tem duas metades: uma *objetiva* e outra *subjetiva*. Apenas a parte objetiva tem a intuição do *tempo* como forma e por isso escorre continuamente: a parte subjetiva permanece imóvel e por isso é sempre a mesma. Daí surge nossa viva lembrança do passado distante e a consciência de nossa indestrutibilidade, apesar do conhecimento da transitoriedade de nossa existência.

De minha proposição inicial, "o mundo é minha representação", segue-se inicialmente: "primeiro eu sou e depois o mundo". Devemos reter bem isso como antídoto para não confundir a morte com a aniquilação.

Cada um pensa que seu núcleo íntimo é algo que inclui e porta consigo o *presente*.

Sempre que vivemos nos mantemos continuamente, com nossa consciência, no centro do tempo, nunca em seu ponto final, e poderíamos por isso concluir que cada um traz consigo o ponto central imóvel de todo tempo infinito. No fundo é isso que dá a cada um a confiança com a qual se consegue viver sem o permanente receio da morte. Quem quer que consiga, por meio da força de sua memória e de sua imaginação, tornar presente do modo mais vivaz aquilo que foi há muito esquecido no curso de sua própria vida, este se tornará mais claramente consciente do que os outros da *identidade do agora em todos os tempos*. Talvez até mesmo o contrário dessa frase seja o mais correto. De todo modo, uma consciência mais clara da identidade de todo agora é um requisito essencial para a mentalidade filosófica. Com ela apreende-se a mais transitória de todas as coisas, o agora, como a única coisa permanente. Quem quer que se dê conta de modo intuitivo de que o *presente*, que é a única forma de toda realidade em sentido estrito, tem sua fonte *em nós*, portanto surge de dentro e não de fora, este não pode duvidar da indestrutibilidade de sua própria essência. Pelo contrário, ele compreenderá que com sua morte o mundo objetivo, com o *medium* de sua apresentação, o intelecto, para ele perece, mas isso não afeta sua existência, pois aí havia tanta realidade no interior quanto no exterior. Ele dirá com uma compreensão completa: "eu sou tudo o que foi, é e será"[4] (ver Estobeu, *Florilegium*, tit. 44, 42; vol. 2, p. 201).

Quem quer que negue tudo isso deve afirmar o contrário e dizer: "o tempo é algo puramente objetivo e real e existe independente de mim. Eu fui nele jogado acidentalmente, tomei posse de uma pequena parte dele e com isso alcancei uma realidade passageira como milhares de outros antes de mim, que agora nada mais são, e eu em breve também nada serei. O tempo, pelo contrário, é o real: ele continua sem mim". Acredito que a perversidade e mesmo o absurdo de uma tal visão é manifesta através da firmeza com que ela é expressa.

Como consequência disso tudo, a vida pode ser vista como um sonho e a morte como o despertar. Mas então a personalidade, o indivíduo, pertence à consciência que sonha, não à consciência desperta. Por isso a morte se apresenta para ela como aniquilação. Em todo caso porém, a morte não deve ser vista, deste ponto de vista, como a passagem para um estado inteiramente novo e estranho para nós, mas antes como o retorno para nosso estado de origem, do qual a vida foi apenas um breve episódio.

---

[4] Em grego, no original: ἐγώ εἰμι πᾶν τὸ γεγονὸς καὶ ὂν καὶ ἐσόμενον. Inscrição no templo de Isis em Sais. [N.T.]

Se, entretanto, um filósofo imagina poder encontrar na morte um consolo próprio a ele apenas, ou mesmo uma diversão, pois então se resolverá um problema que tanto o ocupou, então se passará com ele o mesmo que com aquele que teve sua lanterna apagada bem na hora que encontraria aquilo que tanto buscava.

Pois na morte a consciência perece, mas não aquilo que até então a produzira. A consciência repousa antes de tudo no intelecto, mas este em um processo fisiológico. Pois ele é manifestamente a função do cérebro, e por isso condicionado pela cooperação do sistema nervoso e do vascular, mais precisamente pelo cérebro, que é alimentado, animado e constantemente agitado pelo coração. É pela engenhosa e misteriosa estrutura do cérebro que a anatomia descreve mas a fisiologia não compreende, que vem à lume o fenômeno do mundo objetivo e o mecanismo de nosso pensamento. Uma *consciência individual*, isto é, uma consciência em geral, não é concebível em um *ser incorporal*, pois a condição de toda consciência, o conhecimento, é necessariamente uma função do cérebro — na verdade porque o intelecto se apresenta objetivamente como cérebro. E assim como o intelecto surge, fisiologicamente, portanto na realidade empírica, isto é, no fenômeno, como algo secundário, um resultado do processo vital, ele também é psicologicamente secundário, em relação à vontade, que é a única primária e em toda a parte a original. Mesmo o organismo é propriamente apenas a vontade que se apresenta intuitivamente e objetivamente no cérebro e por conseguinte em suas formas, o tempo e o espaço, como já expus diversas vezes, em especial em *A vontade na natureza* e em minha obra principal, volume 2, capítulo 20. Como portanto a consciência não é diretamente dependente da vontade, mas é condicionada pelo intelecto e este pelo organismo, não há dúvida de que a consciência é extinta pela morte —

assim como durante o sono e em todo desfalecimento.[5] Mas, coragem! Que consciência é essa? Uma consciência animal, mas animal de uma potência superior, uma vez que no essencial nós a temos em comum com todo o reino animal, embora ela tenha em nós atingido seu ápice. Como eu já demonstrei de modo suficiente, ele é, segundo sua finalidade e sua origem, apenas um mero *mēkhanē* [instrumento] da natureza, expediente para ajudar a essência animal a satisfazer suas necessidades. Por outro lado, a condição para a qual a morte nos reconduz é nosso estado original, isto é, o estado próprio da essência cuja força originária manifesta-se na produção e manutenção da vida que agora cessa. Este é nomeadamente o estado da coisa-em-si, em contraste com o do fenômeno. Nesse estado original, um expediente como o conhecimento cerebral, extremamente mediato e que fornece apenas fenômenos, é sem dúvida inteiramente supérfluo; por isso mesmo o perdemos. Seu desaparecimento é idêntico ao estancamento do mundo fenomênico para nós, do qual ele era apenas um meio e para nenhum outro fim pode servir. Se neste nosso estado original nos fosse oferecida a manutenção desta consciência animal, nós a rejeitaríamos como o aleijado curado rejeita as muletas. Assim, quem quer que deplore a perspectiva de perder essa consciência cerebral, meramente fenomenal e adaptada ao fenômeno, pode ser comparado aos groenlandeses convertidos que não mais queriam ir para o céu depois que descobriram que lá não havia focas.

Ademais, tudo o que foi dito aqui se baseia na pressuposição de que *nós* não podemos representar um estado *não inconsciente* senão como um estado *cognoscente* que consequentemente porta em si a forma fundamental de todo *conhecer*, a separação em sujeito e objeto, em conhecedor e conhecido. Mas temos ainda que mencionar que toda essa

---

[5] Seria evidentemente ótimo se o intelecto não perecesse com a morte: pois então levaríamos para o outro mundo prontinho todo o grego que aprendemos neste. [N.A.]

forma do conhecer e do ser conhecido é condicionada meramente por nossa natureza animal, por isso secundária e derivada, portanto de modo algum é a condição original de toda essencialidade e de toda existência, a qual pode ser bem diferente e ainda assim *não inconsciente*. Mas mesmo nossa própria natureza presente, ao menos até onde podemos perscrutá-la, é meramente *vontade*, ela porém já é em si mesma algo sem conhecimento. Quando, com a morte, perdemos o intelecto, somos conduzidos com isso àquele estado original sem conhecimento, mas que não é por isso um estado absolutamente sem consciência, mas é antes um estado mais elevado, em que a oposição entre sujeito e objeto é suprimida, pois aqui aquilo que deve ser conhecido será um só e o mesmo que o próprio conhecedor, ou seja, a condição fundamental de todo conhecimento (justamente aquela oposição) desaparece. Como elucidação, isso pode ser comparado com o que é dito em *O mundo como vontade e representação*, vol. 2, p. 273. Deve-se ver a seguinte afirmação de G. Bruno como uma outra expressão do que aqui e naquela obra foi dito: "*La divina mente, e la unità assoluta senza specie alcuna è ella medesima lo che intende e lo chè inteso*"[6] (Edição Wagner, vol. 1, p. 287).

Também ocorre às vezes de alguém sentir em seu mais profundo íntimo uma consciência que o faz ver que talvez lhe fosse apropriada uma existência de tipo completamente diferente do que essa que é tão indiscutivelmente pobre, temporal, individual e sobrecarregada de misérias. Pelo que ele pensa então que a morte poderia reconduzi-lo a essa outra existência.

§. 140.

Se agora, ao contrário desse modo de consideração dirigido para *dentro*, olhássemos de novo para *fora* e apreendêsse-

---

[6] "A mente divina e a unidade absoluta, sem nenhuma particularidade, é ela mesma aquilo que conhece e o que é conhecido". [N.T.]

mos o mundo que a nós se apresenta de maneira inteiramente objetiva, então a morte nos apareceria como uma transição ao nada, já o nascimento, ao contrário, como uma proveniência do nada. Mas tanto uma coisa quanto a outra não podem ser incondicionalmente verdadeiras, pois têm apenas a realidade do fenômeno. E que em certo sentido teríamos de sobreviver à morte não é um mistério maior do que o da geração que temos diariamente diante de nossos olhos. O que morre vai para lá donde provém toda a vida, inclusive a sua. Neste sentido, os egípcios denominavam o orco como *Amenthes*, o que significa, segundo Plutarco (*De Is. et Osir.*, c. 29), *ho lambanōn kai didous*, "aquele que toma e aquele que dá", para assim expressar que é a mesma a fonte para onde tudo retorna e aquela donde tudo provém. Desse ponto de vista, nossa vida deveria ser vista como um empréstimo recebido da morte e o sono seria seu tributo cotidiano. A morte apresenta-se claramente como o fim do indivíduo, mas nesse indivíduo está o germe de um novo ser. Consequentemente, de tudo o que morre nada morre para sempre, mas do mesmo modo nada que nasce recebe uma existência fundamentalmente nova. O que morre perece; mas resta um germe do qual surge um novo ser que agora entra na existência sem saber de onde veio e por que é tal como é. Este é o mistério da *palingenesia*, sobre o qual o capítulo 41 do segundo volume de minha obra principal pode ser visto como uma explicação. Vê-se assim que neste momento todos os seres contém o grão de todos que viverão no futuro, os quais de certo modo já existem agora. Igualmente, todo animal que aparece diante de nós pleno de vida parece nos dizer: "por que lamentas a transitoriedade dos vivos? Como poderia eu existir se todos aqueles de minha espécie, que existiram antes de mim, não estivessem mortos?" — Portanto, enquanto no palco do mundo as peças e as máscaras mudam, permanecem em todas elas os mesmos atores. Sentamo-nos juntos, falamos e provocamos uns aos outros, os olhos brilham e as vozes ressoam; do mesmo modo *outros* se sentaram há mil anos; era a mesma coisa e eram os *mesmos*; do mesmo modo será daqui a mil anos. O dispositivo que nos impede de ver isso é *o tempo*.

Poderíamos distinguir perfeitamente a *metempsicose*, por um lado, como a transição de todas as assim chamadas almas para um outro corpo, e a *palingenesia* — por outro, como a *decomposição* e a nova formação do indivíduo, que mantendo apenas sua *vontade* e assumindo a figura de um novo ser, recebe um novo intelecto. Assim, o indivíduo se decompõe como um sal neutro, cuja base se mistura com um outro ácido em um novo sal. A diferença entre a metempsicose e a palingenesia que Servius, comentador de Virgílio, assume e que é brevemente indicada na *Dissertatio de metempsycosi* de Wernsdorff (p. 48), é manifestamente falsa e nula.

Do *Manual of Buddhism* de Spence Hardy (pp. 394-96, a comparar com as páginas 429, 440 e 445 do mesmo livro), assim como do *Burmese Empire* de Sangermano (p. 6), e também dos *Asiatic Researches* (tomo VI, p. 179, e tomo IX, p. 256), pode-se depreender que há no budismo uma doutrina exotérica e outra esotérica a respeito da vida após a morte. A primeira é a metempsicose, como no bramanismo, a outra é uma palingenesia de muito mais difícil compreensão e que está em acordo completo com minha doutrina da permanência metafísica da vontade, da natureza meramente física do intelecto e sua consequente transitoriedade. A *palingenesia* já aparece no Novo Testamento.

Mas se para penetrar ainda mais profundamente no mistério da palingenesia, mencionarmos ainda o capítulo 43 do segundo volume de minha obra principal, então tudo visto de mais perto parecerá que durante todo o tempo o gênero masculino foi o guardião da vontade, e o feminino por outro lado foi o guardião do intelecto da espécie humana, pelo que esta última obteve existência perene. Por isso cada um tem um componente paterno e um materno; e assim como ambos foram unidos pela geração, ambos são decompostos pela morte, que é também o fim do indivíduo. É esse indivíduo cuja morte tanto lamentamos ao sentir que ele realmente se foi, pois era apenas uma combinação que cessou irrevogavelmente. — Todavia, apesar disso não devemos nos esquecer de que a herança do intelecto da mãe não é tão certa e incondicional quanto é a herança da vontade do pai, devido ao caráter secundário e meramente físico do intelecto e sua inteira dependência do organismo, não apenas do cérebro — como foi exposto no capítulo mencionado. — Seja dito aqui também, de passagem, que nesse ponto eu estou de acordo com Platão, na medida em que ele distingue em sua assim chamada "alma" uma parte mortal e uma parte imortal. Mas ele está em diametral oposição a mim e à verdade quando ele, à maneira de todos os filósofos anteriores a mim, considera o intelecto a parte imortal e a vontade, isto é, a sede dos desejos e paixões, a parte mortal, como se pode ver no *Timeu* (pp. 386, 387 e 395, ed. Bip). O mesmo afirmava Aristóteles.[7]

Por mais estranha e precariamente que possa ser, por meio da geração e da morte, assim como através da óbvia combinação de vontade e intelecto que compõe os indivíduos e sua posterior dissolução, ver o físico prevalecer, ainda assim o metafísico que está em sua base é de uma natureza tão completamente heterogênea que ele acaba não sendo atingido por isso e nós deveríamos permanecer confiantes.

Por conseguinte, pode-se considerar todo homem a partir de dois pontos de vista opostos: de um, ele é o indivíduo que começa e termina temporalmente, transitório, passageiro, *skhias onar* [o sonho de uma sombra], pesadamente carregado de erros e dores; — de outro, ele é a indestrutível essência originária, que se objetiva em todo existente e que

---

[7] No *De anima* (I, 4, p. 408), bem no início, ele menciona de passagem sua própria opinião, segundo a qual o *nous* é a alma verdadeira e imortal — o que ele comprova com falsas asserções. O ódio e o amor pertenceriam não à alma, mas a seu órgão, a parte perecível! [N.A.]

pode dizer, enquanto tal, como a estátua de Ísis em Sais: *eu sou tudo aquilo que foi, é e será* [ἐγώ εἰμι πᾶν τὸ γεγονὸς καὶ ὂν καὶ ἐσόμενον]. Sem dúvida um tal ser poderia fazer algo melhor do que aparecer em um mundo como esse. Pois esse é o mundo da finitude, do sofrimento e da morte. O que está nele e o que dele provém deve acabar e morrer. Mas aquilo que não vem dele e não virá dele o atravessa com toda a potência, como um relâmpago que troveja para cima e não conhece nem tempo nem morte. — Unir todos esses opostos é propriamente o tema da filosofia.[8]

---

[8] Pensar que a vida é um romance ao qual falta a sequência, como em *O visionário* de Schiller, e frequentemente é interrompido no meio do contexto como na *Viagem sentimental* de Sterne — esta é uma ideia impossível de digerir tanto do ponto de vista estético quanto moral.

Para nós a morte é e permanece algo *negativo*, o encerramento da vida; mas ela deve ter também um lado positivo que no entanto permanece oculto de nós, pois nosso intelecto é completamente incapaz de compreendê-lo. Nós sabemos perfeitamente o que perdemos com a morte, mas não o que ganhamos com ela.

A perda do *intelecto* que através da *morte* sofre a *vontade*, que é o núcleo do fenômeno que ora perece e que como coisa-em-si é indestrutível, é o *Letes* dessa vontade individual. Sem isso a vontade se lembraria dos muitos fenômenos dos quais ela já foi o núcleo.

Quando se morre, deve-se rejeitar a própria individualidade como uma velha vestimenta e alegrar-se com a nova e melhor que agora, após contínua instrução, recebe-se.

Se se reprova o *espírito do mundo* por *aniquilar* os indivíduos após uma breve existência, ele diria: "Observem esses indivíduos, vejam seus equívocos, seus ridículos, suas maldades e suas abominações! Como poderia eu deixá-los continuar para sempre?!"

Ao *Demiurgo* eu diria: "Ao invés de criar incessantemente através de um semimilagre novos homens e aniquilar os que já vivem, por que não te satisfazes com os já existentes e deixa-os viverem por toda eternidade?"

Ele responderia assim provavelmente: "Eles mesmos querem sempre fazer, eu devo me preocupar com o espaço. Ah, se este não fosse o caso! — Não obstante, seja dito entre nós, uma espécie como essa vivendo e levando sempre, sem nenhuma outra finalidade, essa existência que objetivamente é ridícula e subjetivamente entediante — isso é bem mais do que tu possas imaginar! Tente imaginar!"

Eu: "Ora, eles poderiam realizar algo e de todo tipo". [N.A.]

§. 141. — *Pequena diversão conclusiva em forma de diálogo*

TRASÍMACO
Em suma, o que serei depois de minha morte? Seja claro e preciso!

FILALETO
Tudo e nada.

TRASÍMACO
Eis o que temos! Como solução de um problema uma contradição. O truque é velho.

FILALETO
Responder perguntas transcendentes na linguagem criada para o conhecimento imanente pode conduzir certamente a contradições.

TRASÍMACO
O que tu chamas de conhecimento transcendente e de conhecimento imanente? — Essas expressões são bem conhecidas por mim, graças a meu professor, mas apenas como predicados do bom Deus, com o qual exclusivamente sua filosofia teria de lidar, como se deve. Assim, se ele está no mundo, ele é imanente; mas se ele está radicado em qualquer parte fora, então ele é transcendente. — Sim, veja, isto é claro! Sabe-se onde se deve deter. Mas nenhum homem compreende mais teu antiquado jargão kantiano. A consciência de época do tempo presente, da metrópole da ciência alemã —

FILALETO
(À parte.) — da vacuidade [*Windbeutelei*] filosófica —

TRASÍMACO
— graças a toda uma sucessão de grandes homens, especialmente do grande Schleiermacher e da mente gigantesca

de Hegel, afastou-se disso ou antes evoluiu tanto que deixou tudo isso para trás e nada mais disso se sabe. — Então, o que dizer de tudo isso?

FILALETO

Conhecimento transcendente é aquele que, indo além da possibilidade da experiência, procura determinar a essência das coisas tais como são em si mesmas; já o conhecimento imanente é o que se mantém no interior dos limites da possibilidade da experiência e por isso mesmo só pode falar de fenômenos. Tu, como indivíduo, terminas com tua morte. Mas o indivíduo não é tua verdadeira e última essência, apenas uma mera exteriorização dela; não é a coisa-em-si, mas apenas seu fenômeno que se apresenta na forma do tempo e por isso tem início e fim. Tua essência em si mesma, ao contrário, não conhece nem tempo, nem início ou fim, nem ainda os limites de uma dada individualidade: por isso não pode ser excluída de nenhuma individualidade, mas está presente em todos e em cada um. Assim, no primeiro sentido, tu és reduzido a nada com tua morte; no segundo, és e permanece tudo. Por isso eu digo que tu, após tua morte, serás tudo e nada. Dificilmente pode-se achar uma resposta mais correta a tua pergunta em tão pouco tempo, a não ser esta que certamente contém uma contradição, pois de fato tua vida está no tempo, mas tua imortalidade na eternidade. — Por isso esta pode ser chamada também uma indestrutibilidade sem continuação — o que conduz, do mesmo modo, a uma contradição. Mas assim é quando se usa o conhecimento transcendente no imanente; este sofre uma espécie de violência, pois então ele é aplicado em algo para o qual não foi destinado.

TRASÍMACO

Escute, sem a continuação de minha individualidade, não dou um tostão por toda sua imortalidade.

FILALETO

Talvez se possa ainda negociar contigo. Suponha-se que eu garanto a continuação de tua individualidade, mas com a condição de que antes do despertar dela ocorra um sono de morte inteiramente inconsciente de três meses.

TRASÍMACO

Pode-se conceder.

FILALETO

Como porém em um estado inteiramente inconsciente não temos absolutamente nenhuma medida de tempo, então dá no mesmo para nós se durante esse sono de morte, no mundo consciente, o lapso de tempo transcorrido é de três meses ou dez mil anos. Pois no despertar devemos aceitar tanto um como o outro com fé e confiança. Então também lhe é indiferente se tua individualidade for restituída depois de três meses ou dez mil anos.

TRASÍMACO

No fundo não se pode negá-lo.

FILALETO

Mas se depois de dez mil anos, se se esquece de te acordar, creio que o infortúnio não será tão grande depois de uma tão curta existência seguida por um longo não ser que o conduziu ao hábito. Certo porém é que tu não notarás nada disso. E ficarias plenamente consolado se soubesse que o mecanismo secreto que mantém em movimento teu presente fenômeno não cessou nem durante um segundo naqueles dez mil anos de apresentar e movimentar outros fenômenos da mesma espécie.

TRASÍMACO

Como assim?! — e desse modo tu pensas conseguir furtiva e imperceptivelmente lograr minha individualidade? Tais trapaças não *me* atingem. Eu estipulei a continuação de minha individualidade e de sua perda nenhum motivo e nenhum fenômeno pode me consolar. Ela está em meu coração e não a deixarei.

FILALETO

Tu tens tua individualidade como algo tão agradável, admirável, perfeito e incomparável que nada pode ser melhor e por isso não gostarias de trocá-la por nenhuma outra mesmo que te assegurassem que esta seria melhor e que com ela tu viverias melhor?

TRASÍMACO

Veja, minha individualidade, seja ela como for, é o que eu sou.

> Para mim não há nada no mundo como eu
> Pois Deus é Deus e eu sou eu.[9]

Eu, eu, eu quero existir! É *isso* o que me importa e não uma existência da qual eu primeiro devo ser convencido por argumentos de que é a minha.

FILALETO

Mas vê só! O que exclama "eu, eu, eu quero existir" não é apenas tu, mas tudo, absolutamente tudo o que possui apenas um traço de consciência. Por conseguinte, esse desejo em ti é exatamente aquilo que *não* é individual, mas é comum a todos sem distinção; não provém da individualidade, mas da existência em geral, é essencial a tudo o que *existe*, de fato é aquilo *pelo que* tudo existe e é satisfeito consequentemente pela existência *em geral*, a qual ela se refere apenas,

---

[9] Goethe, *Sátiro*, II, 17. [N.T.]

não porém exclusivamente a uma existência individual e determinada qualquer. Ele não é em absoluto dirigido a tal existência, embora sempre pareça assim, já que ele não pode chegar à consciência senão em um ser individual e por isso pareça sempre referir-se somente a ela. Mas isso é apenas uma aparência, a qual de fato se prende à estreiteza do indivíduo, mas que a reflexão pode destruir e dela nos libertar. O que anseia tão impetuosamente pela existência é apenas mediatamente o indivíduo; imediatamente e propriamente é a vontade de viver em geral, que em todos é uma e a mesma. Como a própria existência é sua livre obra e mesmo seu mero reflexo, então ela não pode lhe escapar. Ela é provisoriamente satisfeita com a existência em geral, ao menos o tanto quanto ela, a eterna insatisfeita, pode ser satisfeita. As individualidades lhe são indiferentes; na verdade, ela não se preocupa com elas, ainda que pareça ocupar-se do indivíduo que a percebe de uma maneira direta somente em si próprio. Segue-se disso que ela vela pela existência desse indivíduo com um cuidado que de outro modo não aconteceria, e com isso assegura a manutenção da espécie. Disso resulta que a individualidade não é uma perfeição, mas uma limitação; livrar-se dela, portanto, não é uma perda, mas um ganho. Deixes de lado, portanto, uma preocupação que lhe pareceria infantil e completamente ridícula se tu conhecesses completamente e até o fundamento último tua verdadeira essência, a saber, a vontade de viver universal que tu és.

TRASÍMACO

Infantil e completamente ridículo és tu mesmo e todos os filósofos e é apenas diversão e perda de tempo quando um homem sério como eu conversa por um quarto de hora com esse tipo de louco. Tenho coisas mais importantes a fazer. Vai com Deus!

SUPLEMENTOS À DOUTRINA DA NULIDADE DA EXISTÊNCIA

§. 142.

ESTA NULIDADE encontra sua expressão em toda forma da existência, na infinidade do tempo e do espaço oposta à finitude do indivíduo em ambos; no presente sem duração como o único modo de existência da realidade efetiva; na dependência e relatividade de todas as coisas; no contínuo devir sem ser; no persistente desejo sem satisfação; na constante interrupção da morte, na qual consiste a vida, até que tal interrupção seja uma vez vencida. O *tempo* e a *transitoriedade* de todas as coisas nele e por meio dele é apenas a forma na qual e pela qual se revela à vontade de viver, que enquanto coisa-em-si é imperecível, a *nulidade* daquele esforço. O *tempo* é aquilo pelo que tudo a todo o momento se torna nada em nossas mãos; — pelo que tudo perde seu verdadeiro valor.

§. 143.

O que *foi* não *é* mais; é tão pouco quanto aquilo que nunca foi. Mas tudo o que é, no próximo momento já não é mais. Por isso o presente mais insignificante tem diante do passado mais significativo a vantagem da *realidade*; pelo que ele se relaciona com o outro como algo em relação a nada.

Para seu espanto, alguém subitamente existe depois de inumeráveis milhares de anos de não existência e, após um curto lapso de tempo, volta a não existir pelo mesmo tempo. O coração diz que isso não é correto e mesmo no tosco entendimento nasce um pressentimento, com considerações desse tipo, da idealidade do tempo. Esta idealidade, assim como aquela do espaço, é a chave para toda verdadeira metafísica, pois por meio dela se abre caminho para uma ordenação de coisas inteiramente diferente daquela da natureza. Por isso Kant é tão grande.

De todo evento de nossa vida existe apenas um de que pode ser dito que "ele é"; logo em seguida pode-se dizer para sempre "ele foi". A cada noite estamos mais pobres de um dia. Ficaríamos talvez raivosos com a visão desse escoamento de nosso curto espaço de tempo se não tivéssemos no mais profundo de nós uma consciência secreta de que a fonte inesgotável da eternidade que pode renovar para sempre o tempo de vida, nos pertence.

Com considerações como essas acima, pode-se fundamentar a doutrina segundo a qual a maior *sabedoria* seria aproveitar o presente e fazer dele a finalidade da vida, já que apenas ele é real e o resto seria apenas jogo da imaginação. Mas pode-se chamá-la do mesmo modo a maior *tolice*; pois aquilo que no próximo momento não é mais, que desaparece tão completamente como um sonho, jamais é digno de um sério esforço.

§. 144.

Nossa existência não têm outro solo e fundamento no qual pudesse fincar pé a não ser o evanescente presente. Por isso ela tem essencialmente o contínuo *movimento* como forma, sem possibilidade de atingir o repouso tão constantemente aspirado por nós. Parece-se com o curso de um homem que desce correndo uma montanha e que cairia se quisesse parar e só se mantém sobre seus pés prosseguindo seu curso. — Ou com um pêndulo pendurado na ponta dos dedos. Ou com o planeta que cairia em seu sol tão logo cessasse de marchar irresistivelmente. — A agitação é pois o modelo da existência.

Em um tal mundo, em que não há nenhum tipo de estabilidade e onde nenhum estado durável é possível, mas tudo está envolvido em um infatigável turbilhão e em mudança, em que tudo corre, flui, se mantém na corda bamba em meio à gritaria e à agitação, não se pode nem pensar em felicidade. Ela não pode residir no lugar em que segundo Platão somente pode haver "um constante devir e nunca o ser". Em primeiro lugar: ninguém é feliz, mas se esforça a vida inteira por uma pretensa felicidade que raramente alcança e quando a alcança é apenas para ser desapontado: via de regra todo mundo volta para o porto com os mastros arriados depois de naufragar. Então pouco importa se se é feliz ou infeliz em uma vida que consistiu apenas num presente sem duração e agora chegou ao fim.

Entrementes, deve-se espantar com o fato de que no mundo humano e animal, aquele movimento tão grandioso, complexo e sem repouso é produzido e mantido graças a dois simples móbiles, a fome e o instinto sexual, aos quais se acrescenta talvez apenas o tédio, e como esses conseguem disparar o *primum mobile* de uma máquina tão complicada que coloca em movimento a marionete colorida.

Ora, se considerarmos a coisa de mais perto, veremos antes de tudo que a existência do inorgânico é a todo momento atacada e finalmente obliterada pelas forças químicas; e que a existência do orgânico só é possível pela constante troca da matéria, que exige um fluxo contínuo, por conseguinte uma ajuda de fora. Já em si mesma, portanto, a vida orgânica assemelha-se a uma vara equilibrada pela mão que deve sempre estar em movimento; é portanto carência contínua, falta recorrente e miséria infinita. Contudo, é só por meio dessa vida orgânica que é possível a consciência. — Tudo isso constitui a *existência finita*, cujo oposto poderia ser concebido como a vida *infinita* que não está sujeita aos ataques externos nem necessita da ajuda de fora, e portanto *aei ōsautōs* [permanecendo sempre inalterada], em eterno repouso, *oute gignomenon* [nunca vindo a ser], *oute apollymenon* [nem perecendo], sem mudança, sem tempo, sem multiplicidade e variedade — cujo conhecimento negativo é a chave da filosofia de Platão. Uma tal existência deve ser aquela para a qual a negação da vontade de viver abre caminho.

§. 145.

As cenas de nossa vida assemelham-se às figuras de um mosaico grosseiro que de perto não produz nenhum efeito, do qual porém devemos estar distantes para achá-lo belo. Assim, obter algo ardentemente desejado é descobrir o quanto aquilo é vazio e se vivemos a todo momento na esperança do melhor, ao mesmo tempo nos arrependemos constantemente e lamentamos o passado. Por outro lado, o presente é aceito apenas como algo temporário e como nada além de um meio para um fim. Portanto, a maioria das pessoas, quando no fim olha para trás, descobre que viveu ao longo de toda sua vida *ad interim* [provisoriamente] e espanta-se ao ver que aquilo que deixou passar desatentamente e sem aproveitar foi apenas sua vida, justamente aquilo em cuja expectativa viveu. E assim é o curso de vida do homem; via de regra, enganado pela esperança, ele dança nos braços da morte.

Acrescente-se a isso a insaciabilidade da vontade individual em virtude da qual toda satisfação cria um novo desejo e seu apetite, eternamente insatisfeito, vai ao infinito! No fundo, ela repousa, porém, no fato de que a vontade, tomada em si mesma, é a senhora dos mundos, tudo lhe pertence e portanto nenhuma parte mas apenas o todo, que é infinito, poderia lhe satisfazer. — Entrementes, como desperta nossa compaixão ao vermos o quão pouco obtém essa senhora do mundo em seu fenômeno individual; em geral apenas o suficiente para manter o corpo individual. Daí sua profunda dor.

§. 146.

No período presente de impotência intelectual, que se distingue por sua veneração de toda espécie de ruindade —

que se descreve a si mesma de modo bem apropriado com a palavra autofabricada "agoridade" [*Jetztzeit*], tão pretensiosa quanto cacofônica, como se agora fosse o agora por excelência, o agora pelo qual todos os outros agoras existiram — os panteístas não se envergonham de dizer que a vida é, segundo sua expressão, "fim em si mesmo" [*Selbstzweck*]. Se essa nossa existência fosse a finalidade última do mundo, seria a mais idiota finalidade já posta, seja por nós mesmos ou por um outro.

A vida apresenta-se, antes de tudo, como uma tarefa, a saber, a de manter-se, *de gagner sa vie*. Uma vez que ela é cumprida, o que ganhamos se torna um fardo e então surge a segunda tarefa, a saber, a de como dispor do que conquistamos protegendo-se do tédio que ameaça toda vida segura, como uma ave de rapina. Assim, a primeira tarefa é conseguir algo e a segunda é fazer com que isso depois de conquistado não se faça sentir, senão se torna um fardo.

Se procurarmos abranger toda a humanidade em um só olhar, veremos em toda a parte uma luta infatigável, um combate obstinado pela vida e pela existência, com o esgotamento de todas as forças corporais e espirituais diante de perigos e males de todo tipo que podem irromper a qualquer momento. E considere o preço que vale tudo isso, a existência e a vida mesma: encontramos então alguns intervalos de existência sem dor que imediatamente sofre o ataque do tédio e rapidamente chega ao fim com novas aflições. —

Que mesmo por detrás da *miséria* encontramos o *tédio*, que acomete até mesmo os animais mais inteligentes, é uma consequência do fato de que a vida não tem nenhum *conteúdo verdadeiro e genuíno*, mas se mantém em *movimento* apenas através da carência e da ilusão: tão logo isso cessa, torna-se evidente a completa pobreza e o vazio da existência.

Que a existência humana deva ser algo como um extravio fica suficientemente claro através da simples observação de que o homem é uma concreção de carências cuja satisfação dificilmente alcançável nada lhe garante senão um estado sem dores, no qual só lhe resta o tédio e que prova que a existência em si mesma não tem nenhum valor; pois o tédio nada mais é que o sentimento de sua vacuidade. Se a vida, na aspiração da qual nossa essência e existência consistem, tivesse um valor positivo e um conteúdo real em si mesmo, então ela não poderia oferecer nenhum tédio; pois então a mera existência, em si mesma, deveria nos preencher e satisfazer. Ora, só apreciamos nossa existência pelo esforço por algo quando a distância e os obstáculos nos fazem pensar que o propósito será satisfatório — ilusão que desaparece quando ele é alcançado; ou então em uma ocupação puramente intelectual, na qual, porém, nós nos afastamos da vida para considerá-la de fora, como espectadores nos camarotes. Mesmo o prazer sensual consiste em um esforço contínuo que cessa tão logo seu objetivo é alcançado. Sempre que não estamos em uma dessas duas situações, mas nos voltamos para a própria existência, somos tomados pela sua futilidade e sua nulidade — e este é o tédio. — Mesmo a inerente e inerradicável tendência que temos de buscar algo extraordinário mostra o quanto gostamos de ver interrompida a tão tediosa ordenação natural do curso das coisas. — Também a pompa e a magnificência dos grandes em seu esplendor e em suas festas nada mais são na verdade que uma vã tentativa de tentar iludir a miséria essencial da nossa existência. Pois o que são, no fim das contas, joias, pérolas, plumas, o veludo vermelho iluminado por velas, dançarinos, salteadores, o jogo de máscaras e que tais? — Nenhum homem jamais se sentiu inteiramente feliz até o presente; para isso ele deveria estar embriagado.

§. 147.

Que o mais completo fenômeno da vontade de viver que se manifesta através do mecanismo tão sutilmente complexo do organismo humano deva reduzir-se ao pó e toda sua essência e esforço no final estão condenados ao aniquilamento, tudo isso representa a ingênua expressão pela qual a natureza, sempre sincera e verdadeira, declara que todo o esforço dessa vontade é essencialmente nulo. Se ele fosse algo que tivesse um valor em si mesmo, algo que devesse ser incondicionalmente, então ele não teria o não ser como objetivo. — O sentimento disso subjaz à bela canção de Goethe:

> *Hoch auf dem alten Thurme steht*
> *Des Helden edler Geist.*[1]

A *necessidade da morte* pode antes de tudo ser deduzida do fato de que o homem é um mero fenômeno, nenhuma coisa-em-si, portanto não é *ontōs on* (*o verdadeiro* ser). Se ele o fosse, não pereceria. Que somente em fenômenos desse tipo possa manifestar-se a coisa-em-si que está em sua base é uma consequência de sua própria natureza.

Que distância há entre nosso começo e nosso fim! O primeiro no frenesi do desejo e no êxtase do prazer; o segundo na destruição de todos os órgãos e odor putrefato dos cadáveres. O caminho entre ambos é sempre descendente, no que diz respeito ao bem estar e ao prazer de viver; a bem aventurada infância sonhadora, a feliz juventude, a laboriosa virilidade, a frágil e frequentemente lamentável velhice, o martírio da última doença e por fim a agonia da morte: não parece que a existência nada mais seria que um erro cujas consequências vão se tornando gradualmente cada vez mais evidentes?

Compreenderíamos do modo mais correto a vida considerando-a um *desengaño*, uma desilusão: tudo aponta para isso de modo suficientemente claro.

§. 147*a*.

Nossa vida é de tipo *microscópico*; é um ponto indivisível que vemos separado pelas duas potentes lentes do espaço e do tempo e então em uma grandeza considerável.

---

[1] "No topo da antiga torre/ Jaz o espírito nobre do herói." [N.T.]

SUPLEMENTOS À DOUTRINA DA NULIDADE...

O tempo é um dispositivo em nosso cérebro para oferecer uma aparência de realidade através da duração à *existência completamente nula* das coisas e de nós mesmos.

Como é tolo lamentar e deplorar que se tenha desperdiçado no passado a oportunidade de aproveitar a felicidade ou o prazer! O que se tem agora? A seca múmia de uma lembrança. E isso se passa com tudo que nos cabe. Desse modo, a forma do tempo é precisamente o meio bastante adequado de nos convencer da nulidade de todos os prazeres mundanos.

Nossa existência e a de todos os animais não é algo sólido e firme e, ao menos temporalmente, contínuo, mas é apenas uma *existentia fluxa*, que consiste apenas na troca contínua e é comparável a um turbilhão. Sem dúvida a forma do corpo tem uma duração precária por um tempo, mas só sob a condição da troca contínua da matéria, a antiga sendo eliminada e a nova assimilada. Por conseguinte, a ocupação principal de todos esses seres é procurar a todo momento a matéria adequada para esse fluxo. Ao mesmo tempo eles estão conscientes de que uma existência como a deles só pode manter-se por um certo tempo e por isso eles se esforçam, em seu declínio, para transmiti-la a um outro ser que tomará o seu lugar. Esse esforço se manifesta na consciência de si na forma do impulso sexual e apresenta-se na consciência de outras coisas, isto é, na intuição objetiva, na figura dos órgãos genitais. Pode-se comparar esse impulso ao fio de um cordão de pérolas, em que os indivíduos que se sucedem rapidamente correspondem às pérolas. Se acelerarmos na imaginação essa sucessão e, em toda a série, assim como nos indivíduos, vermos a forma permanecer durante a contínua troca da matéria, então nos convenceremos de que nós temos apenas uma *quase existência*. Essa concepção também está no fundamento da doutrina platônica de que somente as *ideias* existem e que as coisas que a elas correspondem possuem uma natureza semelhante às sombras.

Que sejamos *meros fenômenos* distintos da coisa-em-si é algo confirmado, exemplificado e ilustrado pelo fato de que a *conditio sine qua non* de nossa existência é um constante escoamento e afluxo de matéria, como a nutrição, cuja carência sempre retorna. Nisso nos assemelhamos aos fenômenos produzidos pela fumaça, pela flama, por um jato de água que se esvanece ou cessa quando não são mais fomentados.

Pode-se também dizer: a *vontade de viver* apresenta-se em meros fenômenos que não se tornam *nada*. Mas esse nada, com todos os fenômenos, permanece no interior da vontade de viver e está em sua base. Isto é, obviamente, obscuro.

Se deixarmos de lado a consideração do curso do mundo em grande escala e sobretudo a rápida sucessão das gerações humanas e suas efêmeras pseudoexistências e nos dirigirmos à *vida humana em detalhe*, como a expõe a comédia, então a impressão que se tem é comparável a uma gota de água vista através de um microscópio, pululando de infusórios, ou a um pequeno monte de traças de queijo, de outro modo invisível, cuja enérgica atividade e luta nos faz rir. Pois, aqui no mais estreito espaço, lá no mais curto lapso de tempo, a atividade séria e devotada produz um efeito cômico.

SUPLEMENTOS À TEORIA DO SOFRIMENTO DO MUNDO

§. 148.

SE A FINALIDADE MAIS imediata e próxima de nossa vida não é o sofrimento, então nossa existência é o maior contrassenso do mundo. Pois é absurdo supor que a dor infinita, que se origina da miséria essencial à vida e da qual o mundo está repleto, seja sem propósito e puramente contingente. Nossa receptividade para a dor é quase infinita, já para o prazer possui limites estreitos. Embora toda infelicidade individual apareça como uma exceção, a infelicidade em geral constitui a regra.

§. 149.

Assim como o riacho não produz nenhum remoinho enquanto não encontra obstáculos, a natureza humana, assim como a animal, é feita de tal modo que não notamos e apreendemos corretamente tudo que se passa conforme a nossa vontade. Se o notamos é porque isso não aconteceu de acordo com nossa vontade, mas encontrou algum obstáculo. Por outro lado, tudo que se opõe à nossa vontade, que a entrecruza ou a contraria, portanto tudo que lhe é desagradável e doloroso nós sentimos imediatamente, de maneira direta e muito claramente. Como nós *não sentimos* a saúde de todo nosso corpo, mas apenas o pequeno lugar onde o sapato nos aperta, assim também não pensamos na totalidade de nossos interesses que vai perfeitamente bem, porém em qualquer ninharia que nos incomoda. Nisso consiste a negatividade do bem-estar e da felicidade, tão frequentemente ressaltada por mim, em oposição à positividade da dor.

Não conheço nenhum absurdo maior do que a da maioria dos sistemas metafísicos que consideram o mal como algo negativo,[1] enquanto é na verdade o positivo, o que se faz sentir a si mesmo. Pelo contrário, o bem, isto é, toda felicidade e satisfação, é o negativo, ou seja, a mera supressão do desejo e a eliminação de um tormento.

Também concorda com isso o fato de que, via de regra, consideramos as alegrias bem abaixo, as dores bem acima de nossas expectativas.

Quem quer comprovar a afirmação de que no mundo o prazer supera a dor, ou ao menos que ambos se mantêm em equilíbrio, que compare a sensação do animal que devora um outro com a deste outro.

§. 150.

O consolo mais eficaz de toda infelicidade e de todo sofrimento é observar os outros que são ainda mais infelizes que nós. E isto é possível para qualquer um. Mas o que resulta disto no todo?

Nos assemelhamos a carneiros que brincam sobre a relva, enquanto o açougueiro já escolhe um ou outro com os olhos. Pois não sabemos, em nossos bons dias, que infortúnio justamente agora o destino nos prepara — doença, perseguição, empobrecimento, mutilação, cegueira, loucura, morte etc.

A história nos mostra a vida dos povos e nada encontra a não ser guerras e rebeliões para nos narrar: os anos de paz nos parecem apenas curtas pausas, entreatos, uma vez aqui e ali. E do mesmo modo, a vida do indivíduo é uma luta contínua, e não apenas metafórica, com a carência ou o tédio; mas também realmente com os outros. Ele encontra em toda a parte o opositor, vive em constante conflito e morre com as armas na mão.

---

[1] Nisto é particularmente insistente Leibniz (*Teodiceia*, § 153), que se empenha em sustentar sua tese através de um sofisma palpável e deplorável. [N.A.]

§. 151.

Para o flagelo de nossa existência também contribui, e não pouco, o *tempo* que impele e não nos deixa respirar, perseguindo todos como o algoz com o açoite. Ele somente não persegue aquele que se entregou ao tédio.

§. 152.

Mas, assim como nosso corpo se dilaceraria se lhe fosse retirada a pressão da atmosfera, do mesmo modo se a pressão da necessidade, da adversidade, da contrariedade e frustração das pretensões fossem subtraídas da vida dos homens, sua arrogância cresceria, ainda que não ao ponto de explodir, contudo até as manifestações mais desenfreadas da loucura, mesmo do delírio. Cada um precisa sempre de um certo *quantum* de preocupação, ou dor, ou necessidade, como o navio de lastro, para navegar de modo firme e direto.

Trabalho, flagelo, esforço e necessidade constituem a sorte de quase todas as pessoas, durante toda a vida. Mas se todos os desejos, mal surgidos já fossem realizados, com o que seria preenchida a vida humana, como seria empregado o tempo? Suponhamos essa espécie no *país da Cocanha*, em que tudo cresce sem ser plantado, as pombas voam já assadas, e cada um encontra logo sua bem-amada e sem dificuldade a mantém: Então em parte os homens morrerão de tédio ou se enforcarão, em parte guerrearão, estrangularão e matarão um ao outro e assim proporcionarão mais sofrimento do que o oferecido pela natureza. — Portanto, para uma tal espécie não convém nenhum outro palco, nenhuma outra existência.

§. 153.

Em consequência da negatividade do bem-estar e do prazer acima mencionada, em oposição à positividade da dor, a felicidade de um dado curso de vida não deve ser avaliada de acordo com suas alegrias e prazeres, mas por sua ausência de sofrimentos, que constitui o positivo. Assim, porém, a sorte dos animais parece mais suportável que a dos homens. Consideremos isso mais detidamente.

Por mais variadas que sejam as formas sob as quais a felicidade e a infelicidade do homem se apresentam, o que o leva a perseguir uma e fugir da outra, contudo, a base material de tudo isso é o prazer corporal ou a dor. Esta base é bem pequena: é a saúde, a alimentação, proteção do frio e da umidade e satisfação sexual; ou então a falta dessas coisas. Por conseguinte, o homem não tem, em relação a prazeres físicos reais, nada mais do que o animal, a não ser o fato de que seu sistema nervoso superior em potência eleva a sensação de cada prazer, mas também de cada dor. Mas quão mais fortes são os afetos que nele são suscitados comparados aos dos animais! Como seu ânimo é mobilizado de modo incomparavelmente mais profundo e violento! — E no fim das contas para chegar ao mesmo resultado: saúde, alimento, proteção etc.

Isto se deve sobretudo ao fato de que nele tudo recebe um poderoso reforço por meio do pensamento do que está ausente e do futuro, por meio do qual apenas vêm à tona a preocupação, o medo, a esperança, que atuam sobre ele de modo mais intenso que a realidade atual dos gozos ou sofrimentos à qual está limitado o animal. A este falta, com a reflexão, o condensador das alegrias e sofrimentos, que não podem se acumular, como ocorre com os homens por meio da memória e da previsão; já para o animal o sofrimento do presente, mesmo renovado inúmeras vezes, sempre permanece como da primeira vez, sem se acumular. Daí a invejável despreocupação e tranquilidade dos animais. Por outro lado, através da reflexão e de tudo aquilo que dela depende, desenvolve-se no homem, justo daqueles mesmos elementos de prazer e sofrimento que ele tem em comum com o animal, um aumento da sensação de sua felicidade ou infelicidade que pode conduzi-lo tanto para o encantamento momentâneo, até mesmo fatal, ou mesmo para o suicídio desesperado. Considerado de mais perto, o processo é o seguinte: suas necessidades, originalmente satisfeitas com apenas um pouco mais de dificuldades que as dos animais, ele as amplia deliberadamente para aumentar o prazer; daí o luxo, iguarias, tabaco, ópio, bebidas alcoólicas, pompas e tudo o mais. Igualmente, acrescenta-se como consequência da reflexão uma fonte, somente disponível para ele, do prazer e, portanto, também do sofrimento, capaz de lhe proporcionar tudo isso além de toda medida, mais do que todo o resto, a saber, a ambição, o sentimento de orgulho e vergonha: em prosa, sua opinião da opinião dos outros sobre ele. Esta torna-se então, em milhares e frequentemente raras figuras, a finalidade de quase todos os seus esforços que ultrapassam o prazer físico e a dor. Embora possua, diante dos animais, a vantagem dos prazeres propriamente intelectuais, que admitem vários graus, desde a brincadeira mais insignificante ou a conversação até as realizações espirituais mais elevadas, em contrapartida, do lado dos sofrimentos, nele aparece o tédio que o animal, ao menos em estado natural, não conhece, mas de que somente os animais mais inteligentes, em estado domesticado, sentem os mais leves traços. Já no homem ele se transforma num verdadeiro algoz, como se vê particularmente naquela multidão lastimável dos que constantemente se preocupam apenas em preencher seu bolso, mas nunca sua cabeça, para os quais justamente sua riqueza se torna um castigo à medida que ela o livra das mãos do tédio mortificante, para escapar do qual ora se apressam, ora se arrastam, ora se afastam de um lugar a outro, para agora, tão logo presentes, temerosamente se orientarem quanto aos *recursos* do lugar, como faz o necessitado quanto às possíveis *fontes de auxílio*: pois certamente a necessidade e o tédio são os dois polos da vida humana. Por fim deve-se mencionar ainda que no homem à satisfação sexual se liga ainda uma escolha obstinada, própria unicamente a ele, que ocasionalmente eleva-se, mais ou menos, até o amor passional, sobre o que dediquei um minucioso capítulo no segundo volume de minha obra principal. Ele se torna então uma fonte de longos sofrimentos e passageiras alegrias.

É de se admirar, entrementes, como mediante o acréscimo do pensamento, de que carecem os animais, sobre a mesma base estreita dos sofrimentos e das alegrias, que também os animais possuem, se ergue o edifício tão alto e extenso da felicidade e da infelicidade humana, em relação a que sua disposição emocional está entregue a afecções, paixões e abalos tão intensos, que o cunho dos mesmos se torna legível em traços permanentes sobre seu rosto; mas no fim e na realidade trata-se das mesmas coisas que também o animal logra, e na verdade com um dispêndio incomparavelmente menor de afecções e tormentos. Por meio disso tudo, no homem a medida da dor cresce bem mais que a do prazer e é ainda especialmente elevada por ele *saber* efetivamente da morte, enquanto que o animal foge instintivamente dela sem propriamente conhecê-la e por isso sem jamais verdadeiramente encará-la como o homem que tem esse prospecto sempre a sua frente. Se apenas poucos animais morrem de morte natural, a maioria porém tem tempo suficiente para multiplicar a espécie, tornando-se então, quando não já antes, presa de um outro; somente o homem conseguiu, por outro lado, que em sua espécie a assim chamada morte natural se tornasse regra, a qual sofre, entrementes, consideráveis exceções; apesar disso os animais permanecem em vantagem, pelas razões supramencionadas. Além disso, ele atinge a finalidade efetiva de sua vida tão raramente quanto aqueles; porque sua conduta contrária à natureza, ao lado de seus esforços e paixões, e a degeneração da raça causada por tudo isto raramente lhe permitem alcançá-lo.

Os animais se satisfazem muito mais do que nós com a mera existência; as plantas, totalmente; o homem de acordo com o grau de seu embotamento. Dessa forma, a vida do animal contém menos sofrimento, mas também menos alegrias que a vida humana. Isto repousa, em primeiro lugar, em que de um lado ele permanece livre da *aflição e preocupação*, além de seu tormento, por outro lado porém fica privado da verdadeira *esperança* e, portanto, não participa daquela antecipação de um futuro alegre, por meio dos pensamentos, paralelamente à fantasmagoria que a acompanha, proveniente da imaginação, fonte da maioria e das maiores de nossas alegrias e prazeres, por isso é sem esperança: as duas coisas por que sua consciência está limitada àquilo que é intuitivo, e por isso ao presente; razão pela qual conhece somente temor e esperança, de abrangência muito restrita, em relação a objetos que já estão presentes intuitivamente nele; enquanto que a consciência humana possui um campo de visibilidade que abrange a totalidade da vida e vai até mesmo além. Mas exatamente por consequência disto, os animais parecem, comparados conosco, em certo sentido, verdadeiramente sábios, ou seja, no gozo tranquilo e imperturbável do presente. O animal é o presente corporificado: a tranquilidade visível que ele experimenta, muitas vezes envergonha nosso estado, frequentemente intranquilo e insatisfeito por meio de pensamentos e preocupações. E mesmo as mencionadas alegrias da esperança e da antecipação não possuímos gratuitamente. Aquilo que alguém frui antecipadamente por meio da esperança e da expectativa de uma satisfação, posteriormente se subtrai ao prazer efetivo da mesma, ao ser a coisa ela própria tanto menos satisfatória. O animal permanece, pelo contrário, livre do prazer antecipado, assim como dessa dedução, e frui, portanto, o presente e o real por inteiro e sem diminuição. E da mesma forma, os males o oprimem somente com seu peso real e próprio, enquanto que para nós o temor e a previsão, "o temor diante do pior",[2] frequentemente o decuplicam.

Precisamente esta *completa absorção no presente* própria aos animais contribui bastante para a alegria que sentimos

---

[2] Em grego, no original: ἡ προσδοκία τῶν κακῶν. [N.T.]

pelos nossos animais domésticos: eles constituem o presente personificado, e em certa medida tornam sensível a nós o valor de cada instante despreocupado e sereno, ao passo que na maioria das vezes vamos além em pensamentos e não lhe dedicamos atenção suficiente. Mas a propriedade aludida dos animais, de se contentarem mais com a simples existência, é pervertida por pessoas egoístas e sem coração e frequentemente explorada a tal ponto que estas nada lhe proporcionam a não ser a pura e nua existência. O pássaro, organizado para percorrer meio mundo, é confinado a um pé cúbico de espaço, em que morre cantando em lento desespero, pois

> *l'uccello nella gabbia*
> *Canta non di piacere ma di rabbia.*[3]

E seu mais fiel amigo, o tão inteligente cão, fica preso em correntes! Nunca vejo isso sem sentir íntima compaixão por ele e profunda indignação contra seu dono, e me recordo com satisfação do caso relatado há alguns anos pelo *Times*, em que um *lord* que possuía um grande cão acorrentado tentou acariciá-lo ao passear pelo jardim quando o cão imediatamente rasgou de cima a baixo seu braço — com razão! Com isso queria dizer: "Tu não és meu dono, mas meu demônio, a fazer de minha curta existência um inferno". Que isto aconteça com todos que mantêm cães acorrentados!

§. 154.

Uma vez que resultou do que foi dito acima que é a capacidade cognitiva superior que faz a vida do homem mais cheia de sofrimento do que a do animal, então podemos reduzir isso a uma lei geral e obter assim uma visão bem mais ampla.

Em si mesmo o conhecimento é sempre indolor. A dor atinge unicamente a vontade e consiste em sua obstrução, bloqueio, cruzamento; para isso porém é preciso que essa

---

[3] "O pássaro na gaiola não canta de alegria, mas de raiva." [N.T.]

obstrução seja acompanhada pelo conhecimento. Pois assim como a luz ilumina o espaço somente quando existem objetos para refleti-la, e assim como o tom necessita de ressonância e o som só se torna audível quando ondas de ar em vibração se quebram de encontro a corpos rígidos, razão pela qual ele se torna muito fraco em picos isolados de montanhas e mesmo o canto ao ar livre provoca pouco efeito, do mesmo modo, a obstrução da *vontade*, para ser sentida como dor, precisa ser acompanhada pelo *conhecimento*, o qual é em si mesmo estranho a toda dor.

Por isso, a dor *física* é condicionada pelos nervos e sua ligação com o cérebro, por meio da qual o ferimento de um membro não é sentido quando os nervos que o conduzem ao cérebro são desligados, ou mesmo quando o próprio cérebro é enfraquecido mediante clorofórmio. Exatamente por isso consideramos como indolores, tão logo a consciência é extinta na morte, todas as contrações posteriores. Que a dor *espiritual* seja condicionada pelo conhecimento, compreende-se por si mesmo, e que cresça conforme o grau do mesmo pode ser facilmente verificado pelo que foi dito acima, assim como foi demonstrado em minha obra principal (vol. 1, §. 56). — Podemos exprimir isso graficamente do seguinte modo: a vontade é a corda, seu cruzamento ou obstáculo sua vibração, o conhecimento a caixa de ressonância e a dor é o tom.

Consequentemente, não apenas o inorgânico, mas também a planta não é capaz de dor, por mais obstáculos que a vontade sofra em ambos. Por outro lado, todo animal, mesmo um infusório, sofre dor; pois o conhecimento, por mais incompleto que seja, é o verdadeiro caráter da animalidade. Com a elevação na escala da animalidade, a dor cresce proporcionalmente. Dessa forma, ela é bem menor nos animais inferiores. Por isso, os insetos, por exemplo, que arrastam atrás de si o corpo arrancado preso apenas por um fio intestinal, ainda são capazes de comer. Porém, mesmo nos animais superiores, pela ausência dos conceitos e do pensamento, a dor ainda não se aproxima da dor do homem. Também a capacidade para ela deveria atingir seu ponto culminante somente quando graças à razão e seu discernimento também existe a possibilidade da negação da vontade. Pois sem esta, ela seria uma crueldade sem sentido.

§. 155.

No começo da infância nos situamos diante do curso futuro de nossa vida como as crianças diante do teatro antes da cortina se levantar, na alegre e excitante expectativa das coisas que estão por vir. Sorte que não sabemos o que efetivamente virá. Pois, para quem sabe disso, as crianças podem aparecer como delinquentes inocentes que embora não tenham sido condenadas à morte, mas à vida, ainda não ouviram porém o conteúdo de sua condenação. Não obstante, todos desejam para si uma idade avançada, portanto, um estado em que se possa dizer: "hoje está mal, e ficará ainda pior a cada dia, até que o pior de tudo advenha".

§. 156.

Se pudéssemos na medida do possível representar a soma de necessidade, dor e sofrimento de todo tipo que o sol ilumina em seu percurso, iríamos convir que seria muito melhor se na Terra ele não tivesse, tampouco como o fez na Lua, dado origem ao fenômeno da vida, e que naquela, assim como nesta, a superfície se encontrasse em estado cristalino.

Pode-se também conceber nossa vida como um episódio inutilmente perturbador da ditosa paz do nada. Em todo caso, mesmo aquele que conseguiu suportar isso, enquanto viver se dará conta cada vez mais nitidamente de que a vida é no todo *a disappointment, nay, a cheat*,[4] ou, em outras palavras, tem o caráter de uma grande mistificação, para não dizer cilada. Quando dois amigos de infância se reencontram depois da separação de toda uma geração vivida, e como anciãos, o sentimento predominante, que é reciprocamente estimu-

---

[4] "Um desapontamento, não, uma trapaça." [N.T.]

lado pela visão de ambos que se liga à lembrança do tempo passado, é o do completo *disappointment* sobre o conjunto da vida, que lhes parecia tão bela na rósea luz matinal da juventude e que tanto prometia e tão pouco cumpriu. Esse sentimento predomina tão decididamente o seu reencontro, que consideram desnecessário exprimi-lo em palavras, mas pressupondo-o reciprocamente, prosseguem a conversa tendo-o por base.

Quem viveu *duas ou até três gerações* sente-se como o espectador das representações dos charlatões de todo tipo em barracas, durante a missa, quando sentados veem tal representação uma ou duas vezes atrás da outra: pois as coisas foram calculadas somente para uma representação, e portanto não fazem mais efeito depois que a ilusão e a novidade foram desfeitas.

Ficaríamos loucos ao contemplar os arranjos exagerados, as inumeráveis flamejantes estrelas fixas no espaço infinito que nada mais fazem que iluminar mundos que são palco da necessidade e da miséria e que no melhor dos casos nada oferecem senão tédio; ao menos de acordo com o corpo de prova por nós conhecido.

Muito invejável ninguém é, muitos são lastimáveis.

A vida é uma tarefa a ser cumprida: neste sentido *defunctus* é uma bela expressão.

Imaginemos que o ato da procriação não fosse nem uma necessidade e nem acompanhado do prazer, mas assunto da pura reflexão racional: poderia então o gênero humano continuar a existir? Pelo contrário, cada um não teria compaixão suficiente para com a geração vindoura a ponto de lhes poupar o fardo da existência, ou ao menos não lhe impor o mesmo a sangue frio?

Pois o mundo é bem *o inferno* e os homens são por um lado as almas atormentadas, por outro, os demônios.

Agora terei que ouvir novamente que minha filosofia é desconsolada — e isso somente porque me expresso conforme a verdade, mas as pessoas querem ouvir que o Senhor Deus tenha feito tudo da melhor maneira. Vão à igreja e deixem os filósofos em paz! Ao menos não exijam que estes formem suas doutrinas de acordo com seus ensinamentos: isto é o que fazem os trapaceiros, os filosofastros; a estes, podem encomendar doutrinas à vontade.[5]

Brahma cria o mundo por meio de uma espécie de pecado original, ou engano, permanece nele, porém, para expiá-lo, até que dele se redima. Muito bem! No *budismo*, ele surge em consequência de um turvamento inexplicável, após um longo período de paz, na claridade celeste do bem-aventurado estado de *nirvana*, alcançado por meio da penitência, portanto, surge através de uma espécie de fatalidade, que contudo deve ser entendida moralmente, embora possua uma imagem física correspondente e análoga, pelo surgimento inexplicável de uma nebulosa originária que se transforma em um sol. Por isso ele se torna gradualmente, por consequência de falhas morais, fisicamente pior e sempre piorando até assumir o aspecto triste que tem no presente. Excelente! Para os *gregos* o mundo e os deuses eram obra de uma necessidade insondável: isto é aceitável, à medida que nos satisfaz no início. *Ormuzd* vive em luta com *Ahriman* — isto é possível. — Mas um deus como *Jeová*, que *animi causa* [por vontade própria] e *de gaieté de coeur* [de coração] produz este mundo da penúria e da miséria e então ainda aplaude a si mesmo, com "todas as coisas são boas":[6] isto é inaceitável. Vemos então neste aspecto a religião judaica ocupar o lugar mais inferior entre as doutrinas religiosas dos povos civilizados, o que concorda inteiramente com o fato de que ela é a única que não possui nenhuma doutrina de imortalidade, nem possui nenhum

---

[5] Estremecer o conceito do otimismo obrigatório dos professores de filosofia constitui tarefa tão fácil quando agradável. [N.A.]

[6] Em grego, no original: πάντα καλὰ λίαν. Gênesis, 1,31. [N.T.]

vestígio disso (ver o primeiro volume da presente obra, p. 119 e seguintes).⁷

Ainda que a demonstração de Leibniz de que entre os mundos *possíveis*, este é o melhor, fosse correta, ela ainda não forneceria uma *teodiceia*. Pois o criador não criou apenas o mundo, mas também a própria possibilidade: ele deveria, portanto, ter disposto esta última de modo a permitir um mundo melhor.

Mas de um modo geral, contra uma tal visão de mundo, como a obra bem sucedida de um ser onisciente, de infinita bondade e ao mesmo tempo onipotente, exclama bem alto, por um lado, a miséria de que está repleta o mundo e, por outro, a evidente imperfeição e mesmo a distorção burlesca do mais perfeito de seus fenômenos, o humano. Aqui repousa uma dissonância insolúvel. Pelo contrário, essas mesmas instâncias confirmam nosso discurso e servem como prova do mesmo quando compreendemos o mundo como a obra de nossa própria culpa, portanto, como algo que seria melhor se não fosse. Enquanto elas, do ponto de vista da primeira hipótese, constituir-se-iam em uma amarga acusação contra o criador, proporcionando matéria ao sarcasmo, do ponto de vista da outra hipótese apareceriam como uma acusação de nosso próprio ser e vontade, apropriada a nos humilhar. Pois ela nos conduz ao reconhecimento de que nós, como os filhos de pais negligentes, já chegamos ao mundo culpados e somente porque temos que expiar essa culpa nossa existência se afigura tão miserável e tem como fim a morte. Nada é mais certo do que isso, dito de modo geral, que é o grave *pecado do mundo* que ocasiona o múltiplo e grandioso *sofrimento do mundo*; com o que se tem em vista aqui não a conexão físico-empírica, mas a metafísica. De acordo com isso, é somente a história do pecado original que me reconcilia com o Antigo Testamento: ela é, aos meus olhos, a única verdade metafísica,

---

⁷ Schopenhauer se refere ao texto "Fragmentos para a história da filosofia", § 13. [N.T.]

ainda que sob a roupagem da alegoria, que surge nele. Pois a nada se assemelha mais completamente nossa existência do que à consequência de um passo em falso e de um desejo condenável. Não posso me abster de aconselhar ao leitor sensato uma consideração popular, porém extremamente profunda, sobre isso de Cláudio, que manifesta o espírito essencialmente pessimista do cristianismo: se encontra na quarta parte do *Wandsbecker Bote* sob o título "Maldita seja a seara por tua causa".

Para ter sempre à mão uma bússola segura, para orientação na vida e para observá-la sempre à luz correta, sem jamais nos desviar, nada é mais apropriado do que se habituar a considerar este mundo como um lugar de penitência, portanto também como uma instituição penal, *a penal colony*, uma *ergatērion*, como já o denominavam os mais antigos filósofos (segundo Clemente de Alexandria, *Stromata*, livro III, cap. 3, p. 399) e entre os padres cristãos Orígenes o afirmava com uma louvável ousadia (ver Agostinho, *De Civitate Dei*, livro XI, cap. 23); concepção esta que também encontra sua justificativa teórica e objetiva não apenas em minha filosofia, mas na sabedoria de todas as épocas, a saber, no bramanismo e no budismo,[8] em Empédocles e Pitágoras; como também afirma Cícero (*Fragmenta de philosophia*, vol. 12, p. 316, ed. Bip.) que era ensinado pelos antigos sábios, por ocasião da iniciação nos mistérios: *nos ob aliqua scelera suscepta in vita superiore, poenarum luendarum causa natos esse.*[9] Vanini expressa isso de modo ainda mais forte, ele a quem era mais fácil

---

[8] Para a paciência na vida e para tolerar serenamente os males e os homens nada pode ser mais apropriado do que uma recordação budista deste tipo: "Este é o Samsara: o mundo do apetite e do desejo, e por isso o mundo do nascimento, da doença, da velhice e da morte; é o mundo que não deveria ser. E esta aqui é a população do Samsara. O que se poderia esperar de melhor?" Gostaria de prescrever isso a cada um para que repita isto conscientemente quatro vezes ao dia. [N.A.]

[9] "Nascemos para expiar as penas de alguns crimes cometidos na vida anterior." [N.T.]

queimar do que refutar: *tot tantisque homo repletur miseriis, ut si christianae religioni non repugnaret, dicere auderem: si daemones dantur, ipsi, in hominum corpora transmigrantes, sceleris poenas luunt* (*De admirandis naturae arcanis*, Diálogo 50, p. 353).[10] Mas mesmo no cristianismo autêntico e bem compreendido, nossa existência é concebida como consequência de uma culpa, um passo em falso. Uma vez que se assumiu aquele hábito, se ajustará as esperanças de vida de modo a adequar-se à coisa e então se verão as contrariedades, os sofrimentos, os tormentos e as necessidades da mesma, no geral e em particular, não mais como algo contrário à regra e inesperado, porém inteiramente em ordem, muito cientes de que aqui cada um é punido por sua existência e cada um a seu modo.[11] Entre os males de uma instituição penal também se inclui a sociedade que ali encontramos. Qualquer um que seja digno de alguma melhor, sabe como ela é sem que eu tenha que o dizer. A bela alma, então, bem como o gênio, deve se sentir ali por vezes como um nobre prisioneiro político nas galeras, entre criminosos comuns; por isto procurarão, como estes, se isolar. De um modo geral, porém, a referida concepção nos capacitará a considerar as assim denominadas imperfeições, isto é, a constituição moralmente, intelectualmente e, de modo correspondente, fisionomicamente indigna da maioria das pessoas, sem estranheza, para não falar indignação: pois teremos sempre à mente o lugar

---

[10] "O homem está repleto de tantas e tão grandes misérias que, se não fosse incompatível com a religião cristã, ousaria dizer: se existem demônios, eles próprios expiam as penas do crime, transmigrando para os corpos dos homens." [N.T.]

[11] O padrão de medida correto para o *julgamento de todo homem* é o fato de que ele é propriamente um ser que não deveria existir, mas que expia sua existência por meio de sofrimento múltiplo e de morte: o que se pode esperar de um tal ser? Não somos todos nós pecadores condenados à morte? Expiamos nosso nascimento primeiro por meio da vida, em segundo, por meio da morte. Isto também é representado alegoricamente pelo *pecado original*. [N.A.]

onde nos situamos, e consequentemente veremos cada um em primeiro lugar como um ser que só existe por causa de seus pecados, cuja vida é a expiação da culpa de seu nascimento. Isto constitui aquilo que o cristianismo denomina a natureza pecaminosa do homem: ela é o fundamento dos seres que encontramos neste mundo como nossos semelhantes; a que ainda se acrescenta que, em consequência da constituição deste mundo, eles se encontram na maior parte das vezes e mais ou menos em um estado de sofrimento e de insatisfação que é inapropriado para torná-los participativos e amáveis e, por fim, seu intelecto, na maioria dos casos, é tal que mal serve à satisfação de sua vontade. Devemos, portanto, orientar de acordo com isto nossas expectativas quanto à sociedade neste mundo. Quem adota este ponto de vista, poderia considerar perniciosa a inclinação à sociabilidade.

De fato, a convicção de que o mundo, e portanto também o homem, é algo que propriamente não deveria ser, é adequada a nos prover de indulgência uns em relação aos outros: pois o que podemos esperar de seres com tais predicados? Desse ponto de vista, poder-se-ia pensar que o tratamento apropriado entre as pessoas, ao invés de *Monsieur, Sir* etc., deveria ser "companheiro de infortúnio [*Leidensgefährte*], *Soci malorum, compagnon de misères, my fellow-sufferer*". Por mais estranho que isso possa parecer, corresponde porém à coisa, e lança sobre o outro a luz apropriada e recorda o mais necessário, a tolerância, paciência, consideração e amor ao próximo, indispensável a todos, e portanto de que todos são devedores.

§. 156a.

O caráter das coisas deste mundo, nomeadamente do mundo humano, não é tanto, como se diz frequentemente, *imperfeição*, mas antes *distorção*, no âmbito moral, intelectual, físico, e em tudo.

A desculpa até aqui ouvida para muitos vícios: "mas isso é *natural ao homem*", não basta de modo algum; mas deveria se retrucar: "justamente por ser ruim é *natural*, e justamente porque é *natural*, é ruim". Para entender isto corretamente, é preciso ter compreendido o sentido da doutrina do pecado original.

Ao julgar um indivíduo humano, deve-se sempre ater-se ao ponto de vista segundo o qual seu fundamento é algo que de modo algum deveria ser, algo pecaminoso, perverso, aquilo que se compreende sob pecado original, aquilo por que ele está condenado à morte, constituição básica ruim que se caracteriza até mesmo pelo fato de que ninguém suporta ser atentamente observado. O que se poderia esperar de um tal ser? Partindo desse pressuposto, julgá-lo-emos com maior indulgência e não nos espantaremos se os demônios que nele se escondem despertarem vez por outra e aparecerem, e saberemos apreciar melhor o bem que apesar de tudo nele se instalou, seja em consequência do intelecto ou seja lá do que for. Em segundo lugar, porém, haveria que considerar sua condição e ponderar que a vida é essencialmente um estado de necessidade e frequentemente de miséria em que cada um tem que lutar e disputar por sua existência, e por isso nem sempre assume sua feição mais cordial. Fosse o homem, ao contrário, aquilo que pretendem todas as religiões e filosofias otimistas, a obra ou até mesmo a encarnação de um deus, de um modo geral um ser que deveria ser em todos os sentidos e ser assim como é; quão inteiramente diferente deveria ser então a primeira visão, o contato mais próximo e o relacionamento contínuo de cada pessoa conosco do que é o caso agora!

"*Pardon is the word to all*" [Perdão é a palavra de todos] (*Cymbeline*, ato 5, cena 5). Com qualquer tolice, falha, vício humano, deveríamos ser indulgentes, pensando que o que temos diante de nós é somente nossas próprias tolices, falhas e vícios: pois são justamente as falhas da humanidade, a que também nós pertencemos, possuindo em consequência também todas as falhas, mesmo aquelas sobre as quais ora nos indignamos apenas porque justamente agora não se manifestam em nós. Elas não estão na superfície, mas repousam ao fundo, e se mostrarão na primeira ocasião exatamente como vemos agora no outro; embora em um se ressalte um defeito, em outro um distinto, ou ainda que não se possa negar que a medida total de todas as propriedades ruins em um é bem maior do que em outro. Pois a diferença das individualidades é incalculavelmente grande.

SOBRE O SUICÍDIO

§. 157.

ATÉ ONDE POSSO VER, são somente os adeptos das religiões monoteístas, ou seja, judaicas, que consideram o suicídio um crime. Isto é ainda mais notável já que não se encontra nem no Velho nem no Novo Testamento qualquer proibição e nem mesmo uma decidida condenação. Por isso os professores de religião baseiam suas desaprovações ao suicídio em seus próprios argumentos filosóficos, mas aí ficam tão mal que buscam compensar aquilo que os argumentos perdem em força pela força da expressão de desprezo, isto é, por meio de injúrias. Então temos que ouvir que o suicídio é a maior covardia, que é possível apenas na loucura e outras tolices mais, ou ainda a frase absolutamente sem sentido segundo a qual o suicídio seria "injusto", enquanto que manifestamente cada um sobre nada mais no mundo tem um direito tão indiscutível quanto a sua própria pessoa e vida (cf. §121). Como dito, o suicídio é até mesmo contado entre os crimes e a isso se associa, sobretudo na vulgar e beata Inglaterra, um enterro ignominioso e o confisco dos bens, razão pela qual o júri sempre dá o veredicto de loucura. Antes de tudo, deixemos o sentimento moral decidir e comparemos a impressão que exerce sobre nós a notícia de um crime cometido por algum conhecido nosso, seja um homicídio, uma crueldade, uma fraude ou um roubo com a notícia de sua morte voluntária. Enquanto a primeira causa viva indignação, extremo mau humor e clamor por punição ou vingança, a última provoca antes a tristeza e a compaixão, às quais se acrescenta ainda mais frequentemente uma certa admiração por sua coragem, que a desaprovação moral que acompanha uma má ação. Quem não tem conhecidos, amigos e parentes que voluntariamente partiram do mundo? E deve-se pensar com horror neles, como criminosos? *Nego ac pernego!* Eu sou antes da opinião de que se deve exigir do clero, de uma vez por todas, explicar com que direito ele, sem poder mostrar nenhuma autoridade bíblica e mesmo sem apresentar qualquer argumento filosófico convincente, do púlpito e em escritos, estigmatiza como *crime* uma ação cometida por muitas pessoas amadas e honradas por nós e recusa o enterro digno para aqueles que voluntariamente partiram do mundo. Mas aqui deve-se assinalar que se exigem *razões*, e que não serão aceitas frases vazias ou injúrias. — Se a justiça criminal condena o suicídio, isto não constitui nenhum argumento eclesiástico válido e além disso é definitivamente ridículo: pois qual castigo pode assustar aquele que busca a morte? — Quando se pune a *tentativa* de suicídio, é a inabilidade que a fez falhar que se pune.

Também os antigos estavam bem distantes de encarar a coisa deste ponto de vista. Plínio diz: *"Vitam quidem non adeo expetendam censemus, ut quoque modo trahenda sit. Quisquis es talis, aeque moriere, etiam cum obscoenus vixeris, aut nefandus. Quapropter hoc primum quisque in remediis animi sui habeat: ex omnibus bonis, quae homini tribuit natura, nullum melius esse tempestiva morte: idque in ea optimum, quod illam sibi quisque praestare poterit"*[1] (Historia Naturalis, livro XXVIII, cap. 2, vol. IV, p. 351). Também diz: *"ne Deum quidem posse omnia. Namque nec sibi potest mortem consciscere, si velit, quod homini dedit optimum in tantis*

---

[1] "Nós não consideramos a vida como algo tão desejável a ponto de prolongá-la a qualquer custo. Seja lá quem tu fores tu morrerás do mesmo modo que viveste, seja uma vida boa ou depravada e criminosa. Por isso todos devem ter antes de tudo como remédio de sua alma o seguinte pensamento: entre todos os bens que a natureza ofertou ao homem nenhum pode ser melhor que uma morte oportuna; e o melhor é que cada um pode achá-la para si." [N.T.]

*vitae poenis etc."*² (Livro II, cap. 5, vol. I, p. 125). Em Marselha e na ilha de Quios, a cicuta era publicamente oferecida pelo conselho municipal para quem pudesse apresentar argumentos convincentes para abandonar a vida (*Valerius Maximus*, livro II, cap. 6, §. 7 e 8).³ E quantos heróis e sábios da Antiguidade não deram cabo voluntariamente à própria vida! É verdade que Aristóteles diz que o suicídio é uma transgressão contra o Estado, embora não contra a própria pessoa (*Eth. Nicom.* V, 15). Contudo, Estobeu cita a seguinte proposição em sua exposição da ética dos peripatéticos (*Eclogae ethicae*, livro II, cap. 7, vol. 3, p. 286): "Bons homens em demasiada desventura devem deixar a vida, homens maus devem deixá-la também em demasiada ventura" (*Vitam relinquendam esse bonis in nimiis miseriis, pravis vero in nimium quoque secundis*).⁴ E de modo semelhante na página 312: "Por isso deve-se casar, criar crianças, dedicar-se ao serviço do Estado etc., e sobretudo no cuidado da virtude preservar a vida ou, em contrapartida, sob a coerção da necessidade deixá-la para trás... etc." (*Ideoque et uxorem ducturum, et liberos procreaturum, et ad civitatem accessurum etc. atque omnino virtutem colendo tum vitam servaturum, tum iterum, cogente necessitate, relicturum* etc).⁵

Já entre os estoicos o suicídio é considerado uma ação no-

---

²"Nem Deus é capaz de tudo. Pois mesmo que ele quisesse, ele não poderia decidir sobre a própria vida, o que ele deu ao homem como sua melhor dádiva em meio a uma vida tão penosa." [N.T.]

³Na ilha de Quios era costume que os velhos tirassem a própria vida. Sobre isso ver *Valerius Maximus*, Lib. II, c. 6; *Heraclides Ponticus, Fragmenta de rebus publicis* IX; *Aelianus, Variae historiae*, III, 37; *Strabo*, livro X, cap. 5, §. 6, ed. Kramer. [N.A.]

⁴Em grego, no original: φευκτὸν δὲ τὸν βίον γίνεσθαι τοῖς μὲν ἀγαθοῖς ἐν ταῖς ἄγαν ἀτυχίαις, τοῖς δὲ κακοῖς καὶ ἐν ταῖς ἄγαν εὐτυχίαις. [N.T.]

⁵Em grego, no original: Δι' ὃ καὶ γαμήσειν καὶ παιδοποιήσεσθαι καὶ πολιτεύσεσθαι ... καὶ καθόλου τὴν ἀρετὴν ἀσκοῦντα καὶ μενεῖν ἐν τῷ βίῳ, καὶ πάλιν, εἰ δέοι ποτὲ δι' ἀνάγκας, ἀπαλλαγήσεσθαι, ταφῆς προνοήσαντα etc. [N.T.]

bre e heroica, o que pode se atestar por centenas de passagens, as mais vigorosas de Sêneca. Entre os hindus, como se sabe, o suicídio aparece frequentemente como um ato religioso, particularmente na cremação de viúvas, mas também como o lançar-se sob as rodas da carruagem divina de Jagrená, ou como o ato de atirar-se aos crocodilos do Ganges ou ainda o afogar-se em lagoas sagradas dos templos, entre outras formas. Da mesma forma no teatro, esse espelho da vida: vemos, por exemplo, na célebre peça chinesa *L'Orphelin de la Chine*[6] (trad. p. St. Julien, 1834), quase todos os caracteres nobres terminarem se suicidando, sem que algo sugerisse ou que viesse à mente do espectador que eles tivessem cometido um crime. Mesmo em nosso próprio palco não se passa de outro modo: por exemplo Palmira em *Mahomet*,[7] Mortiner em *Maria Stuart*,[8] Otelo, condessa Terzky.[9] E Sófocles:

Queira-o eu, e o deus me libertará.[10]

O monólogo de Hamlet é a meditação de um crime? Ele diz apenas que se nós estivéssemos convictos de ser absolutamente aniquilados pela morte, e tendo em vista a natureza do mundo, ela seria incondicionalmente preferível. *But there lies the rub*.[11] — Mas as razões contra o suicídio que foram apresentadas pelo clero das religiões monoteístas, isto é, judaicas, e pelos filósofos que compartilham dessas razões, são fracas, sofismas fáceis de se refutar. (Veja minha dissertação *Sobre o fundamento da moral*, §. 5.) A mais profunda refutação

[6] Tragédia de Voltaire publicada em 1755. [N.E.]
[7] Tragédia de Voltaire publicada em 1741. [N.E.]
[8] Tragédia de Friedrich Schiller estreada em 1800. [N.E.]
[9] Personagem da trilogia *Wallenstein Tod* [A morte de Wallenstein], de Friedrich Schiller, escrita em 1798 e 1799. [N.E.]
[10] Em grego, no original: λύσει μ' ὁ δαίμων αὐτός, ὅταν ἐγὼ θέλω. Na verdade, a passagem encontra-se na tragédia *As bacantes*, de Eurípides, verso 498 — aqui na tradução de Eudoro de Sousa (São Paulo: Hedra, 2010, p. 36) —, e não em Sófocles. [N.T.]
[11] "Mas aí reside a dificuldade." *Hamlet*, ato III, cena 1. [N.T.]

delas foi fornecida por Hume em seu *Essay on Suicide*, que só apareceu depois de sua morte e foi imediatamente suprimido pela injuriosa beatice e pelo ignominioso poder dos padres na Inglaterra; por isso, somente poucos exemplares foram vendidos clandestinamente e com um elevado preço e nós devemos a conservação deste e de outro ensaio do grande homem à reimpressão de Bassel (*Essays on Suicide and the immortality of the soul*, by the late David Hume. Basel, 1799). Não obstante, que um tratado puramente filosófico que refuta com fria razão os motivos correntes contra o suicídio, escrito por um dos principais pensadores e escritores da Inglaterra, tenha existido secreta e furtivamente como uma velharia até ter encontrado abrigo no exterior, causa grande vergonha à nação inglesa. Ao mesmo tempo, isso mostra que boa consciência a Igreja possui sobre esse ponto. A única razão moral válida contra o suicídio eu expus em minha obra principal, primeiro volume, §. 69. Ela repousa no fato de que o suicídio se opõe à obtenção do maior objetivo moral, pois substitui a efetiva redenção deste mundo de lástimas por uma meramente aparente. Mas deste equívoco até o crime, em que o clero cristão quer fixá-lo, há um caminho bem longo.

O cristianismo traz em seu âmago a verdade de que o sofrimento (a cruz) é a própria finalidade da vida: por isso ele recusa, como oposto a isso, o suicídio, o qual, ao contrário, a Antiguidade, de um ponto de vista inferior, aprovava, e mesmo honrava. Aquela razão contra o suicídio é, contudo, uma razão ascética, válida apenas de um ponto de vista ético mais elevado do que aquele que os filósofos morais europeus adotaram. Mas se descermos daquele tão elevado ponto de vista, então não haverá mais nenhuma razão moral plausível para condenar o suicídio. Porém, o zelo extraordinariamente vivo do clero das religiões monoteístas contra o suicídio,[12]

---

[12] Sobre esse ponto todos são unânimes. Segundo Rousseau (*Oeuvres*, vol. 4, p. 275), Santo Agostinho e Lactâncio foram os primeiros a declarar o suicídio um pecado, mas tiraram do *Fédon* (139) de Platão seu argumento,

que não é sustentado nem pela Bíblia, nem por razões convincentes parece residir em um motivo velado: não seria esse o fato de que o abandono voluntário da vida seria um mau cumprimento para aquele que disse *panta kala lian*?[13] — Então seria mais uma vez o obrigatório otimismo dessas religiões que acusa o suicídio para não ser acusado por ele.

§. 158.

Em geral, veremos que tão logo se constata que os horrores da vida ultrapassam os terrores da morte, o homem porá um fim em sua vida. A resistência destes últimos é, contudo, significativa: eles permanecem, por assim dizer, como sentinelas diante da porta de saída. Talvez ninguém que viva já não houvesse posto fim a sua vida se esse fim fosse algo puramente negativo, uma súbita cessação da existência. — Mas há algo positivo nisso: a destruição do corpo. Isto assusta, pois o corpo é justamente a manifestação da vontade de viver.

Entretanto, a luta contra aquelas sentinelas não é em regra tão difícil, como pode nos parecer de longe; e isso por consequência do antagonismo entre o sofrimento espiritual e o físico. Na verdade, quando experimentamos sofrimentos corporais muito fortes ou contínuos, tornamo-nos indiferentes para tudo mais e nos interessamos apenas por nosso restabelecimento. Da mesma forma, os sofrimentos espirituais intensos nos tornam insensíveis aos sofrimentos corporais: nós os desprezamos. Mesmo quando esses, porventura, prevalecem, então isso é para nós uma distração salutar, uma pausa do sofrimento espiritual. É precisamente isso que facilita o suicídio, já que a dor corporal ligada a ele perde toda importância aos olhos daquele que é atormentado pela excessiva dor espiritual. Isso se torna especialmente visível naqueles que são levados ao suicídio por pura e profunda

tão grosseiro quanto apanhado no ar, segundo o qual nós estamos a serviço, ou somos escravos dos deuses. [N.A.]

[13] "Todas as coisas são boas." (Gênesis, 1,31). [N.T.]

indisposição doentia. A estes, o suicídio não exige nenhuma autossuperação: eles não precisam de nenhum impulso para isso, mas tão logo os vigias que estão ao seu lado os deixam sozinhos por dois minutos, rapidamente eles dão fim a suas vidas.

§ 159.

Quando em sonhos pesados, pavorosos, a angústia atinge seu grau mais elevado, então precisamente ela nos faz despertar, pelo que todos aqueles horrores da noite desaparecem. O mesmo acontece no sonho da vida, quando o mais alto grau de angústia obriga-nos a interrompê-lo.

§ 160.

O suicídio também pode ser visto como um experimento, uma questão que se coloca para a natureza e de que se quer forçar a resposta, a saber, qual mudança experimenta a existência e o conhecimento do homem pela morte. Mas é um experimento malogrado, pois ele suprime a identidade da consciência que teria de ouvir a resposta.

SUPLEMENTOS À DOUTRINA DA AFIRMAÇÃO E DA NEGAÇÃO DA VONTADE DE VIVER

§. 161.

DE CERTO MODO pode-se reconhecer *a priori*, *vulgo* é evidente por si mesmo, que o que produz agora o fenômeno do mundo também deveria ser capaz de não o fazer, e assim permanecer em repouso, ou, em outras palavras, à presente *diastolē* [expansão] também deverá corresponder uma *sistolē* [contração]. Se a primeira é a manifestação do querer da vida, a segunda será a manifestação do não querer viver. Esta também será essencialmente idêntica ao *magnum Sakhepat* [grande sono profundo] da doutrina Veda (no *Oupnekhat*, vol. 1, p. 163),[1] ao Nirvana dos budistas e ao *epekheina* [além] dos neoplatônicos.

Contra certas objeções ridículas, advirto que a *negação da vontade de viver* de modo algum significa a aniquilação de uma substância, mas o mero ato do não querer: o mesmo que

---

[1] Nome sob o qual circulou na Europa do início do século XIX um volume traduzido do sânscrito ao persa, e, depois, deste ao latim, originalmente pertencente aos *Upanixades*. A edição que Schopenhauer consulta é *Oupnek'hat, id est, Secretum tegendum: opus ipsa in India rarissimum, continens antiquam et arcanam, seu theologicam et philosophicam doctrinam, e quatuor sacris Indorum libris Rak baid, Djedjer baid, Sam baid, Athrban baid excerptam; ad verbum, e Persico idiomate, Samkreticis vocabulis intermixto, in Latinum conversum: Dissertationibus et Annotationibus difficiliora explanantibus, illustratum: studio et opera Anquetil Duperron, Indicopleustæ.* Argentorati, typis et impensis fratrum Levrault, vol. I, 1801; vol. II, 1802. [N.E.]

até agora *quis*, não *quer* mais. Como nós conhecemos este ser, a vontade, como coisa-em-si, somente por meio do ato de *querer*, estamos impossibilitados de dizer ou apreender o que ele é ou faz depois de ter renunciado a este ato: por isso, a negação constitui *para nós*, que somos a manifestação do querer, uma transição para o nada.

A *afirmação e a negação da vontade de viver* é um mero *Velle et Nolle*.[2] — O sujeito de ambos os *actus* é um e o mesmo, e por conseguinte não será aniquilado como tal nem por um nem por outro ato. Seu *Velle* se apresenta neste mundo intuitivo, que justamente por isso é a manifestação de sua coisa-em-si. Contudo, do *Nolle* não conhecemos nenhuma outra manifestação senão a de sua aparição, e precisamente no indivíduo que originalmente já pertence à manifestação do *Velle*: por isso vemos, enquanto o indivíduo existe, o *Nolle* constantemente em luta com o *Velle*; se o indivíduo chega ao fim e nele o *Nolle* manteve o predomínio, então isto foi apenas uma declaração do *Nolle* (este é o sentido da canonização papal): deste podemos apenas afirmar que sua manifestação não pode ser a do *Velle*, mas não sabemos se aparece, isto é, adquire uma existência secundária para um intelecto, que antes de tudo deveria produzir, e como conhecemos o intelecto somente como órgão da vontade em sua afirmação, não vemos por que deveria produzi-lo após a supressão desta; e tampouco podemos dizer algo a respeito do sujeito do mesmo, já que o conhecemos apenas positivamente pelo *actus* oposto, o *Velle*, como a coisa-em-si de seu mundo fenomênico.

§. 162.

Entre a ética dos gregos e a dos hindus há uma clara oposição. Aquela (com exceção de Platão) tem como finalidade a capacitação de conduzir a uma vida feliz, *vitam beatam*; a outra, ao contrário, à libertação e à redenção da vida em

---

[2] "Querer e não querer." [N.T.]

geral; assim como isto já está diretamente dito na primeira frase da *Sankhya Karika*.³

Um contraste aparentado a este e ainda intensificado pela visibilidade se tem quando se observa o belo antigo sarcófago da Galeria de Florença, cujos relevos apresentam toda a série das cerimônias nupciais, desde a proposta inicial, até quando a tocha de Hymen dirige seu facho a Torus, e ao pensarmos paralelamente no ataúde *cristão*, coberto de preto, como sinal de luto, e com um crucifixo acima. O contraste é altamente significativo. Ambos querem consolar sobre a morte; ambos de modo oposto e ambos com razão. Um assinala a *afirmação* da vontade de viver, pela qual a vida certamente persistirá por todos os tempos, por mais rápida que seja a mudança das figuras. O outro expressa, pelo símbolo do sofrimento e da morte, a *negação* da vontade de viver e a redenção de um mundo em que a morte e o demônio dominam; *donec voluntas fiat noluntas*.⁴

Entre o espírito do paganismo greco-romano e o cristão a oposição apropriada é aquela entre a afirmação e a negação da vontade de viver (pelo que, em última instância e no fundo, o cristianismo tem razão).

§. 163.

A minha ética se relaciona com todas as demais éticas da filosofia europeia como o Novo com o Antigo Testamento, de acordo com o conceito que a Igreja tem dessa relação. Pois o Antigo Testamento apresenta o homem sob o regime da lei, o que contudo não conduz à redenção. Já o Novo declara a lei insuficiente e a ela renuncia (por exemplo, Romanos, 7, Gálatas, 2 e 3). Em contraposição a isso, prega o reino da graça, o qual se alcança por meio da fé, amor ao próximo e da inteira renúncia a si mesmo: este é o caminho para a redenção do mal e do mundo. Porque certamente, apesar de

---

³Livro doutrinário mais antigo da escola filosófica hinduísta Sankhya, dualista e ateísta, escrito por Ishvara Krishna (séc. III). [N.E.]

⁴"Até que a vontade se torne não-vontade." [N.T.]

todas as deturpações racionalistas-protestantes, o espírito ascético é bem propriamente a alma do Novo Testamento. Este espírito é justamente a negação da vontade de viver, e aquela transição do Antigo ao Novo Testamento, do domínio da lei para o domínio da fé, da justificação pelas obras à redenção por intermédio do mediador, do domínio do pecado e da morte para a vida eterna em Cristo significa, *sensu próprio*, a passagem das virtudes meramente morais para a negação da vontade de viver. — No espírito do Antigo Testamento estão contidas todas as éticas filosóficas que precederam a minha, com sua lei moral absoluta (isto é, destituída de fundamento e de objetivo) e todos os seus mandamentos e proibições morais, aos quais se acrescenta silenciosamente e em pensamento o Jeová ordenador, por mais distintas que sejam as formas e apresentações disso. Minha ética, ao contrário, tem fundamento, propósito e objetivo: ela demonstra, em primeiro lugar teoricamente, o fundamento metafísico da justiça e do amor à humanidade e então mostra o objetivo para o qual estes últimos, quando perfeitamente realizados, devem conduzir ao final. Ao mesmo tempo, reconhece francamente o caráter reprovável do mundo, e aponta para a negação da vontade de viver como o caminho para sua redenção. Ela corresponde assim efetivamente ao espírito do Novo Testamento, enquanto as outras todas correspondem ao espírito do Antigo e, consequentemente, redundam teoricamente no mero judaísmo (no rude e despótico teísmo). Nesse sentido, poder-se-ia denominar minha filosofia a própria filosofia cristã; por mais paradoxal que isto possa parecer àqueles que não atingem o cerne das coisas, mas permanecem na superfície.

§. 164.

Quem é capaz de pensar um pouco mais profundamente logo verá que os desejos humanos não podem começar sendo pecaminosos *no* ponto em que, cruzando-se por acaso em suas direções individuais, ocasionam males de um lado e perversidades de outro; mas que, quando este é o caso, eles já devem ser originariamente, e em conformidade com sua essência, de natureza pecaminosa e condenável, e em consequência toda a vontade de viver é condenável. Pois todo horror e miséria de que o mundo está repleto constitui apenas o resultado necessário do conjunto de caracteres em que se objetiva a vontade de viver, sob as circunstâncias que se apresentam na cadeia ininterrupta da necessidade, e que lhes fornecem os motivos; portanto, o mero comentário à afirmação da vontade de viver. (Cf. *Teologia alemã*, p. 93). — Que nossa existência mesma já implica uma culpa, o comprova a morte.

§. 165.

Um caráter nobre dificilmente lamentará seu próprio destino; antes será válido dizer dele o que Hamlet elogia em Horácio:

> *for thou hast been*
> *As one, in suffering all, that suffers nothing.*
> (Pois tu foste
> como alguém que, sofrendo tudo, não sofre nada.)[5]

Por isto se entende por que um tal caráter, reconhecendo seu próprio ser também no outro, e assim tomando parte em seu destino, vê a seu redor sempre destinos ainda mais cruéis do que o seu; e assim não pode lamentar o próprio. Já um egoísta sem nobreza, ao contrário, que limita toda a realidade a si mesmo e considera os outros como simples larvas e fantasmas, não toma parte em seus destinos, dirigindo toda sua atenção ao seu próprio; do que são consequências a sensibilidade exagerada e as frequentes lamentações.

Justamente este se reconhecer no fenômeno alheio, de que como demonstrei repetidamente, surgem em primeiro

[5] *Hamlet*, ato III, cena 2. [N.T.]

lugar justiça e caridade, conduz finalmente à renúncia da vontade; pois os fenômenos em que esta se apresenta se situam tão decididamente no estado do sofrimento, que quem estende seu próprio eu a todos eles não pode continuar assim querendo; precisamente como alguém que ao comprar todos os talões da loteria, sofreria necessariamente um grande prejuízo. A afirmação da vontade pressupõe a limitação da consciência de si ao próprio indivíduo e conta com a possibilidade de receber um curso de vida favorável pela mão do acaso.

§. 166.

Se, para a compreensão do mundo, partimos da coisa-em-si, da vontade de viver, encontramos como seu núcleo, sua maior concentração, o ato da geração: este se apresenta então como o princípio, como o ponto de partida: ele é o *punctum saliens* do embrião do mundo e a coisa principal. Que contraste porém, se partimos do mundo empírico, dado como fenômeno, do mundo como representação! Pois aqui se apresenta aquele ato como algo inteiramente individual e particular, de importância subordinada, e mesmo como coisa secundária, coberta e oculta, ocorrendo apenas como anomalia paradoxal, a fornecer amplos motivos para o riso. Poderia parecer também que o demônio quis apenas esconder o seu jogo, pois o coito é seu penhor e o mundo, seu reino. Já não notaram que *illico post coitum cachinnus auditur Diaboli?*[6] Falando seriamente, isto se deve ao fato de que o desejo sexual, sobretudo quando, por fixação em uma determinada mulher, se concentra em paixão, constitui a quintessência de todo logro deste nobre mundo; pois promete tanto de modo tão indizível, infinito e exagerado, e cumpre tão miseravelmente pouco.

A participação da mulher na geração é, em certo sentido, bem mais isenta de culpa do que a do homem, já que este for-

---

[6] "Logo após o coito, ouve-se a gargalhada do diabo." [N.T.]

nece ao ser gerado a *vontade*, que constitui o primeiro pecado e portanto a fonte de todo mal e perversidade; a mulher, porém, o *conhecimento*, que abre o caminho para a redenção. O ato da geração constitui o nó do mundo, pois afirma: "a vontade de viver novamente se afirmou". Neste sentido, lamenta uma permanente expressão brâmane: "Ai! Ai! O lingam está na Yoni". A concepção e a gravidez, porém, afirmam: "À vontade foi novamente oferecida a luz do conhecimento" — com o que ela pode reencontrar novamente seu caminho e então a possibilidade da redenção se fez mais uma vez presente.

Desta forma se esclarece o notável fenômeno de que, quando a mulher é surpreendida durante o ato da geração, ela se envergonha terrivelmente; mas apresenta sua gravidez sem o menor traço de vergonha, e mesmo com um certo orgulho; como em todos os outros casos em que um sinal infalivelmente seguro equivale à coisa designada, também qualquer outro sinal do coito concluído envergonha a mulher em alto grau; somente a gravidez não. Isso se explica pelo fato de que, como dito acima, a gravidez traz consigo, em certo sentido, uma expiação da culpa que é contraída pelo coito, ou ao menos a coloca em perspectiva. Por isso o coito carrega consigo toda a vergonha e desonra do ato, enquanto a gravidez, tão estreitamente vinculada a ele, permanece pura e inocente, e se torna até mesmo honrada em certa medida.

O coito é principalmente assunto do homem; a gravidez inteiramente da mulher. Do pai o filho recebe a vontade, o caráter; da mãe, o intelecto. Este é o princípio redentor; a vontade, o princípio de ligação. O indício da existência contínua da vontade de viver no tempo, apesar de toda elevação da elucidação por meio do intelecto, é o coito: o indício da luz do conhecimento novamente associada àquela vontade, mantendo em aberto a possibilidade da redenção, e isto no grau mais elevado da clareza, é o renovado tornar-se humano da vontade de viver. Seu sinal é a gravidez, que por isso se apresenta franca e livremente, mesmo orgulhosamente, enquanto o coito se oculta como um crime.

§. 167.

Alguns padres da igreja ensinaram que mesmo o coito matrimonial deveria ser permitido apenas quando destinado à procriação, *epi monē paidopoiiai* [unicamente para gerar crianças], como diz Clemente de Alexandria, *Stromata*, III, cap. 11. (Os lugares correspondentes estão reunidos em P.E. Lind, *De coelibatu christianorum*, cap. 1.) Clemente de Alexandria (*Stromata*, III, cap. 3) também atribui este ponto de vista aos pitagóricos. O mesmo, porém, tomado corretamente, é errado. Pois se não se quer mais o coito por si mesmo, então a negação da vontade de viver já se fez presente, e então a procriação da humanidade se tornou supérflua e sem sentido, na medida em que o objetivo já foi alcançado. Além disso, colocar uma pessoa no mundo, sem qualquer paixão subjetiva, sem desejos e impulso físico, somente por pura reflexão e fria intencionalidade, para que exista nele, isto seria uma ação moralmente bastante duvidosa, que provavelmente apenas poucos realizariam e que se poderia afirmar que está para a geração por puro instinto sexual assim como o assassinato premeditado a sangue frio está para o homicídio cometido em um ataque de ira.

Sobre o fundamento inverso repousa o caráter condenável de todas as satisfações sexuais contrárias à natureza; porque por meio destas se atendeu ao instinto, e portanto a vontade de viver foi afirmada, mas faltou a propagação, única a manter em aberto a possibilidade da negação da vontade. Daí se pode esclarecer porque apenas com o surgimento do cristianismo, cuja tendência é ascética, a pederastia foi reconhecida como um grave pecado.

§. 168.

Um *mosteiro* é uma reunião de pessoas que fizeram voto de pobreza, castidade e obediência (isto é, de renúncia à vontade própria) e que procuraram pela vida em conjunto facilitar em parte a própria existência, mais ainda porém, aquele estado de pesada renúncia, na medida em que a visão de pessoas de intenções semelhantes e abstenções análogas fortalece sua decisão e as consola, uma vez que a sociabilidade do convívio é, dentro de certos limites, apropriada à natureza humana, e constitui um alívio inocente dentro das muitas e duras privações. Este é o conceito normal de *mosteiro*. E quem pode deixar de designar uma tal sociedade como uma associação de idiotas e loucos, como há que fazer todas as filosofias, exceto a minha?

O espírito e o sentido interno da autêntica vida monástica, assim como do ascetismo em geral, é que nos reconhecemos dignos e capazes de uma existência melhor do que a nossa, e que pretendemos fortalecer e manter esta convicção, pelo desprezo em relação às coisas que este mundo oferece, rejeitando todos os seus prazeres como destituídos de valor, e aguardando calma e confiantemente o fim desta vida, desprovida de seu fútil engodo, para algum dia bendizer a hora da morte como a da redenção. Os Saniassis[7] possuem totalmente a mesma tendência e o mesmo significado, e da mesma forma os monges budistas. Na verdade, raramente a prática concorda tanto com a teoria quanto no caso do monacato, justamente porque seu pensamento fundamental é tão sublime; e *abusus optimi pessimus*.[8] Um autêntico monge é um ser altamente venerável, mas na grande maioria dos casos, a batina constitui um simples disfarce, em que há tão pouco um verdadeiro monge como em uma mascarada.

§. 169.

Para a negação da própria vontade, a representação de que nos submetemos ou abandonamos inteiramente e sem

---

[7] Designação do estágio da vida espiritual de um praticante do hinduísmo marcado pela renúncia e pelo desapego ao mundo fenomênico. [N.E.]

[8] "O abuso do ótimo (é) péssimo." [N.T.]

restrições a uma vontade estranha, individual, constitui um meio psíquico de alívio, e portanto, um veículo alegórico adequado da verdade.

§. 170.

O número de trapistas regulares é certamente pequeno; por outro lado, porém, a metade da humanidade é constituída de *trapistas involuntários*: pobreza, obediência, falta de todos os prazeres, e mesmo dos meios de alívio mais necessários, e frequentemente também castidade forçada, ou criada por carência, constituem a sua sorte. A diferença é apenas que os trapistas fazem isto por livre escolha, metodicamente e sem esperança de melhora; enquanto o primeiro modo deve corresponder àquilo que em meus capítulos de ascese designei com a expressão *deuteros plous*;[9] a natureza já cuidou de provocar isto suficientemente mediante o fundamento de sua ordenação; principalmente quando aos males diretamente provenientes dela ainda se acrescentam aqueles produzidos pela discórdia e pela maldade dos homens, na guerra e na paz. Porém, precisamente esta necessidade de sofrimentos involuntários para a salvação eterna também é expressa por esta afirmação do Redentor (Mateus, 19,24): "É mais fácil um camelo passar pelo fundo de uma agulha do que um rico entrar no reino dos céus"[10] (*Facilius est, funem ancorarium per foramen acus transire, quam divitem regnum divinum ingredi*). Por isso também, aqueles que consideravam com seriedade sua salvação eterna elegeram a pobreza de livre vontade, quando o destino não a proporcionaria, pois teriam

---

[9] "Segunda tentativa". Essa expressão tem origem na linguagem da navegação e é usada por Platão no *Político* (300d) e no *Fédon* (99d). Schopenhauer designa por esta expressão a segunda via para a redenção, quando o indivíduo nega sua própria vontade após um grande sofrimento — ao contrário da primeira via, que é a do conhecimento da identidade da vida em geral com o sofrimento. Cf. *O mundo como vontade e representação*, § 68. [N.T.]

[10] Em grego, no original: εὐκοπώτερόν ἐστιν κάμηλον διὰ τρυπήματος ῥαφίδος διελθεῖν ἢ πλούσιον εἰσελθεῖν εἰς τὴν βασιλείαν τοῦ θεοῦ. [N.T.]

nascido na riqueza: assim Buda Shakyamuni, que, nascido príncipe, voluntariamente adotou o bastão da mendicância, e o fundador da ordem mendicante, Francisco de Assis, que como jovem nobre no baile em que as filhas dos notáveis estavam sentadas juntas, ao ser questionado: "E então, senhor Francisco, não iríeis eleger logo uma entre estas belas?", retrucou: "Elegi para mim uma muito mais bela!"; "Ah! E qual?" "*La povertà*"; depois disso ele logo abandonaria tudo e cruzaria o país como mendicante.

Quem, mediante tais considerações, tem para si presente o quanto são necessários para nossa salvação, na maioria dos casos, a penúria e o sofrimento, também reconhecerá que nós não deveríamos invejar tanto a sorte dos outros quanto sua desgraça.

Também, pela mesma razão, o estoicismo da disposição, que oferece consolo diante do destino, e certamente uma boa couraça contra os sofrimentos da vida, é útil para melhor suportar o presente: ele se põe, porém, contra a verdadeira salvação, pois ele endurece o coração. Como poderia este ser melhorado por meio dos sofrimentos, se, envolto numa grossa casca pétrea, não os percebe? — Ademais, um certo grau deste estoicismo não é muito raro. Frequentemente, pode não passar de afetação e reduzir-se à *bonne mine au mauvais jeu*:[11] onde porém se instala sem dissimulação, se origina na maior parte das vezes da mera insensibilidade, por carência de energia, vivacidade, sentimento e fantasia, indispensáveis mesmo para um grande sofrimento do coração. Para este tipo de estoicismo, a fleuma e a lentidão dos alemães são especialmente favoráveis.

§. 171.

Ações injustas ou vis são, em vista daquele que as pratica, sinal do vigor de sua afirmação da vontade de viver e portanto da distância em que ele está da verdadeira salvação, a

---

[11] "Boa cara ao mau tempo." [N.T.]

SUPLEMENTOS À DOUTRINA DA AFIRMAÇÃO...

negação da vontade, em suma, a redenção do mundo, e assim também do longo aprendizado do conhecimento e do sofrimento, que ainda há que suportar, até alcançá-la. Todavia, com respeito àquele que sofre por causa destas ações, estas, embora sejam fisicamente um mal, são metafisicamente um bem e no fundo uma benfeitoria, já que contribuem para conduzi-lo à verdadeira salvação.

§. 172.

Espírito do mundo: Aqui está pois a tarefa de teus trabalhos e teus sofrimentos: por sua causa existirás, como existem todas as outras coisas.

Homem: Mas o que me cabe da existência? Quando está ocupada, me toca a necessidade; quando se encontra desocupada, o tédio. Como podes tu me oferecer tão parca compensação por tanto trabalho e sofrimento?

Espírito do mundo: E no entanto é um equivalente de todos os teus esforços e sofrimentos; e é isto justamente graças à sua insuficiência.

Homem: Como?! Isto certamente ultrapassa minha compreensão.

Espírito do mundo: Eu o sei. — (à parte) Deveria eu lhe dizer que o valor da vida consiste justamente em ensiná-lo a não a querer?! Para esta mais alta consagração, a própria vida deve prepará-lo primeiro.

§. 172a.

Se, como já disse, toda a *vida humana*, vista em seu todo, mostra as características de uma tragédia, e vemos que a vida via de regra nada mais é do que uma série de esperanças mal-sucedidas, tentativas fracassadas e equívocos reconhecidos tardiamente, e por ela se afirma a veracidade deste triste verso:

> *Then old age and experience, hand in hand,*
> *Lead him to death and make him understand,*
> *After a course so painful and so long,*

That all his life he has been in the wrong.[12]

Então, isto concorda inteiramente com minha visão de mundo, e encara a própria existência como algo que melhor seria se não fosse, como uma espécie de extravio do qual o conhecimento deveria nos desviar. O homem, *ho anthrōpous, is in the wrong* [está no erro] já mesmo no geral, ao existir e ser homem: consequentemente, isto corresponde perfeitamente ao fato de que também todo homem individual, *tis anthrōpous*, ao observar sua própria vida, se considere totalmente *in the wrong*: que ele perceba isso *no geral* constitui sua redenção, e para isto deve iniciar por conhecê-lo no *caso particular*, isto é, no curso de sua vida individual. Pois *quidquid valet de genere, valet et de specie*.[13]

A vida tem que ser vista como uma *severa lição* que nos é dada, mesmo que nós, com nossas formas de pensamento orientadas para finalidades inteiramente diferentes, não possamos entender como pudemos chegar a necessitar dela. Conforme a isso, porém, devemos recordar com satisfação de nossos amigos falecidos, ponderando que eles já passaram por sua lição, e com o cordial desejo de que ela tenha surtido efeito; e do mesmo ponto de vista, devemos encarar nossa própria morte como um acontecimento desejado e satisfatório, em lugar de, como ocorre na maioria das vezes, com espanto e horror.

Uma *vida feliz* é impossível: o máximo que um homem pode atingir é um *curso de vida heroico*. Tal vida leva aquele que, de um modo qualquer numa circunstância qualquer, luta por um bem destinado a todos contra dificuldades gigantescas, vencendo ao cabo, mas recebendo pouca ou nenhuma

[12] "Então, de mãos dadas, a experiência e o envelhecer,/ Conduziram-no à morte e fizeram-no compreender,/ Após o caminho tão longo e penoso que percorreu,/ Que durante toda a sua vida no erro permaneceu." Versos 25-28 do poema *A Satyr against Mankind*, do poeta inglês John Wilmot, Conde de Rochester (1647-1680). [N.T.]

[13] "O que vale para o gênero, também vale para a espécie." [N.T.]

recompensa por isso. Então permanece, no final, como o príncipe no *Re cervo*, de Gozzi,[14] petrificado, mas em uma posição nobre e com uma expressão generosa. Sua memória permanece e é festejada como a de um *herói*; sua *vontade* mortificada pelo esforço e pelo trabalho, mau sucesso e ingratidão do mundo, durante toda uma vida, se *extingue* no Nirvana. (Neste sentido, Carlyle escreveu *On heroes and hero worship*, Londres, 1842).

§ 173.

Podemos ver, por considerações como as feitas acima, portanto, de um ponto de vista bem elevado, uma justificativa dos sofrimentos da humanidade; contudo, esta não se estende aos animais, cujos sofrimentos, embora em sua maior parte causados pelo homem, frequentemente são também significativos sem a participação deste. (Veja-se *O mundo como vontade e representação*, 3ª ed., vol. 2, p. 404 e ss.). Então surge a questão: para que esta vontade martirizada e aterrorizada em mil configurações, se não há a liberdade para a redenção por meio da reflexão? O sofrimento do mundo animal pode ser justificado apenas porque a vontade de viver tem que devorar *sua própria carne*, pois fora dela, no mundo fenomênico, nada existe e ela é uma vontade faminta. Daí a sequência gradual de suas manifestações, de que cada uma viva à custa da outra. Além disso, remeto aos §§ 153 e 154, onde se expõe que a capacidade de sofrimento dos animais é bem inferior à do homem. Mas o que poderia ser aventado para além disso resultaria hipotético, e mesmo místico, e caberá assim à especulação própria do leitor.

---

[14] Drama escrito em 1762 pelo dramaturgo italiano Carlo Gozzi (1720-1806). [N.E.]

SOBRE A RELIGIÃO

§. 174. — *Um diálogo*

DEMÓFILO

Seja dito entre nós, querido e velho amigo, que não me agrada ver que ocasionalmente tu tornes patente tua capacidade filosófica com sarcasmos e até mesmo um manifesto escárnio da religião. A fé de cada um é para ele sagrada, para ti também deveria sê-lo.

FILALETO

Nego consequentiam![1] Não vejo por que deveria respeitar a mentira e o engano por causa da ingenuidade do outro. Eu observo a verdade em toda parte, e justamente por isso, não aquilo que se lhe opõe. A verdade nunca brilhará na Terra enquanto tu continuar a prender desta maneira os espíritos. Meu lema é *vigeat veritas, et pereat mundus*,[2] conforme a dos juristas: *fiat justitia, et pereat mundus*.[3] Toda faculdade deveria ter algo análogo como divisa.

DEMÓFILO

Então a de medicina seria *fiant pilulae, et pereat mundus*,[4] — que seria a mais fácil de realizar.

FILALETO

Valham-me os céus! Tudo *cum grano salis*.[5]

---

[1] "Rejeito a conclusão." [N.T.]
[2] "Que prevaleça a verdade e pereça o mundo." [N.T.]
[3] "Que se cumpra a justiça e pereça o mundo." [N.T.]
[4] "Que se façam pílulas e pereça o mundo." [N.T.]
[5] "Com um grão de sal." Expressão que significa algo como: "com as devidas limitações", "com reservas" etc. [N.T.]

DEMÓFILO

Veja bem, exatamente por isso eu gostaria que tu também entendesses a religião *cum grano salis* e tivesses em conta que há que tratar a necessidade do povo de acordo com a medida de sua capacidade cognitiva. A religião é a única maneira de tornar acessível e fazer sentir o elevado significado da vida ao sentimento grosseiro e ao acanhado entendimento da massa, submersa inteiramente em ocupações inferiores e no trabalho material. Pois o homem, via de regra, não tem originalmente disposição alguma senão para a satisfação de suas necessidades e seus prazeres físicos e depois para algum entretenimento e diversão. Os fundadores de religiões e os filósofos vêm ao mundo para despertá-los de sua letargia e indicar-lhes o alto sentido da existência: filósofos para os poucos, os que estão isentos; fundadores de religiões para os muitos, o grosso da humanidade. Pois "o povo é incapaz de filosofar",[6] como já disse teu Platão e tu não deves esquecer. A religião é a metafísica do povo, que lhe deve ser estritamente permitida e por isso externamente respeitada, pois desacreditá-la significaria privar-lhe dela. Assim como existe uma poesia popular e, nos provérbios, uma sabedoria popular, também deve haver uma metafísica do povo. Pois as pessoas precisam absolutamente de uma *explicação da vida* e ela deve estar de acordo com seu poder de compreensão. Por isso ela é sempre uma vestimenta alegórica da verdade e funciona, em sentido tanto prático quanto anímico, isto é, como regra para a ação e como apaziguamento e consolo na vida e na morte, talvez tanto quanto faria a verdade, se a possuíssemos. Não se deixe levar por sua forma enrugada, barroca e aparentemente absurda: pois tu, em tua cultura e erudição, mal podes imaginar quais desvios ela precisa para

---

[6] Em grego, no original: φιλοσόφον πλάτος ἀδύνατον εἶναι. Schopenhauer se refere a uma passagem da *República* (livro VI, cap. 8, 494a): "que a multidão seja filósofa, disse eu, é impossível". Trad. Anna Lia Amaral de Almeida Prado. São Paulo: Martins Fontes, 2006, p. 239. [N.T.]

chegar ao povo em sua rudeza, com suas profundas verdades. As diferentes religiões são precisamente diversos esquemas nos quais o povo apreende e torna presente a verdade em si mesma incompreensível para ele, e com os quais, contudo, ela permanece inseparavelmente unida. Portanto, meu caro, não me leves a mal, é ao mesmo tempo injusto e limitado zombar dela.

FILALETO

Mas não é tão limitado e injusto pretender que não exista nenhuma outra metafísica senão esta talhada segundo a necessidade e a capacidade de compreensão do povo? Que suas doutrinas devam ser o marco da pesquisa humana e a norma de todo pensar, de modo que também a metafísica dos poucos e isentos, como tu a chamas, tenha que se submeter à confirmação, à consolidação e ao esclarecimento daquela metafísica do povo? Que então as mais elevadas forças do espírito humano devam permanecer sem uso e sem desenvolvimento, sendo até mesmo asfixiadas em seu germe, a fim de que sua atividade não se cruze de modo algum com aquela da metafísica do povo? E, no fundo, ocorre outra coisa com as pretensões da religião? É conveniente pregar tolerância e terna consideração quando se é a própria intolerância e a falta de consideração? Eu menciono como testemunhas os tribunais de heréticos e as inquisições, as guerras de religião e as cruzadas, o cálice de Sócrates, a fogueira de Bruno e Vanini![7] E se hoje em dia isso pertence ao passado, o que pode representar maior obstáculo ao autêntico esforço filosófico, à pesquisa sincera pela verdade, essa ocupação tão nobre da mais nobre humanidade, do que aquela metafísica

---

[7] Giulio Cesare Vanini (1585-1619) foi um filósofo e naturalista italiano, autor do *Amphitheatrum Æternæ Providentiæ divino-magicum, christiano-physicum, necnon astrologo-catholicum adversus veteres philosophos, atheos, epicureos, peripateticos et stoicos*, publicado em Lion em 1615. Condenado por ateísmo, teve a língua cortada, foi estrangulado e queimado. [N.E.]

convencional submissa ao Estado e a seu monopólio, cujos princípios são inculcados em cada mente desde a mais tenra juventude de forma tão séria, tão profunda e tão sólida que, se esta mente não for dotada de uma elasticidade miraculosa, a eles se prendem indelevelmente, de modo a tornar sua razão pervertida em seu conceito, ou seja, sua débil capacidade de pensar por si mesmo e de julgar imparcialmente tudo aquilo que a isso se refere, fica para sempre prejudicada e danificada?

DEMÓFILO

Na realidade, isso quer dizer que as pessoas adquiriram então uma convicção que não querem abandonar para adotar a tua em troca.

FILALETO

Ah, se esta fosse uma convicção fundada na inteligência! Então se poderia abordá-la com razões e teríamos o campo aberto para lutar com as mesmas armas. Mas as religiões não se dirigem declaradamente à convicção com razões, mas à fé, com revelações. A capacidade para esta última é mais forte na infância: por isso, tem-se o cuidado sobretudo de apoderar-se dessa tenra idade. Com isto, mais ainda do que mediante ameaças e relatos de milagres, as doutrinas de fé fincam suas raízes. De fato, quando se expõe ao homem na primeira infância repetidamente certas concepções fundamentais e doutrinas com uma inabitual solenidade e com o gesto mais sério que jamais fora visto por ele, e se ao mesmo tempo a possibilidade de uma dúvida é completamente omitida ou mencionada apenas para indicá-la como o primeiro passo para a danação eterna, então a impressão será tão profunda que, via de regra, isto é, em quase todos os casos, o homem será praticamente tão incapaz de duvidar dessas doutrinas como de sua própria existência. Por isso, entre milhares apenas um terá a firmeza de espírito para se perguntar sincera e seriamente: isto é verdade? De modo mais apropriado do que se pensa, costuma-se chamar àqueles que entretanto a possuem, espíritos fortes, *esprits forts*. Para o restante, não há nada tão absurdo ou revoltante que, inculcado dessa maneira, não possa enraizar neles a fé. Se por exemplo a morte de um herege ou de um incrédulo fosse um elemento essencial da salvação futura da alma, quase todos fariam disso o assunto principal de suas vidas e ao morrer encontrariam consolo e conforto com a lembrança do êxito; assim como de fato quase todo espanhol em outros tempos considerava um *auto de fè* a obra mais piedosa e agradável a Deus; temos algo equivalente a isto na Índia, na congregação religiosa dos *Thugs*, reprimida há pouco pelos ingleses através de inumeráveis execuções, cujos membros praticavam sua religiosidade e veneração à deusa *Kali* assassinando de maneira pérfida, em cada ocasião, seus próprios amigos e companheiros de viagem para se apoderar de seus bens, e estavam seriamente tomados pela ilusão de que com isto realizavam algo muito louvável e favorável à sua salvação eterna.[8] A força dos dogmas religiosos desde cedo inculcados aparentemente é tamanha que ela parece asfixiar a consciência e por fim toda compaixão e toda humanidade. Mas se queres ver com os próprios olhos e de perto o que produz uma prematura inoculação da fé, considere os ingleses. Veja esta nação, à frente de todas as demais e mais dotada que todas as outras de entendimento, espírito, faculdade de julgar e firmeza de caráter, veja-a, rebaixada entre todas as outras e até mesmo tornada desprezível devido a sua estúpida superstição religiosa, a qual, em meio a todas as suas demais capacidades, aparece devidamente como uma ideia fixa, uma monomania. Eles devem isso simplesmente ao fato de que a educação está nas mãos dos clérigos, que cuidam tanto para inocular todos os seus artigos de fé

---

[8] *Illustrations of the History and Practice of the Thugs*. London, 1837, também *Edinburgh' Review*, October/January, 1836/37. [N.A.]

desde a mais tenra juventude que chegam a causar uma espécie de paralisia cerebral parcial que depois se manifesta durante toda a vida em uma estúpida beatice que chega a degradar mesmo pessoas dotadas da mais alta capacidade de entendimento e espírito, conduzindo-as ao erro. Mas se considerarmos o quanto é essencial para semelhantes obras mestras que a inoculação da fé tenha lugar na tenra infância, o sistema das missões não aparecerá mais simplesmente como o cume da petulância, arrogância e impertinência humanas, mas nos parecerá igualmente absurdo na medida em que não se limita precisamente às pessoas que ainda estão no estágio da *infância*, como é o caso dos hotentotes, dos cafres, dos insulanos do mar do sul e que tais, com os quais tiveram um êxito efetivo; enquanto que na Índia, pelo contrário, os brâmanes replicam aos discursos dos missionários com sorrisos condescendentes ou com um dar de ombros e, em geral, com esse povo as tentativas de conversão por parte dos missionários fracassaram completamente, apesar das circunstâncias mais favoráveis. Um relato autêntico que aparece no vigésimo primeiro volume do *Asiatic Journal* de 1826 informa que depois de tantos anos de atividade dos missionários, em toda Índia (donde somente as possessões inglesas chegam a 150 milhões de habitantes, segundo o *Times* de abril de 1852) não se pode encontrar mais que trezentos convertidos vivos, e ao mesmo tempo se reconhece que os convertidos cristãos se distinguem pela mais patente imoralidade. Entre tantos milhões, apenas trezentas almas venais compradas! Não tenho notícia de que a coisa tenha melhorado para o cristianismo na Índia desde então;[9] embora os missionários procurem agora, nas escolas dedicadas exclusivamente ao ensino inglês laico, contra as convenções, influenciar as crianças em suas ideias a fim de introduzir o cristianismo de contrabando, ainda que os hindus estejam alertas a isso com

---

[9] Veja *supra*, § 115 [*Sobre a ética*]. [N.A.]

o máximo zelo. Pois, como dito, apenas a infância e não a idade adulta é a época de espalhar a semente da fé, sobretudo não onde uma outra já tem suas raízes; todavia, a *convicção* adquirida que os convertidos adultos simulam é, via de regra, apenas a máscara de algum interesse pessoal. Precisamente porque se sente que quase não se poderia ser de outro modo, um homem que muda de religião na idade madura seria desprezado pela maioria; com isto tornam manifesto que não consideram a religião algo da ordem da convicção racional, mas apenas da fé inoculada desde cedo e anterior a todo exame. Que entretanto eles tenham razão, isso resulta igualmente de que não apenas a massa cegamente crente, mas também o sacerdócio de cada religião que, enquanto tal, estudou suas fontes, razões, dogmas e controvérsias, em todos os seus componentes, estão fiel e fervorosamente devotados à religião de sua respectiva pátria. Por isso, a transição de um clérigo de uma religião ou confissão para outra é a coisa mais rara do mundo. Assim, por exemplo, vemos que o clero católico está plenamente convencido da verdade de todas as teses de sua igreja, e da mesma forma, a igreja protestante das suas, e ambas defendem os dogmas de suas confissões com o mesmo ardor. Contudo, essa convicção se ajusta apenas ao país em que cada um nasceu: para o clero da Alemanha do sul a verdade do dogma católico transparece completamente, já para a Alemanha do norte vale a do dogma protestante. Portanto, se tais convicções repousam em razões objetivas, essas razões deveriam ser climáticas e, como as plantas, crescer somente aqui e as outras apenas lá. O povo porém admite em toda parte de boa fé apenas as convicções dos convictos locais.

DEMÓFILO

Não importa e no essencial isso não faz muita diferença; também, por exemplo, o protestantismo é efetivamente mais apropriado ao norte e o catolicismo ao sul.

FILALETO

É o que parece. Eu adotei porém um ponto de vista mais elevado e mantive em vista um objeto mais importante, a saber, os progressos do conhecimento da verdade no gênero humano. É uma coisa terrível para esse progresso que a alguns, seja onde for que tenham nascido, lhes sejam impostos na mais tenra juventude certas afirmações com a garantia de que não se lhes pode colocar em dúvida sob o risco de pôr em perigo sua salvação eterna; pois, na medida em que são afirmações que dizem respeito ao fundamento de todo nosso conhecimento restante, que fixam portanto definitivamente o ponto de vista e, no caso de serem falsos, os perverte para sempre; como ainda seus corolários se interpõem sempre na totalidade do sistema de nossos conhecimentos, por meio delas todo o saber humano é completamente falseado. Isto prova toda a literatura, em especial a da Idade Média, mas igualmente aquela dos séculos XVI e XVII. Nós vemos em todas essas épocas mesmo os espíritos de primeiro escalão como que paralisados pela falsidade de tais representações fundamentais, especialmente toda compreensão da verdadeira essência e ação da natureza permanecia como que bloqueada para eles. Pois durante toda a época cristã, o teísmo ronda como um pesadelo opressor sobre todos os esforços espirituais, especialmente os filosóficos, e barra ou atrofia todo progresso. Deus, o diabo, anjos e demônios escondem toda a natureza aos eruditos daquela época: nenhuma pesquisa é levada até o fim, nenhum objeto é estudado a fundo; pelo contrário, tudo aquilo que ultrapassa o nexo causal mais evidente é logo acalmado por aquelas personalidades, o que significa, como diz Pomponácio[10] em uma ocasião: *certe philosophi nihil verisimile habent ad haec, quare necesse est, ad Deum, ad angelos et daemones recurrere* (*De incantationibus,*

---

[10] Pietro Pomponazzi (1462-1525), tratadista nascido em Mântua, na Itália. Escreveu *Trattato dell'immortalità dell'anima* (1516), *De fato* e *De incantationibus*, entre outros. [N.E.]

cap. 7).¹¹ Podemos, é claro, suspeitar do tom irônico deste homem, já que sua perfídia em outros âmbitos é conhecida; mas ele apenas expressou a maneira geral de pensar de sua época. Se alguém possuísse aquela rara elasticidade de espírito que é a única capaz de romper as amarras, então seus escritos e ele mesmo junto seriam queimados, como ocorreu com Bruno e Vanini. — Mas como as mentes *ordinárias* são completamente paralisadas por esta precoce preparação metafísica, pode-se perceber do modo mais cru e em seu aspecto ridículo quando uma delas se propõe a criticar uma doutrina de fé alheia. Encontramos então o sujeito em questão simplesmente empenhado em demonstrar cuidadosamente que os dogmas desta última não estão de acordo com seus próprios dogmas, e esforçando-se por se explicar que, nesses dogmas não apenas aquilo que eles dizem, mas também, evidentemente, aquilo que eles querem dizer, não é o mesmo que seus dogmas. Com isso ele acredita, com toda simplicidade, ter demonstrado a falsidade da doutrina de fé alheia. Sequer lhe ocorre perguntar-se efetivamente qual dos dois teria razão, mas os seus próprios artigos de fé são para ele princípios certos *a priori*. Um divertido exemplo desse tipo forneceu o reverendo Mr. Morrison no vigésimo volume do jornal asiático, lá mesmo onde critica a religião e a filosofia dos chineses — o que é uma joia!

DEMÓFILO

Este é pois teu ponto de vista superior. Mas eu te asseguro que ainda há um outro mais elevado. O *primum vivere, deinde philosophari*¹² tem um sentido mais amplo do que aquele que salta aos olhos. — Antes de tudo é importante refrear as mentalidades grosseiras e más para afastá-las da injustiça

---

¹¹ "O certo é que os filósofos não têm nada mais verossímil que acrescentar sobre isto e por isso é necessário recorrer a Deus, aos anjos e aos demônios." [N.T.]

¹² "Primeiro viver, depois filosofar." [N.T.]

extrema, das crueldades, dos atos violentos e vergonhosos. Se se quer esperar que elas conheçam e compreendam a verdade, então se chegaria inequivocamente muito tarde. Pois mesmo admitindo também que elas já tivessem chegado, elas teriam ultrapassado sua capacidade de compreensão. Para elas só servem em todo caso uma roupagem alegórica da verdade, uma parábola, um mito. Deve haver, como disse Kant, um estandarte público do direito e da virtude e este deve tremular sempre lá no alto. É indiferente no fim saber quais figuras heráldicas se encontram nele; desde que elas indiquem o que se quer dizer. Uma tal alegoria da verdade constitui sempre e em toda parte para o grosso da humanidade um sucedâneo adequado da própria verdade que é eternamente inacessível a ela e em geral da filosofia que jamais lhe seria compreensível; para não falar que esta muda constantemente de figura e em nenhuma delas chega a um reconhecimento universal. Assim, meu caro Filaleto, a finalidade prática está à frente da teórica.

FILALETO

Isto coincide suficientemente com o antigo conselho do pitagórico Timeu Locro: "refreamos as almas com discursos enganosos se os verdadeiros não dão fruto"[13] (*de Anima mundi*, p. 104d, *Stephanus*), e quase suspeito que, segundo a moda atual, tu queres me fazer sentir que:

> Mas, caro amigo, o tempo ainda virá
> De em calma saboreares o prazer.[14]

E tua recomendação termina em que às vezes devemos ter cuidado para que a agitação da furiosa massa insatisfeita

---

[13] Em grego, no original: τὰς ψυχὰς ἀνείργομες ψευδέσι λόγοις, αἴ κα μὴ ἄγηται ἀλαθέσι. [N.T.]

[14] "*Doch, guter Freund, die Zeit kommt auch heran,/ Wo wir was Gut's in Ruhe schmausen mögen*". *Fausto* I, verso 1690, trad. Jenny Klabin Segall. São Paulo: Ed. 34, 2007, p. 168. [N.T.]

não nos moleste na mesa. Mas todo esse ponto de vista é tão falso como estimado e elogiado hoje em dia; por isso eu me apresso em protestar contra ele. É *falso* que o Estado, o direito e a lei não possam manter-se sem o concurso da religião e de seus artigos de fé, e que a justiça e a polícia precisem dela como seu complemento necessário para aplicar a ordem legal. É *falso*, ainda que isto seja mil vezes repetido. Pois uma fática e definitiva *instantia in contrarium* nos fornece os antigos, sobretudo os gregos. De fato, eles não tinham em absoluto aquilo que entendemos por *religião*. Eles não tinham nenhum documento sagrado nem qualquer dogma que seria ensinado e cuja aceitação teria sido exigida de cada um e que desde cedo fosse inculcado à juventude. — Tampouco a moral era pregada pelos servidores da religião, nem os sacerdotes se preocupavam de modo algum com a moralidade ou em geral com a conduta das pessoas. Nada disso! Pelo contrário, o dever dos padres se estendia somente às cerimônias do templo, às orações, cantos, sacrifícios, procissões, purificações, e coisas semelhantes, das quais nenhuma tinha como finalidade a melhoria moral dos indivíduos. Antes, toda a assim chamada religião consistia somente em que, principalmente nas cidades, alguns dos *Deorum majorum gentium*[15] tinham ora um ora outro *templo*, no qual havia um culto por ordem governamental e que no fundo era questão policial. Ninguém, a não ser os funcionários que ali trabalhavam, estava obrigado a estar ali presente e nem mesmo a crer nele. Em toda a Antiguidade não há nenhum traço de uma obrigação de crer em um dogma qualquer. Somente quem negava publicamente a existência dos deuses ou os difamava estava sujeito a punições: pois ofendia assim o Estado que lhes servia; fora isso, cada um era livre para pensar o que quisesse. Se alguém quisesse privadamente receber o favor daqueles deuses, por meio de orações ou oferendas, era livre

---

[15] "Deuses de raça superior." [N.T.]

para fazê-lo por sua própria conta e risco; se ele não o fizesse, também ninguém teria nada contra; ainda menos o Estado. Entre os romanos cada um tinha em sua casa seus próprios lares e penates, que no fundo eram apenas as veneradas imagens de seus antepassados (Apuleio, *De Deo Socratis*, cap. 15, vol. 2, p. 237, ed. Bip.). Sobre a imortalidade da alma e uma vida depois da morte, os antigos não tinham nenhum conceito firme, claro e muito menos dogmaticamente fixado, mas apenas representações frouxas, hesitantes, indeterminadas e problemáticas, cada qual a sua maneira; e da mesma forma, diversas, individuais e vagas eram também as representações dos deuses. Portanto, de fato os antigos não tinham religião no sentido em que entendemos esta palavra. Entre eles prevaleceu todavia a anarquia e a falta de lei? Não estava antes a lei e a ordem civil tão em vigor entre eles que permanecem na base das nossas? Não estava a propriedade, ainda que ela fosse composta na sua maior parte de escravos, inteiramente assegurada? E este estado não durou mais de um milênio?

Dessa forma, eu não posso reconhecer a finalidade prática e a necessidade da religião no sentido por ti indicado e hoje em dia preferido, a saber, como um fundamento indispensável de toda ordem legal, e devo protestar contra ela. Pois de um tal ponto de vista, o esforço puro e sagrado pela luz e a verdade se tornaria no mínimo quixotesco e apareceria como criminoso no caso de que, consciente de seu direito, se atrevesse a denunciar a autoridade da fé como a usurpadora que se apossou do trono da verdade e o mantém por um logro constante.

DEMÓFILO

A religião não está em oposição à verdade, pois ela própria ensina a verdade. Mas como seu campo de ação não é um estreito auditório mas o mundo e a humanidade em larga escala, de acordo com a necessidade e a capacidade de compreensão de um público tão grande e variado, ela não pode apresentar a verdade nua, ou antes, para empregar uma metáfora medicinal, não pode administrá-la sem mescla, mas servir-se de um veículo mítico como excipiente [*Menstruum*]. Também podes compará-la a certas substâncias químicas elas mesmas em estado gasoso, que se ligariam a uma base sólida palpável para seu uso na oficina, como também para sua conservação ou transporte, já que de outro modo se evaporariam: por exemplo, o cloro que para todos esses fins se emprega unicamente em forma de cloritos. Mas no caso em que a verdade pura e abstrata, livre de todo elemento mítico, permanecer sempre inalcançável para nós todos, também para os filósofos, então ela seria comparável ao flúor, que não pode sequer apresentar-se por si mesmo, mas apenas ligado a uma outra substância. Ou, dito de maneira menos erudita: a verdade que não pode ser dita de outra maneira que não mítica e alegoricamente se assemelha à água, que não é transportável sem um recipiente; já os filósofos, que pretendem possuí-la em estado puro se assemelham àqueles que rompem o recipiente para ter a água só para si. Talvez aconteça efetivamente assim. Em todo caso, a religião é a verdade expressa alegórica e miticamente e com isso tornada acessível e assimilável pelo grosso da humanidade; pois pura e sem mescla ela não poderia suportá-la como tal, assim como nós não poderíamos viver no oxigênio puro, mas precisamos de uma adição de quatro quintos de nitrogênio. E seja dito sem imagens: ao povo não se pode desvelar e apresentar o sentido elevado da vida senão *simbolicamente*, pois ele não é capaz de apreendê-lo com o entendimento apropriado. A filosofia deve ser, pelo contrário, como os mistérios eleusinos, para os poucos, os escolhidos.

FILALETO

Já compreendo; a coisa toda resulta que a verdade se reveste da mentira. Mas com isso aparece numa aliança perniciosa para ela. Pois que arma perigosa estará nas mãos daqueles que recebem a autorização de servir-se da inverdade como veículo da verdade! Se é assim, eu temo que a inverdade traga mais malefício ao assunto do que a verdade traria benefício. De fato, seria aceitável se a alegoria pudesse apresentar-se como tal: mas isso lhe privaria de todo respeito e logo de toda eficácia. Ela deve então fazer-se valer e afirmar-se como verdadeira *sensu proprio*, quando no máximo ela é verdadeira *sensu allegorico*. Aqui reside o dano irreparável, o obstáculo permanente que é a razão pela qual a religião sempre entrou em conflito com o esforço nobre e imparcial pela pura verdade e sempre entrará novamente.

DEMÓFILO
Mas não! Pois também para isso se tem cuidado. Se a religião não confessa diretamente sua natureza alegórica, ela a indica de modo suficiente.

FILALETO
E quando isso?

DEMÓFILO
Em seus mistérios. Na verdade, "mistério" é no fundo o *terminus technicus* teológico para a alegoria religiosa. Além disso, todas as religiões têm seus mistérios. Na verdade, um mistério é um dogma manifestamente absurdo que, não obstante, contém uma verdade em si mesma inteiramente incompreensível ao entendimento comum da massa rude, verdade que o mesmo entendimento só apreende sob esse invólucro, com confiança e fé, sem se deixar enganar pelo absurdo evidente também para ele; com isso, ela compartilha do núcleo da coisa, até onde isto é possível. Como elucidação disso eu posso acrescentar que mesmo na filosofia se tentou utilizar do mistério, como Pascal, por exemplo, que era ao mesmo tempo pietista, matemático e filósofo e nessa tripla condição diz: "Deus é em toda parte o centro e em nenhum lugar

periferia".[16] Também Malebranche observou com acerto: *la liberté est un mystère* [a liberdade é um mistério]. — Poderíamos ir além e afirmar que nas religiões tudo é propriamente mistério. Pois ensinar a verdade *sensu proprio* ao povo em sua rudeza é absolutamente impossível; apenas um reflexo mítico-alegórico pode lhe convir e iluminar. A verdade nua não tem lugar diante dos olhos do vulgo profano; ela só lhe aparece diante de um espesso véu. Por essas razões, é uma pretensão inteiramente injusta exigir que uma religião seja verdadeira *sensu proprio* e é por essa razão que, seja dito de passagem, são absurdos em nossos dias tanto os racionalistas quanto os supranaturalistas na medida em que ambos partem da pressuposição de que a religião deveria ser verdadeira *sensu proprio*, com o que aqueles demonstram que ela não é, enquanto os últimos afirmam obstinadamente que ela é; ou antes, aqueles procuram cortar e ordenar o componente alegórico de modo que ele bem poderia ser verdadeiro *sensu proprio*, mas seria então uma platitude; enquanto que os outros querem afirmá-lo como verdadeiro *sensu proprio* sem demais arranjos — o que não pode prevalecer absolutamente sem inquisições e fogueiras, como eles deveriam saber. Na verdade, o mito e a alegoria constituem ao contrário o elemento próprio da religião; sob essa condição, porém, indispensável devido à limitação intelectual da grande massa, ela satisfaz inteiramente a indestrutível necessidade metafísica do homem e toma o lugar da pura verdade filosófica, infinitamente difícil e talvez nunca alcançável.

---

[16] Segundo o tradutor francês Étienne Osier, o texto de Pascal é o seguinte: "*C´est une sphère infinie dont le centre est partout et la circonférence nulle part.*" ("É uma esfera infinita cujo centro está em toda parte e a circunferência em parte alguma." *Pensées et Opuscules*. Hachette, ed. Brunschwicg, nº 72, p. 348). [N.T.]

FILALETO

Ah, sim, mais ou menos como uma perna de madeira substitui uma natural: ocupa seu lugar, cumpre o necessário de suas funções, pretende que se a tome pela natural, é formada mais ou menos artificialmente etc. Uma diferença, contudo, reside em que via de regra uma perna natural antecedeu a de madeira, já a religião em toda parte se adiantou à filosofia.

DEMÓFILO

Pode ser, mas para quem não tem uma perna natural, uma de madeira é de grande valor. Tu deves ter em vista que a necessidade metafísica do homem exige absolutamente uma satisfação, pois o horizonte de seus pensamentos deve fechar-se e não permanecer ilimitado. Mas via de regra o homem não tem a faculdade de julgar para pesar razões e decidir entre verdadeiro e falso. Além disso, o trabalho que lhe é imposto pela natureza e sua necessidade não o deixa tempo para tais investigações nem para a formação que elas pressupõem. Assim, para ele não se trata de convicção fundada em razões, mas se remete à fé e à autoridade. Mesmo quando uma filosofia efetivamente verdadeira toma o lugar da religião, ela seria adotada por nove entre cada dez homens apenas pela autoridade, seria então novamente questão de fé: pois tudo sempre redunda no "que a multidão seja filósofa [...] é impossível" de Platão.[17] Mas a autoridade se funda apenas no tempo e nas circunstâncias. Por isso, não podemos outorgá-la àquele que não tem nada a seu favor senão razões; desta forma, devemos deixá-la a quem a adquiriu de uma vez por todas no curso do mundo, ainda que se trate apenas da verdade apresentada alegoricamente. Esta, apoiada na autoridade, se dirige antes de tudo à disposição propriamente

---

[17] *República*, livro VI, cap. 8, 494a, trad. Anna Lia Amaral de Almeida Prado. São Paulo: Martins Fontes, 2006, p. 239. Em grego, no original: φιλοσόφον πλάτος ἀδύνατον εἶναι. [N.T.]

metafísica do homem, à necessidade teórica que surge do enigma que se impõe à nossa existência e da consciência de que atrás do lado físico do mundo há de esconder-se algo metafísico, algo imutável que está no fundamento da mudança contínua; mas também se dirige à vontade, ao medo e à esperança dos mortais que vivem em constante carência; daí ela cria deuses e demônios, que eles podem invocar, aplacar e conquistar; por fim, ela se dirige também a sua consciência moral inegavelmente presente, a qual ela proporciona sanção e sustentação externa, um apoio sem o qual ela, atacada por tantas tentações, não poderia tranquilamente se manter. Exatamente deste lado, em meio aos inumeráveis e grandes sofrimentos da vida, a religião garante uma fonte inesgotável de consolo e de conforto que não abandona o homem mesmo na morte, e que justo aí desenvolve toda sua eficácia. Neste sentido, a religião se assemelha a quem toma um cego na mão e o guia, porque ele mesmo não vê e o que lhe importa é apenas que ele chegue a seu destino, não que veja tudo.

FILALETO

Este último aspecto é, de todo modo, o ponto culminante da religião. Se ela é uma *fraus* então ela é verdadeiramente uma *pia fraus*:[18] isso não se pode negar. Com isso, porém, os sacerdotes se convertem em uma curiosa mescla de impostores e mestres de moral. Pois, como tu mesmo expôs de modo inteiramente correto, eles não poderiam ensinar a autêntica verdade mesmo que a conhecessem, o que não é o caso. De todo modo, pode haver uma verdadeira filosofia, mas nenhuma religião verdadeira: digo verdadeira no sentido próprio e verdadeiro da palavra e não simplesmente por meio de floreios ou alegorias, como tu a descreveste, pois neste sentido toda religião seria verdadeira, apenas em graus diferentes. Não obstante, isto está bem de acordo com a

---

[18] "Fraude devota." (cf. Ovídio, *Metamorfoses*, IX, 711). [N.T.]

inextricável mescla que o mundo nos proporciona incansavelmente de bem e mal, honestidade e falsidade, bondade e maldade, nobreza e infâmia, que a verdade mais importante, mais elevada e mais sagrada só possa aparecer mesclada com a mentira e que ela deva até mesmo emprestar dessa a sua força para agir mais fortemente sobre os homens e é introduzida por ela sob a forma de revelação. Poder-se-ia inclusive considerar este fato o monograma do mundo moral. Todavia, não queremos renunciar à esperança de que a humanidade chegue alguma vez ao ponto de maturidade e cultura em que ela terá a capacidade de produzir a verdadeira filosofia, por um lado, e, por outro, de assumi-la. Se porém *simplex sigillum veri*[19] então a verdade nua tem que ser tão simples e compreensível que se possa comunicá-la a todos em sua verdadeira figura, sem mesclá-la com mitos e fábulas (um dilúvio de mentiras) — isto é, sem disfarçá-la de *religião*.

DEMÓFILO
Tu não tens nenhum conceito satisfatório da mísera capacidade da massa.

FILALETO
Digo isso apenas por esperança: mas não posso renunciar a ela. Pois então a verdade em uma forma simples e compreensível expulsaria a religião do posto que durante tanto tempo ela ocupou como vicária e precisamente por isso havia deixado livre. Assim a religião teria cumprido sua missão e percorrido seu caminho: então ela pode emancipar o gênero que guiou até a maioridade e assim partir em paz. Esta será a eutanásia da religião. Mas enquanto ela perdura, ela tem duas faces: uma, a da verdade, e a outra, a da mentira. Se se tem em vista uma ou outra dessas faces, se a ama ou se a hostiliza. Por isso deve-se considerá-la como um mal necessário, cuja necessidade repousa na mísera debilidade intelectual da

---

[19] "A simplicidade é o sinal do verdadeiro." [N.T.]

grande maioria dos homens, que são incapazes de compreender a verdade e por isso, em caso de apuro, precisam de um sucedâneo para ela.

DEMÓFILO

De fato, deve-se pensar que vocês filósofos já possuem a verdade à sua plena disposição e que só se trata de compreendê-la.

FILALETO

Quando não a possuímos então isso se deve à pressão que em todos os tempos e em todos os países a filosofia recebeu da religião. Não apenas se tentou impossibilitar a expressão e a comunicação da verdade, mas mesmo que se a pense e se a encontre, ao pôr as mentes nas mãos dos padres desde a mais tenra infância para que as formem, os trilhos nos quais os pensamentos fundamentais teriam que se movimentar foram tão firmemente estabelecidos a ponto de que tais pensamentos permaneceram no essencial fixados e determinados por toda a vida. Às vezes me horrorizo quando, sobretudo ao vir de meus estudos orientais, tomo em minhas mãos os escritos das mentes mais excelentes dos séculos XVI e XVII e vejo a que ponto elas foram paralisadas e bloqueadas por todos os lados pelas concepções judaicas fundamentais. Que me exponham com tal orientação a verdadeira filosofia!

DEMÓFILO

Aliás, se essa filosofia verdadeira fosse encontrada, nem por isso a religião seria banida do mundo, como tu pensas. Pois não pode haver uma metafísica para todos: a diferença natural das forças intelectuais e aquela advinda de sua formação de modo algum o permite. A grande maioria dos homens tem que se dedicar necessariamente ao trabalho corporal pesado, que se exige imprescindivelmente para suprir a interminável carência de toda a espécie; e não apenas isso não lhes deixa muito tempo para a formação, para o aprendizado e a reflexão, mas, além disso, devido ao antagonismo entre a irritabilidade e a sensibilidade, o trabalho corporal excessivo e desgastante embota o espírito, o torna pesado, grosseiro, torpe e por isso incapaz de compreender outras relações que não aquelas inteiramente simples e palpáveis. Dentro dessa categoria está ao menos nove décimas partes do gênero humano. Mas as pessoas precisam de uma metafísica, isto é, de algo que dê conta do mundo e de nossa existência, pois ela constitui uma das necessidades mais naturais da humanidade; e na verdade, precisam de uma metafísica popular que, para assim o ser, deve unificar muitas e raras propriedades: a saber, uma grande clareza ligada a uma certa obscuridade e até mesmo impenetrabilidade nos pontos apropriados; logo, uma moral correta e suficiente deve se vincular a seus dogmas; mas sobretudo ela tem que oferecer um consolo inesgotável para o sofrimento e a morte. Daqui se segue que ela só poderá ser verdadeira *sensu allegorico*, não *sensu proprio*. Além disso, ela tem que contar com o apoio de uma autoridade que se imponha pela elevada antiguidade, pelo reconhecimento geral, pelos documentos originais acompanhados do tom e da dicção, qualidades que são tão difíceis de unir que muitos, se refletissem, não contribuiriam tão prontamente para minar uma religião, mas veriam que se trata do tesouro mais sagrado do povo. Quem quisesse ajuizar sobre a religião, devia ter sempre em vista a natureza da grande massa para a qual ela é destinada, em suma, deve ter presente toda sua indigência moral e intelectual. É inacreditável ver até que ponto isso pode ir e com qual persistência uma pequena chama da verdade continua brilhando mesmo sob o mais grosseiro véu de fábulas monstruosas e cerimônias grotescas, que impregna de forma tão indelével quanto o odor do almíscar em tudo o que teve contato com ele. Como explicação disso considero, por um lado, a profunda sabedoria hindu que é registrada nos *Upanixades*, e vejo a idolatria estúpida da Índia de hoje, tal e como se manifesta nas peregrinações, procissões e festas, e também a atividade frenética e grotesca dos saniassis de nosso tempo. Não se deve negar, contudo, que em todos esses frenesis e caricaturas ainda jaz algo profundamente encoberto que está em consonância com a profunda sabedoria mencionada, ou oferece um reflexo da mesma. Mas foi necessária uma preparação desse tipo para a massa brutal e numerosa. — Nesta oposição temos diante de nós os dois polos da humanidade: a sabedoria de alguns e a bestialidade da massa, e ambas encontram sua correspondência no âmbito moral. Oh, a quem não vem à mente o provérbio do *Kural*:[20] "o povo ordinário se assemelha a homens; algo desse tipo eu nunca vi" (verso 1071)? — O homem mais instruído pode sempre interpretar a religião *cum grano salis*; o erudito, a cabeça pensante, pode substituí-la silenciosamente por uma filosofia. E mesmo aqui *uma* só filosofia não serve para todos, mas de acordo com as leis da afinidade eletiva cada uma atrai para si um público cuja formação e capacidades intelectuais estão de acordo com ela. Por isso sempre há uma metafísica escolar inferior para a plebe instruída, e uma superior, para a elite. Por exemplo, a elevada teoria de Kant também teve que ser rebaixada para as escolas e degradada por gente como Fries, Krug, Salat[21] e outros do mesmo jaez. Aqui vale o mesmo que disse Goethe em outro contexto: "uma mesma coisa não serve para todos".[22] A pura fé revelada e a pura metafísica são para os extremos: para os graus intermediários existem também modificações recí-

---

[20] *Kural* ou *Tirukkural* é um conjunto de 1330 aforismos em dísticos rimados, atribuídos ao poeta tamil Thiruvalluvar e de datação incerta. [N.E.]

[21] Jacob Friedrich Fries (1773-1843), filósofo alemão, autor de *Neue oder anthropologische Kritik der Vernunft* (1807); Wilhelm Traugott Krug (1770-1842), filósofo alemão, sucessor de Kant na cadeira de Lógica e Metafísica na Universidade de Königsberg; Jakob Salat (1766-1851), filósofo e teólogo alemão, foi professor na Universidade de Landshut. [N.E.]

[22] "*Eines paßt sich nicht für Alle.*" Do poema "Beherzigung" (Ponderação). [N.T.]

procas das duas em inumeráveis combinações e gradações. Assim requer a imensurável diferença que a natureza e a formação estabelecem entre os homens. As religiões preenchem e dominam o mundo e a grande massa da humanidade lhes obedece. Paralelamente a isso avança lentamente a silenciosa sucessão dos filósofos que trabalham para a decifração do enigma para os poucos que por disposição e formação estão capacitados para isso. Cada século oferece em média um: este, tão logo se reconheça sua autenticidade, é recebido com júbilo e é ouvido com atenção.

FILALETO

Esse ponto de vista me faz lembrar dos mistérios dos antigos que você já mencionou, cujo propósito básico parece ser o de remediar os malefícios que surgem da diversidade de disposições intelectuais e de formação. Seu plano era o de selecionar entre a grande massa de homens à qual a verdade sem véus é inacessível, alguns a quem esta poder-se-ia desvelar até um certo grau; desses ainda outros a quem algo mais ainda seria revelado, já que são capazes de compreender mais, e assim sucessivamente até os epoptas.[23] Assim havia "Mistérios menores, maiores e supremos".[24] Em sua base estava um correto conhecimento da desigualdade intelectual dos homens.

DEMÓFILO

De certa forma, entre nós a formação nas escolas elementares, médias e superiores corresponde às diversas ordens dos mistérios.

---

[23] Epoptas eram chamados os sacerdotes iniciados nos mistérios de Elêusis entre os antigos egípcios. [N.T.]
[24] Em grego, no original: $\mu\iota\kappa\rho\grave{\alpha}\ \kappa\alpha\grave{\iota}\ \mu\epsilon\acute{\iota}\zeta o\nu\alpha,\ \kappa\alpha\grave{\iota}\ \mu\acute{\epsilon}\gamma\iota\sigma\tau\alpha\ \mu\upsilon\sigma\tau\eta\rho\acute{\iota}\alpha$. [N.T.]

FILALETO

Mas isso apenas de modo aproximativo, e mesmo assim só no período em que se escrevia exclusivamente em latim sobre os objetos do saber superior. Entretanto, desde que isso cessou, todos os mistérios foram profanados.

DEMÓFILO

Seja como for, gostaria de lembrar ainda, a respeito da religião, que tu deverias concebê-las menos do lado teórico e mais do prático. Se a metafísica personificada será sempre sua inimiga, a moral personificada será sua amiga. Talvez em todas as religiões o elemento metafísico seja falso, mas o moral em todas é verdadeiro. Isso pode se presumir já do fato de que sobre aquele elas se contradizem, mas sobre o último elas todas concordam.

FILALETO

O que oferece uma prova da regra lógica segundo a qual a partir de falsas premissas pode se seguir uma conclusão verdadeira.

DEMÓFILO

Agora, então, atenta à conclusão e sempre tem em vista que a religião possui dois lados. Se meramente do lado teórico, portanto intelectual, ela não pode ter direitos, do lado moral entretanto, ela se mostra como o único meio de conduzir, sujeitar e aplacar essa raça de animais dotados de razão, cujo parentesco com o macaco não exclui o que tem com o tigre. Ao mesmo tempo ela é, via de regra, a satisfação suficiente de sua obscura necessidade metafísica. Tu pareces não ter nenhuma noção suficiente da imensa diferença, o amplo abismo que existe entre tua erudita mente, acostumada a pensar e esclarecida, e a obtusa, torpe, turva e apática consciência daquelas bestas de carga da humanidade, cujos pensamentos tomaram de uma vez por todas a direção ao cuidado com sua subsistência e jamais podem se mover em outro rumo, e cuja força muscular é empregada exclusivamente ao ponto de a força nervosa que constitui a inteligência decair profundamente. Tais pessoas devem ter algo palpável a que se ater na escorregadiça e espinhosa senda de suas vidas, alguma bela fábula através da qual lhe sejam transmitidas coisas que seu rude entendimento não pode absolutamente apreender senão através de imagens e comparações.

FILALETO

Crês tu que a honradez e a virtude não passam de mentira e logro e que por isso deve-se dissimulá-las em um véu de fábulas?

DEMÓFILO

Longe de mim! Mas as pessoas têm que ter algo a que possam vincular seu sentimento e suas condutas morais. Não se pode conseguir isso com explicações profundas e distinções sutis. Ao invés de caracterizar a verdade das religiões como *sensu allegorico*, poder-se-ia nomeá-la, assim como a teologia moral de Kant, hipóteses para finalidades práticas, ou esquemas introdutórios [*hodegetische*], regulativos, segundo o modelo das hipóteses físicas das correntes de eletricidade para a explicação do magnetismo ou a dos átomos para a explicação das proporções das combinações químicas[25] etc. Nos guardamos de constatar essas hipóteses como objetivamente verdadeiras, porém fazemos uso delas para relacionar os fenômenos já que com respeito ao resultado e à experimentação oferecem quase o mesmo que a própria verdade. Elas são estrelas-guia para a ação e apaziguamento subjetivo para o pensamento. Se tu compreendes a religião deste modo e reflete que seus fins são predominantemente práticos e ape-

---

[25] Mesmo os polos, o equador e os paralelos do firmamento são desse tipo: no céu não há nada semelhante; ele não dá voltas. [N.A.]

nas secundariamente teóricos, então ela aparecerá a ti como algo digno do mais alto respeito.

FILALETO

Respeito que em suma repousa no princípio de que o fim justifica os meios. Eu não sinto nenhuma inclinação a um compromisso assim firmado. Por mais que a religião possa ser sempre um excelente meio de reprimir e adestrar o perverso, torpe e malicioso gênero bípede, aos olhos do amigo da verdade toda *fraus* [fraude], por mais *pia* [devota] que seja, permanece reprovável. A mentira e o engano seriam um estranho meio de inculcar a virtude. A bandeira pela qual eu prestei juramento é a da verdade; a ela permanecerei fiel e lutarei pela luz e pela verdade sem me preocupar com o resultado. Se eu avisto a religião nas linhas inimigas, então eu...

DEMÓFILO

Mas tu não a encontrarás lá! A religião não é um logro: ela é a verdade e a mais importante de todas as verdades. Mas porque, como já dito, suas doutrinas são de tipo tão elevado que a grande massa não poderia compreendê-las imediatamente e já que sua luz cegaria o olho comum, então ela aparece envolta no véu da alegoria e ensina o que é verdadeiro, não diretamente em si mesmo, mas de acordo com o elevado significado contido nela; neste sentido ela é a verdade.

FILALETO

Isso poderia se admitir se ela se apresentasse como verdadeira de modo meramente alegórico. Mas ela aparece com a pretensão de ser verdadeira diretamente e no sentido pleno da palavra: aí reside a fraude, e é aí que o amigo da verdade há de se opor hostilmente a ela.

SOBRE A RELIGIÃO

DEMÓFILO

Mas esta é mesmo uma *conditio sine qua non*. Se ela quisesse reconhecer que apenas o sentido alegórico de suas doutrinas seria o verdadeiro, então ela abriria mão de toda eficácia e sua inestimável e benéfica influência sobre a moralidade e a afetividade do homem seria posta a perder com tal rigorismo. Por isso, ao invés de persistir nisso com uma pedante obstinação, dirige seu olhar a suas grandes realizações no domínio prático, no aspecto moral e afetivo, como guia da ação, como apoio e consolo da sofrida humanidade, na vida e na morte. Porquanto tu te guardarás de infundir suspeitas no povo com críticas teóricas mesquinhas e com isso despojá-lo de algo que lhe é uma inesgotável fonte de consolo e tranquilidade, da qual ele tanto precisa, por seu duro destino até mais do que nós: já por isso ela deveria ser absolutamente inatacável.

FILALETO

Com *este* argumento se poderia contestar Lutero quando ele combatia o tráfico de indulgências: pois para alguns as cartas de indulgências causaram um consolo insubstituível e um completo apaziguamento, tanto que, totalmente confiantes em um pacote das mesmas que tinham agarrado em suas mãos na hora de morrer, se despediram com inteira confiança convencidos de que possuíam outras tantas entradas aos nove céus. — Em que ajudam os argumentos de consolo e apaziguamento quando sobre eles pesa constantemente a espada de Dâmocles[26] da desilusão! A verdade, meu amigo, somente a verdade é firme, persiste e permanece confiável; apenas seu consolo é sólido: ela é o diamante indestrutível.

---

[26] A expressão origina-se em uma anedota que circulava em autores antigos e é mencionada por Cícero nas *Tusculanae*. Designa o sentimento de risco iminente ou insegurança. [N.T.]

DEMÓFILO

Sim, se vocês tivessem a verdade em seus bolsos, prontos para nos felicitar quando solicitados. Mas o que vocês têm são apenas sistemas metafísicos nos quais nada é certo senão a dor de cabeça que eles custam. Antes de tomar algo de alguém se tem que ter dado algo melhor em seu lugar.

FILALETO

Oxalá não tivesse que ouvir sempre a mesma coisa! Livrar alguém de um erro não significa tomar algo dele, mas lhe dar: pois conhecimento de que algo é falso é bem uma verdade. Porém, nenhum erro é inofensivo, pois cedo ou tarde fará mal àquele que o conserva. Por isso, não enganemos ninguém, antes confesse nada saber daquilo que ninguém sabe e deixe cada um criar seus próprios artigos de fé. Talvez não resultem tão ruins, sobretudo porque criam ficções recíprocas e se retificam uns aos outros; em todo caso, a pluralidade de visões fundamentará a tolerância. Mas aqueles dotados de conhecimentos e da capacidade podem empreender o estudo dos filósofos, ou continuar eles mesmos a história da filosofia.

DEMÓFILO

Seria algo belo! Todo um povo de metafísicos naturalizantes que disputariam e *eventualiter* se estapeariam.

FILALETO

Ora, alguns tapas aqui e ali são o tempero da vida, ou ao menos um mal bem menor se comparado com o clericalismo, a espoliação dos laicos, a perseguição dos hereges, os tribunais da inquisição, as cruzadas, as guerras de religião, as noites de Bartolomeu etc. Esse foi o resultado da outorgada metafísica popular: por isso eu me atenho ao fato de que de um espinheiro não se pode esperar uvas, nem da mentira e do logro, a salvação.

DEMÓFILO

Quantas vezes terei que repetir que a religião tampouco é mentira e logro, mas a verdade mesma apenas na roupagem mítico-alegórica? — Mas no que tange ao seu plano, segundo o qual cada um deveria ser o fundador de sua própria religião, eu só gostaria de dizer que um tal particularismo contradiz completa e inteiramente a natureza do homem e exatamente por isso suprimiria toda ordem social. O homem é um *animal metaphysicum*, isto é, tem uma necessidade metafísica forte e predominante: por isso ele compreende a vida sobretudo em seu significado metafísico e quer ver tudo deduzido a partir dele. Por isso, por mais estranho que soe em vista da incerteza de todos os dogmas, o principal para ele é a concordância nas concepções metafísicas fundamentais, de modo que somente é possível uma comunidade autêntica e duradoura entre aqueles que compartilham dessas mesmas convicções. Como consequência disso, os povos se identificam e se separam entre si bem mais de acordo com as religiões do que segundo os governos ou mesmo os idiomas. De acordo com isso, o edifício da sociedade, o Estado, só se consolida completamente quando um sistema de metafísica geralmente reconhecido lhe serve de base. Naturalmente, tal sistema só pode ser uma metafísica popular, isto é, religião. Então essa se funde com a constituição estatal e com todas as manifestações da vida comunitária do povo, bem como com todos os atos festivos da vida privada. Assim foi na antiga Índia, entre os persas, os egípcios, os judeus, também entre os gregos e os romanos, assim como entre os povos bramânicos, budistas e maometanos. Na China há na verdade três doutrinas religiosas das quais a mais difundida, o budismo, é a menos cultivada pelo Estado: há porém na China um provérbio de validade universal e aplicação diária que diz: "as três doutrinas são apenas uma", isto é, elas concordam no essencial. O imperador professa todas as três e em união. Por fim, a Europa é a confederação *cristã* de estados: o cristianismo é a base de cada um de seus membros e o vínculo comunitário de todos; por isso a Turquia, embora situada na Europa, não pertence propriamente a ela. De acordo com isso, os príncipes europeus o são "pela graça de Deus" e o papa é o vicário de Deus que, porquanto sua posição seja a mais elevada, observa todos os tronos como simples feudos outorgados por ele; da mesma forma, os arcebispos e bispos como tais tinham poder mundano, como ainda hoje acontece na Inglaterra onde têm lugar e voz na Câmara dos Pares. Os soberanos protestantes são, enquanto tais, chefes de suas igrejas; na Inglaterra era, até há pouco tempo, uma jovem de dezoito anos. Ao separar-se do papa, a Reforma sacudiu o edifício estatal europeu, mas ela dissolveu em particular a verdadeira unidade da Alemanha por meio da supressão da comunidade da fé, unidade essa que mais tarde, depois de ter sido dilacerada de fato, teve que ser restaurada por meio de vínculos artificiais, meramente políticos. Já vês, pois, o quanto essencialmente conectada está a fé e sua unidade com a ordem social de todo Estado. Ela é em toda a parte o suporte da lei e da constituição, portanto o fundamento do edifício social que dificilmente subsistiria se ela não emprestasse seu vigor à autoridade do governo e ao prestígio do soberano.

FILALETO

Oh, sim, para os príncipes o Senhor Deus é o criado de São Nicolau com o qual mandam as grandes crianças para a cama quando não tem outro jeito; e por isso têm grande apreço por ele. E com razão: entrementes, eu gostaria de aconselhar a todos os governantes que a cada seis meses em uma data pré-estabelecida leiam séria e atentamente o décimo quinto capítulo do primeiro livro de Samuel para ter sempre em mente o que significa apoiar o trono sobre o altar. Além disso, desde que caiu em desuso a *ultima ratio theologorum*, a fogueira, aquele meio de governar perdeu muito de sua efetividade. Pois, tu sabes, as religiões são como os vaga-lumes: precisam da escuridão para iluminar. Um certo grau de incerteza geral é a condição de todas as religiões, é o único elemento no qual elas podem viver. Por outro lado, tão logo a astronomia, a ciência natural, a geologia, a história e a ciência dos países e dos povos expandirem sua luz universalmente e a filosofia finalmente tomar a palavra, então toda fé apoiada no milagre e na revelação há de sucumbir, e a filosofia tomará seu lugar. Na Europa, aquele dia do conhecimento e da ciência irrompeu por volta do fim do século XV, com a chegada de eruditos gregos modernos, seu sol se foi elevando cada vez mais nos tão frutíferos séculos XVI e XVII e dispersou as brumas da Idade Média. Na mesma medida a Igreja e a fé tiveram gradualmente que sucumbir. Por isso já no século XVIII filósofos ingleses e franceses se ergueram diretamente contra elas, até que finalmente, durante o reinado de Frederico, o Grande, chegou Kant, que retirou da fé religiosa o apoio que até então havia recebido da filosofia e emancipou a *ancilla theologiae*, pois ele abordou o assunto com uma profundidade e moderação tipicamente germânicas, com o que o tema tomou uma feição menos frívola e tanto mais rigorosa. Como consequência disso, vemos no século XIX o cristianismo bem enfraquecido, quase despojado de toda crença séria, lutando por sua própria existência, enquanto príncipes apreensivos tentam salvá-lo através de meios artificiais, assim como faz o médico ao moribundo com o almíscar. Escute apenas esta passagem de *Des progrès de l'esprit humain* de Condorcet, que parece ter sido escrita para alertar nossa época: *le zèle religieux des philosophes et des grands n'était qu'une dévotion politique: et toute religion, qu'on se permet de défendre comme une croyance qu'il est utile de laisser au peuple, ne peut plus espérer qu'une agonie plus ou moins prolongée* (Ep. 5.).[27] — Em todo o curso do pro-

[27] "O zelo religioso dos filósofos e dos grandes homens não era mais que uma devoção política: e toda religião que se permite defender como uma

cesso descrito tu podes sempre observar que fé e saber se relacionam como os dois pratos de uma balança: na medida em que um sobe, o outro desce. Com efeito, essa balança é tão sensível que dá indícios mesmo de influências momentâneas. Por exemplo, quando, no começo deste século, os saques das hordas francesas comandadas por Bonaparte, e os grandes esforços que foram necessários subsequentemente para expelir e punir essa gangue de ladrões, provocaram um descuido momentâneo das ciências e com isso uma certa diminuição da difusão universal dos conhecimentos, tão logo a Igreja começou novamente a erguer a cabeça e a fé mostrou uma nova animação que, naturalmente, de acordo com a época, em parte era de natureza meramente poética. Por outro lado, na paz de mais de trinta anos que se seguiu, o ócio e o bem-estar favoreceram o cultivo das ciências e a difusão dos conhecimentos de modo extraordinário, cuja consequência é o mencionado declínio que ameaça dissolver a religião. Talvez chegue o momento tantas vezes profetizado em que ela se separe da humanidade europeia, como de uma ama, de cujo cuidado a criança se emancipou, instrução que estará doravante a cargo de um preceptor. Pois, sem dúvida, doutrinas de fé apoiadas meramente na autoridade, no milagre e na revelação são expedientes adequados apenas para a infância da humanidade; qualquer um convirá, porém, que uma espécie cuja inteira duração, segundo as indicações concordantes de todos os dados físicos e históricos, não teve até agora mais que cem vezes do período de vida de um homem de sessenta anos, ainda se encontra na primeira infância.

DEMÓFILO

Oh, ao invés de profetizar com descarada satisfação o declínio do cristianismo, tu poderias considerar o quanto a humanidade europeia tem que render graças infinitamente a

crença útil ao povo não pode esperar mais que uma agonia mais ou menos prolongada." [N.T.]

essa religião que lhe foi transmitida tardiamente, desde seu verdadeiro e antigo lar, o Oriente. Com ela recebeu uma tendência até então desconhecida, devido ao conhecimento da verdade fundamental de que a vida não poderia ser um fim em si mesmo, mas o verdadeiro propósito de nossa existência está além dela. De fato, os gregos e romanos colocaram esse propósito inteiramente *na* própria vida, por isso eles poderiam, nesse sentido, ser chamados de pagãos cegos. De acordo com isso, todas as suas virtudes são redutíveis ao que serve ao bem comum — o útil, e Aristóteles diz de modo bem ingênuo: "As maiores virtudes têm de ser aquelas que são mais proveitosas a todos os demais" (ἀνάγκη δὲ μεγίστας εἶναι ἀρετὰς τὰς τοῖς ἄλλοις χρησιμωτάτας) (*Rhetor.* I, c. 9.). Por essa razão, o amor à pátria é a mais alta virtude entre os antigos, embora ela seja na verdade ambivalente uma vez que estreiteza, preconceito, vaidade e um compreensível interesse próprio têm grande participação nela. Pouco antes da mencionada passagem, Aristóteles enumera todas as virtudes para explicá-las individualmente. Elas são: justiça, coragem, moderação, magnificência (μεγαλοπρέπεια), magnanimidade, liberalidade, mansidão, racionalidade e sabedoria. Como são diferentes das virtudes cristãs! Mesmo Platão, que sem nenhuma comparação é o filósofo mais transcendente da Antiguidade pré-cristã, não conhece nenhuma virtude maior que a justiça, única que recomenda de forma incondicionada e por si mesma, enquanto que para todos os outros filósofos o objetivo de toda virtude é uma vida feliz, *vita beata*, e a moral é uma instrução para alcançá-la. Desta banal e rude absorção em uma existência efêmera, incerta e trivial o cristianismo liberou a humanidade europeia,

> *coelumque tueri*
> *Jussit, et erectos ad sidera tollere vultus.*[28]

---

[28] "E permitiu [aos homens] mirar o céu, e elevar o rosto direto às estrelas." (Ovídio, *Metamorfoses* I, 86). [N.T.]

De acordo com isso, o cristianismo prega não apenas a mera justiça, mas também a caridade, a compaixão, a benevolência, a conciliação, o amor ao inimigo, a paciência, a humildade, a renúncia, a fé e a esperança. De fato vai mais além: ensina que o mundo é feito do mal e que nós necessitamos da redenção: por isso prega o desprezo do mundo, a negação de si, castidade, renúncia da própria vontade, isto é, afastamento da vida e seus prazeres enganosos; ensina até a reconhecer o poder santificador do sofrimento e o símbolo do cristianismo é um instrumento de martírio. — Eu admito com prazer que essa séria e unicamente correta visão da vida já era difundida milhares de anos antes na Ásia, sob outras formas, tal como é ainda hoje independente do cristianismo: mas para a humanidade europeia foi uma nova e grande revelação. Pois, como se sabe, a população da Europa provém de raças asiáticas oprimidas e extraviadas que foram chegando pouco a pouco e em sua vasta peregrinação perderam a religião original de sua terra e com isso a visão correta da vida; por isso logo formaram, em novo clima, religiões próprias e bastante rudes, principalmente a dos druidas, a de Odin e a grega, cujo teor metafísico era escasso e superficial. — Entrementes, desenvolveu-se entre os gregos algo bem especial, poder-se-ia dizer instintivo, próprio somente a eles entre todos os povos que já haviam existido na Terra, um refinado e certo sentido de beleza: então, na boca de seus poetas e nas mãos de seus escultores, sua mitologia assumiu uma forma extraordinariamente bela e alegre. Por outro lado, o significado sério, verdadeiro e profundo da vida se perdeu entre os gregos e romanos: eles viveram então como grandes crianças até que chegou o cristianismo e os chamou de volta para a seriedade da vida.

FILALETO

Para julgar o resultado, precisamos apenas comparar a Antiguidade com a Idade Média que lhe seguiu, ou seja, a época de Péricles com o século XIV. Dificilmente se poderia acreditar ter diante de si seres da mesma espécie: ali o mais belo desdobramento da humanidade, excelentes instituições estatais, sábias leis, magistraturas prudentemente distribuídas, liberdade regulada racionalmente, todas as artes, incluindo a poesia e a filosofia, em seu apogeu, a criação de obras que mesmo depois de séculos se mantém como modelos inalcançáveis, quase como obras de seres superiores aos quais nunca poderemos nos equiparar, e junto a isso a vida embelezada pela mais nobre sociabilidade, tal como nos é retratada no *Banquete* de Xenofonte.[29] E agora veja aqui se fores capaz. — Veja a época em que a Igreja aprisionou os espíritos e a violência os corpos, para que os cavalheiros e os padres pudessem impor o fardo da vida a sua besta de carga comum, o terceiro estado. Ali encontras a justiça pelas próprias mãos [*Faustrecht*],[30] feudalismo e fanatismo em estreita aliança, e em sua sequência a ignorância atroz e a obscuridade espiritual, uma intolerância correspondente, cismas, guerras de religião, cruzadas, perseguição de hereges e inquisições; e como forma de sociabilidade, a cavalaria, remendada à base da brutalidade e da bufonaria, com seus gestos e caretas cultivados com pedantismo e convertidos em sistema, com superstições degradantes e veneração simiesca das mulheres, da qual um resto ainda existente, a galantaria, é paga com uma bem merecida arrogância feminina e dá a todos os asiáticos contínua matéria de riso com o que estariam de acordo os gregos. Na dourada Idade Média, é claro, a coisa chegou ao ponto de um formal e metódico serviço às mulheres, com a imposição de façanhas heroicas, *cours d'amour*, afetados cantos de trovadores etc; se bem que deve-se observar que es-

---

[29] Xenofonte (c. 430–355 a.C.), nascido próximo a Esparta, na Grécia, foi discípulo de Sócrates e autor, entre outros, de *Anabase* e de *A educação de Ciro*. [N.E.]

[30] *Faustrecht* significa "direito à força" (literalmente, "direito de punho"). Ver acima, capítulo 9, § 124. [N.T.]

sas últimas farsas, que ainda têm um lado intelectual, tinham seu lugar principalmente na França, enquanto que entre os materialistas e rudes alemães os cavaleiros se destacavam mais pelas bebedeiras e saques: canecas e castelos de bandido eram seus negócios; mas na corte é claro que não faltavam insípidas cantigas trovadorescas. Como havia mudado tanto assim a cena? Com a migração dos povos[31] e o cristianismo.

DEMÓFILO

Que bom que tu recordas. A migração dos povos foi a fonte do mal e o cristianismo o dique contra o qual este rompeu. O cristianismo foi antes de tudo o meio de refrear e moderar as rudes e selvagens hordas que chegaram com o fluxo da migração. O homem rude deve primeiro ajoelhar-se, aprender a veneração e a obediência, só então se pode civilizá-lo. Isso foi o que realizaram, na Irlanda São Patrício, e na Alemanha Winfried, o Saxão, que se tornou um verdadeiro *Bonifacius*.[32] A migração de povos, esse último avanço das raças asiáticas à Europa ao que se seguiram ainda infrutíferas tentativas da mesma espécie como a de Átila, Genghis Khan e Timur[33] e como um epílogo cômico, os ciganos, ela foi aquilo que expulsou o humanismo da Antiguidade; o cristianismo, porém, foi precisamente o princípio oposto ao da rudeza, assim como mais tarde a Igreja, em toda a Idade Média com sua hierarquia foi extremamente necessária para pôr limites à rudeza e à barbaridade daqueles que detinham o poder físico,

---

[31] Alguns tradutores optaram por traduzir *Völkerwanderung* por "invasão dos bárbaros" ou "grandes invasões". Nós optamos por uma tradução mais literal. [N.T.]

[32] Winfried era o nome de batismo de São Bonifácio, considerado o padroeiro nacional dos católicos alemães. Nascido entre 672 e 675 no então reino anglo-saxão de Wessex (sudoeste da Inglaterra), recebeu em 719 do papa Gregório II o codinome Bonifatius (benfeitor) e a missão de evangelizar os alemães. [N.T.]

[33] Timur ou Tamerlão (1336-1405) foi um soberano turco-mongol que conquistou partes da Índia e da Rússia, a Pérsia, o Iraque, a Síria e a Armênia. [N.E.]

os monarcas e cavaleiros: ela se tornou o quebra-gelo dessas potentes geleiras. Todavia, a finalidade do cristianismo não é tanto tornar essa vida agradável mas nos tornar dignos de uma outra melhor: ela olha para além desse lapso de tempo, além desse sonho efêmero para nos conduzir para a salvação eterna. Sua tendência é ética, no mais alto sentido da palavra, até então desconhecido na Europa, como já te fiz notar ao comparar a moral e a religião dos antigos com a dos cristãos.

FILALETO

Com razão, pelo que diz respeito à teoria; mas veja a práxis. É indiscutível que, comparado com os seguintes séculos de cristianismo, os antigos foram bem menos cruéis do que na Idade Média com seus obsessivos martírios e suas incontáveis fogueiras. Ademais, os antigos eram mais tolerantes, apreciavam especialmente a justiça, se sacrificavam pela pátria, mostraram traços nobres de todo tipo e uma humanidade tão genuína que até os dias de hoje o contato com suas ações e pensamentos se chama estudos humanísticos. Guerras de religião, massacres religiosos, cruzadas, inquisição, junto com outros tribunais de hereges, extermínio da população originária da América e implantação de escravos africanos em seu lugar — tudo isso foi fruto do cristianismo, e nada que lhe seja análogo ou que possa equilibrar a balança pode ser encontrado entre os antigos: pois os escravos dos antigos, a *familia*, os *vernae*, uma raça satisfeita que se mostrava fiel ao senhor, são em relação aos desditosos negros das plantações de açúcar, que incriminam a humanidade, tão distintos quanto suas respectivas cores. A tolerância da pederastia, que se reprova principalmente à moral dos antigos, ainda que certamente repreensível, não passa de uma bagatela se comparada aos horrores mencionados do cristianismo e mesmo entre os modernos esse vício não se tornou tão raro por aparecer menos. Tudo considerado, tu podes ainda afirmar que a humanidade se tornou efetivamente melhor com o cristianismo?

DEMÓFILO

Se o resultado não correspondeu à pureza e à correção da doutrina, isso se deve ao fato de que essa teoria era muito nobre, muito sublime para a humanidade, com o que ela colocou a meta demasiado alto: seguir a moral pagã era certamente mais fácil, assim como a maometana. Pois é precisamente o mais sublime o que mais está aberto ao abuso e à fraude: *abusus optimi pessimus*;[34] por isso mesmo aquelas doutrinas serviram algumas vezes como um pretexto para as práticas mais atrozes e para verdadeiros crimes. — O declínio das instituições estatais antigas, assim como das artes e ciências do mundo antigo, porém, se deve imputar, como dito, à invasão dos bárbaros estrangeiros. Era inevitável que depois a ignorância e a rudeza alcançassem a supremacia e, como consequência disso, a violência e a fraude se apoderassem do governo, de modo que os cavaleiros e os curas lançaram uma carga sobre a humanidade. Em parte isso se explica, contudo, pelo fato de que a nova religião ensinava a buscar a salvação eterna em vez da temporal, preferia a simplicidade do coração ao saber da inteligência e era contrária a todos os prazeres mundanos, aos quais também as ciências e as artes serviam. Não obstante, quando essas últimas se tornaram úteis para a religião elas foram fomentadas e alcançaram certo florescimento.

FILALETO

Em um âmbito muito estreito. Mas as ciências eram companheiras suspeitas e como tais foram mantidas em limites. Já a ignorância, esse elemento tão necessário às doutrinas de fé, foi cuidadosamente cultivada.

---

[34] "O abuso do ótimo é péssimo." [N.T.]

DEMÓFILO
E mesmo assim, aquilo que a humanidade herdou até então em sabedoria e que estava depositado nos escritos dos antigos foi salvo da destruição apenas pelo clero, sobretudo nos monastérios. O que não teria acontecido se o cristianismo não tivesse aparecido pouco antes da migração de povos.

FILALETO
Seria de fato uma pesquisa extremamente útil se uma vez conseguíssemos com a máxima imparcialidade e frieza, sem partidarismo e de forma exata e correta, medir as vantagens que se obteve com as religiões diante dos inconvenientes que causaram. Pois para isso se necessita uma quantidade bem maior de dados históricos e psicológicos do que aqueles que temos à nossa disposição. As academias poderiam fazer disso um objeto de concurso.

DEMÓFILO
Elas se guardariam disso.

FILALETO
Espanta-me que dizes isso: pois é um mau sinal para as religiões. De resto, há academias em que as questões trazem tacitamente a condição de que o prêmio seja outorgado a quem melhor sabe dizer o que elas querem ouvir. — Antes de tudo um estatístico poderia nos indicar quantos crimes são prevenidos anualmente por motivos religiosos e quantos por outros. Os primeiros seriam bem poucos. Pois, quando alguém se sente tentado a cometer um crime, é seguro que a primeira coisa que se opõe a isso em sua cabeça é o castigo previsto em lei e a probabilidade de ser pego por ela; depois entra em consideração, em segundo lugar, o risco de sua reputação. Sobre esses dois inconvenientes ele ruminará durante horas, se não me engano, até que as considerações

religiosas lhe venham à mente. Contudo, se ele passou dessas duas primeiras barreiras contra o crime, acredito que muito raramente a religião *apenas* irá detê-lo.

DEMÓFILO

Creio, entretanto, que o fará frequentemente; especialmente quando sua influência já atua por intermédio do costume, de modo que o homem recua diante de grandes delitos. A primeira impressão fica gravada. Pense, por exemplo, quantos homens, especialmente os da nobreza, cumprem amiúde suas promessas com pesados sacrifícios, determinados unicamente porque na infância seus pais, com seriedade, lhe disseram: "um homem de honra — ou um *gentleman* —, ou um cavalheiro, mantém sempre e de forma inviolável sua palavra".

FILALETO

Sem uma certa e inata *probitas* também isso não funciona. Tu não deves atribuir à religião o que é consequência da bondade inata do caráter pela qual sua compaixão por aquele que sofreria o crime o detém. Esse é o genuíno motivo moral e como tal independente de todas as religiões.

DEMÓFILO

Mesmo este, porém, atua bem raramente na grande massa sem a roupagem de motivos religiosos, que em todo o caso o reforçam. Mas também sem tal base natural os motivos religiosos por si só frequentemente impedem os crimes. E tampouco podemos ficar surpresos que isso ocorra com o povo quando vemos que até mesmo pessoas de alta formação encontram-se às vezes sob a influência não tanto dos motivos religiosos, os quais estão baseados sempre numa verdade ao menos alegoricamente, mas da mais absurda superstição e se deixam guiar por ela, por exemplo, não empreender nada às sextas-feiras, não se sentam treze à mesa, obedecem a *om-*

nibus[35] fortuitos e assim por diante, como faz ainda mais o povo. Tu não és capaz de conceber a extrema limitação das mentes grosseiras: aí não se vê nada senão trevas, sobretudo quando, como ocorre amiúde, um coração ruim, injusto e maligno está em seu fundo. Tais homens que constituem a grande maioria da espécie têm que ser momentaneamente guiados e controlados, tanto quanto se possa, e isso ocorre graças a motivos supersticiosos até que se tornem suscetíveis àqueles que são melhores e mais corretos. Do efeito direto da religião dá testemunho, por exemplo, o fato de que frequentemente, em especial na Itália, um ladrão restitua por meio de seu confessor o objeto roubado, já que este faz disso a condição da absolvição. Pense também no juramento, no qual a religião mostra a influência mais decisiva, seja porque então o homem se coloca expressamente no ponto de vista de um ser meramente moral e se vê solenemente interpelado desse modo; assim parece ocorrer na França em que a forma de juramento se resume ao *je le jure*, e da mesma forma entre os quakers em que seu solene "sim" ou "não" é aceito no lugar do juramento — ou seja porque creem de fato na perda de sua beatitude eterna, expressa pelo juramento, crença que é apenas uma cobertura do primeiro sentimento. Em todo caso, as representações religiosas são o meio de despertar e evocar sua natureza moral. Com quanta frequência falsos juramentos são tomados em princípio, mas quando se chega ao ponto, são subitamente rechaçados, com o que então a verdade e a justiça obtêm a vitória.

FILALETO

E mais frequentemente ainda falsos juramentos foram prestados, com o que a verdade e a justiça foram pisoteadas com a cumplicidade manifesta de todos os testemunhos do ato. O juramento é a ponte de asno [*Eselsbrücke*] metafísica dos juristas: eles deveriam recorrer a ele o mínimo possível.

---

[35] "Presságios." [N.T.]

Mas se isso é inevitável, então devem fazê-lo com a maior solenidade, nunca sem a presença do clero, até mesmo na igreja ou em uma capela anexa ao tribunal. Em casos extremamente suspeitos convém até que a juventude escolar esteja presente. A abstrata fórmula francesa de juramento é, por essa razão, inapta: a abstração de um fato positivo se deveria deixar ao pensamento de cada um de acordo com o grau de sua formação. Entrementes tens razão ao colocar o juramento como inegável exemplo da eficácia prática da religião. Não obstante, apesar de tudo que tu disseste eu tenho que duvidar de que fora disso tenha ela um grande alcance. Imagine por um momento que todas as leis criminais fossem subitamente suprimidas por meio de uma proclamação pública; creio então que nem eu nem tu teríamos a coragem de ir daqui para casa sozinhos unicamente com a proteção dos motivos religiosos. Se, pelo contrário, todas as religiões fossem proclamadas falsas, então viveríamos como antes unicamente sob a proteção das leis, sem nenhum aumento considerável de nossos cuidados e medidas de precaução. — Mas quero te dizer mais: as religiões têm tido muito frequentemente uma influência desmoralizante. Em geral pode-se afirmar que o que se atribui às obrigações diante de Deus se retira dos deveres diante dos homens, pois é muito cômodo substituir a falta de boa conduta para com estes pela adulação àquele. De acordo com isso, vemos em todas as épocas e países a grande maioria dos homens achar mais fácil alcançar o céu por meio de orações do que merecê-lo pelas ações. Em cada religião chega-se sempre ao ponto em que para os objetos mais imediatos da vontade divina contam menos as ações morais e mais a fé, as cerimônias no templo e a adoração de todo tipo; de fato, as últimas vão pouco a pouco se convertendo em sucedâneos, sobretudo quando vinculadas aos emolumentos dos sacerdotes: sacrifícios de animais no templo, encargo de missas, edificação de capelas ou cruzes no caminho são logo as obras mais meritórias de modo que mesmo os crimes mais imperdoáveis são expiados com elas, como também com a penitência, a submissão à autoridade sacerdotal, confissões, peregrinações, doações ao templo e a seu sacerdote, a construção de monastérios e que tais, com o que os sacerdotes quase aparecem apenas como os intermediários do comércio com deuses venais. E mesmo se isso não vai tão longe: onde está a religião em que os adeptos não considerem ao menos as preces, os cânticos e todo tipo de exercício de devoção como um sucedâneo ao menos parcial da conduta moral? Veja por exemplo o caso da Inglaterra em que o domingo cristão, introduzido por Constantino, o Grande, por oposição ao *sabbath* judeu, é falsamente identificado com este inclusive pelo nome, graças a uma falcatrua descarada da padralhada, com o propósito de transpor as prescrições de Jeová para o *sabbath*, isto é, o dia em que o todo-poderoso, fatigado depois de um trabalho de seis dias, teve que repousar e por isso ele é *essencialmente o último dia da semana*, ao domingo dos cristãos, o *dies solis*,[36] esse primeiro dia que abre gloriosamente a semana, esse dia de devoção e alegria. Por consequência dessa fraude, na Inglaterra devido ao *sabbath-breaking* ou *the desacration of the Sabbath*, toda ocupação, mesmo a mais leve, útil ou agradável, todo jogo, toda música, todo tricô, todo livro mundano, enfim tudo o que ocupe o domingo é contado entre os pecados graves. O homem ordinário não teria que acreditar que ao simplesmente cumprir sempre, como lhe predizem seus diretores espirituais, *a strict observance of the holy sabbath, and a regular attendance on divine service* [uma observância estrita do sagrado *sabath* e o comparecimento aos ofícios religiosos], ou seja, se ele fica ocioso somente aos domingos, inviolável e profundamente, e não deixa de ficar duas horas na igreja para escutar a mesma litania pela milésima vez e repeti-la *a tempo* como um papagaio [*mitzuplappern*], enfim, não teria que acreditar

---

[36] "Dia de sol." [N.T.]

que com isso ele poderia esperar indulgência com relação a uma coisa ou outra que ele eventualmente se permite fazer. Aqueles demônios em figura humana que são os detentores e comerciantes de escravos nos estados livres da América do Norte (deveriam se chamar Estados Escravagistas) são via de regra ortodoxos e devotos anglicanos que considerariam um grave pecado trabalhar no domingo e que, confiantes nisso e em sua pontual visita à igreja etc., esperam pela beatitude eterna. — A influência desmoralizante das religiões é, portanto, menos problemática que a influência moralizadora. Quão grande ela deveria ser porém para reparar as atrocidades que as religiões provocaram, em especial a cristã e a maometana, e as calamidades que trouxeram ao mundo! Pense no fanatismo, nas perseguições sem fim, sobretudo nas guerras de religião, essa sangrenta demência da qual os antigos não tiveram nenhuma noção; enfim, nas cruzadas que foram uma matança totalmente irresponsável de duzentos anos de duração, que tinha por grito de guerra "Deus o quer", com o propósito de conquistar o túmulo daquele que havia predicado amor e tolerância; pense na cruel expulsão e erradicação dos mouros e judeus na Espanha; pense nos matrimônios de sangue, nas inquisições e outros tribunais de hereges, e também nas sangrentas e grandes conquistas dos maometanos nos três continentes; mas ainda em seguida na dos cristãos na América, cujos habitantes eles exterminaram em sua maioria, em Cuba completamente inclusive, e segundo Las Casas assassinaram doze milhões num período de quarenta anos e tudo isso, entende-se, *in majorem Dei gloriam*,[37] e para a propagação do Evangelho, e porque além disso quem não era cristão não era visto como homem. É verdade que eu já toquei nesse assunto antes: mas quando ainda

---

[37] Citação da divisa dos jesuítas: *Ad majorem Gloriam Dei*. (Para a maior glória de Deus). [N.T.]

em nossos dias as *Notícias mais recentes do reino de Deus*[38] ainda são publicadas, não nos cansaremos de relembrar essas noticiais mais antigas. Não nos esquecemos em particular da Índia, esse solo sagrado, esse berço do gênero humano, ao menos da raça a que pertencemos, donde primeiro os maometanos e depois os cristãos cometeram os maiores horrores contra os fiéis da sagrada fé originária da humanidade, além da eternamente lamentável, voluntária e cruel destruição e desfiguração dos mais arcaicos templos e imagens divinas que nos mostram ainda hoje os traços da fúria monoteísta dos maometanos, tal como ela se exerceu de Mahmud Ghaznavid, de memória maldita, até Aurengzeb, o fratricida: depois os cristãos portugueses se esforçaram para imitá-los fielmente, tanto por meio das destruições dos templos como de autos de fé da inquisição em Goa. Tampouco podemos nos esquecer do povo eleito de Deus que, depois de ter roubado no Egito, por mandato expresso e especial de Jeová, os vasos de ouro e prata que haviam sido emprestados por seus velhos e fiéis amigos, com o assassino Moisés à frente, doravante empreendeu sua expedição de assassinato e roubo na terra santa,[39]

---

[38] Revista que informa sobre as atividades dos missionários. Seu volume anual de número quarenta apareceu em 1856. [N.A.]

[39] Tácito (*Historiae*, livro V, cap. 2) e Justino ([*Historiarum Philippicarum*], l. XXXVI, cap. 2) nos legaram o fundamento histórico do Êxodo, cuja leitura é tão instrutiva quanto divertida e do qual podemos depreender o que ocorre com o fundamento histórico dos livros restantes do Velho Testamento. Lá (no lugar citado) vemos que o Faraó não queria mais tolerar por muito tempo no puro Egito o povo judeu, introduzido furtivamente, sujo, infectado de repugnantes e contagiosas enfermidades (*scabies*), o colocou em barcos e o despachou na costa árabe. É verdade que um destacamento de egípcios foi enviado atrás deles, não porém para trazer de volta os preciosos tipos que foram deportados mas para recuperar os que eles haviam *roubado* — pois eles haviam de fato *roubado* os vasos de ouro dos templos: pois quem emprestaria algo para tal corja? — Também é verdade que o dito destacamento acabou impedido por um evento natural. Na costa arábica havia grande escassez, sobretudo de água. Então surgiu um sujeito audaz que propôs se encarregar de tudo se eles o seguissem e o obedecessem. Ele disse ter visto asnos selvagens etc. Eu considero este o fundamento histórico já

com a finalidade de arrebatá-la, como a "Terra prometida", a seus proprietários legítimos, novamente sob o mandato expresso e reiterado do mesmo Jeová de não mostrar nenhuma compaixão, mas por meio de assassinatos e do extermínio completamente impiedoso de todos os habitantes, mesmo de mulheres e crianças (*Josué*, capítulos 10 e 11) já que não eram circuncidados e não conheciam Jeová, o que era motivo suficiente para justificar todas as atrocidades cometidas contra eles. Ora, pela mesma razão se narra gloriosamente a infame patifaria do patriarca Jacob e seus eleitos contra Hemor, o rei de Salem e seu povo (Gênesis, 34), só porque as pessoas eram incrédulas.[40] Este é verdadeiramente o pior lado das

que constitui a prosa sobre a qual a poesia do Êxodo foi construída. Embora Justino (ou seja, Pompeu Trogo) tenha a esse respeito cometido um enorme anacronismo (isto é, segundo nossas suposições que se baseiam no Êxodo) não me induz ao erro: pois cem anacronismos não são tão questionáveis quanto um único milagre. — A partir dos dois clássicos romanos citados nós vemos quanto os judeus foram execrados e desprezados em todos os tempos e por todos os povos. Isso pode provir em parte do fato de que eles eram o único povo na Terra que não atribuía ao homem uma existência para além desta vida, e por isso foram vistos como gado, escória da humanidade — mas grandes mestres na mentira. [N.A.]

[40] Quem quer saber, mesmo sem dominar o hebreu, o que é o Antigo Testamento, deve lê-lo na Septuaginta, a mais correta, autêntica e ao mesmo tempo a mais bela de todas as traduções: aí tem um tom e uma cor completamente distintos. O estilo da Septuaginta é na maioria dos casos nobre e ingênuo, também não tem nada de eclesial e nenhum traço cristão: frente a esta, a tradução de Lutero se mostra ao mesmo tempo vulgar e devota e também frequentemente incorreta, às vezes até voluntariamente, e se mantém num tom eclesiástico e edificante. Nas passagens mencionadas acima Lutero se permitiu algumas atenuações, que poderiam ser chamadas de falsificações: onde ele colocou "desterrar" [*verbannen*] está *ephoneusan* [eles mataram] etc.

De resto, a impressão que me causou o estudo da Septuaginta foi um cordial afeto e uma íntima veneração do *megas basileus Naboukhodonosōr* [grande rei Nabucodonosor], mesmo tendo se portado de forma demasiado indulgente com um povo que tinha em sua possessão um Deus que lhe oferecia ou lhe prometia as terras de seus vizinhos, sobre as quais esse mesmo povo estabelecia sua propriedade pelo rapto e pelo assassinato, para aí construir um templo a Deus. Que cada povo que possua um Deus que faz religiões: os crentes de cada uma delas se consideram autorizados a fazer tudo contra os crentes de todas as outras e por isso agem com extrema desconsideração e crueldade contra eles; assim os maometanos contra cristãos e hindus, os cristãos contra os hindus, maometanos, povos da América, negros, judeus, hereges etc. Mas talvez eu esteja indo longe demais quando digo "*todas* as religiões"; pois para honrar a verdade eu devo acrescentar que a crueldade fanática proveniente deste princípio só nos é conhecida pelos partidários das religiões monoteístas, portanto apenas do judaísmo e suas duas ramificações, o cristianismo e o islamismo. Dos hindus e dos budistas nada parecido nos é relatado. Embora saibamos que o budismo foi expulso, por volta do quinto século de nossa era pelos brâmanes, de sua pátria original, da península da Índia, donde em seguida se estendeu por toda a Ásia, não temos, pelo que eu saiba, nenhuma informação específica de violência, guerra e crueldade pelas quais se alcançou essa finalidade. Contudo, isso se pode atribuir à obscuridade na qual está envolta a história desses países: todavia, o caráter em geral benévolo daquelas religiões que pregam incessantemente a preservação de todo ser *vivente*, assim como a circunstância de que o bramanismo na realidade não admite prosélitos devido ao seu sistema de castas, nos permite esperar que seus adeptos tenham se mantido livres dos grandes derramamentos de sangue e das crueldades de todo tipo. Spence Hardy, em seu excelente livro *Eastern Monachism* (p. 412), louva a extraordinária tolerância dos budistas e assegura que os anais do budismo oferecem bem menos exemplos de perseguição religiosa que qualquer outra religião. De fato a intolerância é essencial apenas ao monoteísmo: um Deus único é, segundo sua natureza, um Deus ciumento que não permite viver nenhum outro. Os deuses

dos países vizinhos a "Terra prometida" encontre em seu devido tempo seu Nabucodonosor, e também seu Antíoco Epifânio e seja tratado sem mais cerimônias. [N.A.]

politeístas são, ao contrário, segundo sua natureza, tolerantes: eles vivem e deixam viver; primeiro eles aceitam com prazer seus colegas, os deuses da mesma religião, e depois essa tolerância se estende também aos deuses estranhos, que então são acolhidos com hospitalidade e às vezes chegam até a alcançar o direito de cidadania, como nos mostra antes de tudo o exemplo dos romanos, que aceitaram e honraram de bom grado os deuses frígios, egípcios e outros deuses estrangeiros. Por isso somente as religiões monoteístas nos oferecem o espetáculo das guerras de religião, perseguições religiosas e os tribunais de hereges, como também da profanação e destruição de imagens de deuses estrangeiros, a demolição de templos hindus e colossos egípcios que durante três milênios haviam mirado o sol, apenas porque seu Deus invejoso disse: "Tu não deves cultuar nenhuma imagem" etc.
— Mas voltando ao ponto principal, tu tens razão ao insistir na grande necessidade metafísica do homem: mas as religiões não me parecem oferecer tanto a satisfação quanto o abuso de tal necessidade. Vimos ao menos que sua utilidade com respeito ao fomento da moralidade é em grande parte problemática, já seus inconvenientes e sobretudo as atrocidades que se produziram ao segui-las são evidentes. A coisa muda, entretanto, quando tomamos em consideração a utilidade das religiões como apoio dos tronos: pois na medida em que eles são estabelecidos pela graça de Deus, o altar e o trono se acham numa estreita afinidade. E por conseguinte, todo príncipe prudente que ama sua família e seu trono sempre se mostrará a seu povo como um modelo de verdadeira religiosidade, como mesmo Maquiavel aconselha encarecidamente ao príncipe a religiosidade no décimo oitavo capítulo. Além disso, poder-se-ia aduzir que as religiões reveladas se comportam com relação à filosofia exatamente como o soberano pela graça de Deus se relaciona com a soberania do povo; por isso os dois primeiros membros dessa comparação se encontram em uma aliança natural.

SOBRE A RELIGIÃO

DEMÓFILO

Oh, só não concordo com esse tom! Mas imagine que assim tu tocarias a corneta da oclocracia e da anarquia, do arqui-inimigo de toda ordem legal, de toda civilização e humanidade.

FILALETO

Tu tens razão. Eram justamente sofismas ou aquilo que os mestres da esgrima chamam golpe sujo (*Sauhiebe*). Então retiro o que disse. Mas veja como a disputa pode por vezes tornar até o homem honesto injusto e malicioso. Paremos por aqui.

DEMÓFILO

Na verdade eu tenho que lamentar que após empregar tantos esforços não consegui alterar tua disposição em relação às religiões. Mas inversamente, posso te assegurar que tudo aquilo que tu alegaste não abalou em absoluto minha convicção sobre seu grande valor e sua necessidade.

FILALETO

Nisso eu acredito, pois como se diz em *Hudibras*:

> *A man convinc'd against his will*
> *Is of the same opinion still.*[41]

Mas me consola pensar que nas controvérsias e nos banhos minerais o efeito verdadeiro seja o posterior.

DEMÓFILO

Então eu te desejo um efeito favorável.

---

[41] "Um homem convencido contra sua vontade/ Mantém sua própria opinião". Samuel Butler, *Hudibras*, parte III, canto 3, 54. [N.A.]

FILALETO
Poderia quiçá sobrevir se um provérbio espanhol não me viesse novamente ao estômago.

DEMÓFILO
E o que diz?

FILALETO
Detras de la cruz está el Diablo.

DEMÓFILO
Em alemão, espanholão!

FILALETO
Ao teu dispor! — "atrás da cruz está o diabo"!

DEMÓFILO
Vai, não vamos nos despedir um do outro com sarcasmos, compreendemos antes que a religião, assim como Jano — ou melhor, como o Deus bramânico da morte, Yama —, possui duas feições e como este último, uma bem simpática e outra bem tenebrosa: e cada um de nós teve uma delas em vista.

FILALETO
Tu tens razão, velho!

§. 175. — *Fé e saber*

A filosofia, enquanto ciência, não tem absolutamente nada que ver com o que deve ou se permite *crer*, mas apenas com aquilo que se pode *saber*. Se então este último deve ser algo inteiramente diferente do que se crê, isso não é nenhum inconveniente para a fé: pois ela é fé porque ensina aquilo que não se pode saber. Se pudéssemos saber, então a fé seria algo inútil e ridículo, mais ou menos como se uma doutrina de fé fosse estabelecida no domínio da matemática.

Mas certamente poder-se-ia objetar a isso que a fé, ao

contrário, sempre pode ensinar mais e bem mais que a filosofia; nada porém que seja incompatível com os resultados desta. Pois o saber é de um material mais duro que o da fé, de modo que é ela que se rompe quando eles se chocam.

Em todo caso, ambas são coisas tão fundamentalmente diferentes que para seu respectivo bem têm de permanecer estritamente separadas de forma que cada uma siga seu caminho sem tomar notícia da outra.

§. 176. — *Revelação*

As efêmeras gerações humanas nascem e perecem numa veloz sucessão enquanto os indivíduos dançam de mãos dadas com a morte entre o medo, a penúria e a dor. Por isso perguntam incansavelmente o que acontece com eles e o que pode significar toda essa farsa tragicômica, e invocam o céu esperando uma resposta. No entanto, o céu permanece mudo. Já os padres, ao contrário, chegam-nos com revelações.

Entre as muitas coisas difíceis e lamentáveis do destino humano não é das menores o fato de que existimos sem saber de onde, para onde e para quê: quem quer que tenha sido tomado e penetrado por este sentimento não poderá deixar de sentir alguma irritação com aqueles que alegam possuir notícias especiais a respeito disso que eles querem nos comunicar com o nome de revelações. — Aos senhores da revelação eu gostaria de aconselhar não falar tanto de revelação hoje em dia, pois lhes seria facilmente revelado o que é propriamente a revelação.

Não passa de uma grande criança aquele que pode pensar seriamente que seres que não eram humanos deram à nossa espécie explicações sobre a existência e a finalidade dela e do mundo. Não existe nenhuma outra revelação senão os pensamentos dos sábios, mesmo que esses, de acordo com o destino de tudo o que é humano, estejam submetidos ao erro e também frequentemente revestidos de assombrosas alegorias e mitos que se chamam então religiões. Nesse sentido é pois indiferente se um indivíduo vive e morre fiando-se em pensamentos próprios ou alheios: pois são sempre pensamentos e opiniões humanos em que ele confia. Contudo, os homens têm, via de regra, a fraqueza de seguir antes a cabeça dos outros que alegam ter fontes sobrenaturais do que sua própria. Mas se tivéssemos em mente a enorme desigualdade intelectual de um homem a outro, então poderíamos considerar que os pensamentos de um valem em certa medida como revelações para o outro.

Ao contrário, o segredo fundamental e a astúcia original de todos os padres em toda a Terra e em todos os tempos, sejam eles brâmanes ou muçulmanos, budistas ou cristãos é o seguinte. Eles conheceram corretamente e compreenderam bem a grande força e a indestrutibilidade da necessidade metafísica do homem: alegam então ter como satisfazer a mesma pelo fato de ter chegado até eles diretamente e, por via extraordinária, à chave do grande enigma. Uma vez tendo persuadido as pessoas disso, eles podem conduzi-las e dominá-las à vontade. Por isso os governantes mais espertos estabelecem uma aliança com eles para dominar os outros. Mas se alguma vez, pela mais rara das exceções, um filósofo chega ao trono, então se produz a mais inoportuna perturbação de toda a comédia.

§. 177. — *Sobre o cristianismo*

Para fazer um juízo correto sobre ele temos que considerar o que antes dele existia e o que foi suprimido por ele. Primeiro o paganismo greco-romano: tomado como metafísica do povo, um fenômeno extremamente insignificante, sem uma dogmática própria e definida, sem uma ética claramente formulada, até mesmo sem uma verdadeira tendência moral e sem sagradas escrituras, de modo que mal merece o nome de religião, mas antes um jogo da imaginação e uma fabricação dos poetas a partir de contos populares e, no melhor dos casos, uma personificação evidente das forças naturais. Mal podemos imaginar como homens tenham levado a sério essa religião pueril. Todavia, muitas passagens dos antigos comprovam isso, especialmente o primeiro livro de Valério Máximo, mas também muitas passagens de Heródoto, das quais só quero mencionar aquela do último livro, capítulo 65, onde ele exprime sua própria opinião e fala como uma mulher velha. Nos tempos posteriores e diante de uma filosofia avançada, essa seriedade desapareceu, o que tornou possível ao cristianismo desbancar aquela religião oficial, apesar de seus apoios externos. Nem sequer na melhor época grega essa religião era levada a sério, como nos tempos modernos a cristã, ou na Ásia a budista, bramânica ou mesmo a maometana; por isso o politeísmo dos antigos era algo completamente diferente do que o mero plural do monoteísmo; enfim tudo isso o prova suficientemente *As rãs* de Aristófanes, na qual Dioniso aparece como o peralta e o poltrão mais deplorável que se possa pensar e é exposto ao escárnio: e isso era publicamente representado em sua própria festa, as *Dionisíacas*. — A segunda coisa que o cristianismo teve que suplantar foi o judaísmo, cujo dogma grosseiro foi sublimado e silenciosamente alegorizado pelo dogma cristão. De uma maneira geral, o cristianismo é inteiramente de natureza alegórica, pois o que se denomina alegoria nas coisas profanas, nas religiões se chama mistério. Deve-se admitir que o cristianismo, não somente na *moral*, em que as doutrinas da *caritas*, a conciliação, o amor aos inimigos, resignação e renúncia à própria vontade são coisas exclusivamente suas — no Ocidente, bem entendido —, mas mesmo na *dogmática* ele é bem superior àquelas duas religiões anteriores. Mas o que há de melhor a oferecer à grande massa que é incapaz de compreender a verdade imediatamente do que uma bela alegoria, perfeitamente adequada enquanto fio condutor para a vida prática e âncora de consolo e esperança? Uma pequena mescla de absurdo é nela, porém, um ingrediente necessário, já que serve para indicar sua natureza alegórica. Se se entende a dogmática cristã *sensu proprio*, então Voltaire tem razão. Tomada alegoricamente, ao contrário, ela é um mito sagrado, um veículo por meio do qual são levadas ao povo verdades que de outro modo lhe seriam absolutamente inacessíveis. Poder-se-ia compará-la com os arabescos de Rafael, ou também com os de Runge,[42] que representam aquilo que é manifestamente antinatural e impossível, mas nos quais se exprime um profundo sentido. Mesmo a afirmação da Igreja de que nos dogmas da religião a razão é inteiramente incompetente, cega e desprezível significa no fundo que esses dogmas são de uma natureza alegórica e por isso não se pode julgá-los segundo a única medida que a razão, que toma tudo *sensu proprio*, pode adotar. Os absurdos no dogma são justamente a estampa e o distintivo do alegórico e do mítico, embora surjam no caso presente do fato de que era preciso associar duas doutrinas tão heterogêneas como a do Antigo e a do Novo Testamento. Essa grande alegoria não se constitui senão aos poucos, por ocasião de circunstâncias externas e casuais, mediante a interpretação das mesmas sob a silenciosa marcha de uma profunda verdade que não se havia feito claramente consciente até ser completada por Agostinho, que penetrou mais profundamente em seu sentido e pôde então compreendê-la como um todo sistemático e preencher o que faltava. Por conseguinte, é antes a doutrina agostiniana, reforçada por Lutero, o cristianismo acabado, não o cristianismo primitivo como pensam os protestantes hodiernos, que tomam a "revelação" *sensu proprio* e por isso a limitam a um indivíduo — pois não é a semente e sim o fruto o comestível. O ponto mais grave para todas as religiões, porém, permanece sendo sempre o fato de que não podem ser alegóricas de forma reconhecida, porém apenas de maneira oculta e por isso têm que apresentar suas doutrinas do modo mais sério, como se fossem verdadeiras *sensu proprio*; o que origina, devido aos absurdos essencialmente necessários nelas presentes, um engano contínuo e é um grande inconveniente.

---

[42] Philipp Otto Runge (1777-1810) foi um pintor alemão de tendência romântica. [N.E.]

E inclusive, o que é ainda pior, com o tempo chega o dia em que elas não são mais verdadeiras *sensu proprio*: então vão a pique. Nessa medida, melhor seria se confessassem logo sua natureza alegórica. Porém, como se poderia alegar ao povo que algo poderia ser, ao mesmo tempo, verdadeiro e não verdadeiro? Mas já que encontramos em todas as religiões mais ou menos essas mesmas características, então temos que reconhecer que o absurdo é em certo grau adequado ao gênero humano, até mesmo um elemento vital, e a ilusão lhe é indispensável — tal como confirmam outros fenômenos.

Um exemplo e uma prova da acima mencionada fonte do absurdo originado da união entre o Antigo e o Novo Testamento nos oferece, entre outros, a doutrina cristã da predestinação e da graça, elaborada por Agostinho, essa estrela guia de Lutero. Segundo essa doutrina, um indivíduo tem vantagem sobre o outro na graça, que vem a ser um privilégio adquirido no nascimento e trazido ao mundo de forma acabada e por certo na mais importante ocasião. O incômodo e o absurdo disso surgem unicamente do pressuposto do Antigo Testamento de que o homem seria a obra de uma vontade alheia e foi criado por esta do nada. Pelo contrário, e com relação ao fato de que os autênticos traços morais são efetivamente inatos, a questão recebe um significado bem diferente e mais racional com o pressuposto bramânico e budista da metempsicose, segundo a qual o que alguém tem a mais que o outro e já o traz do nascimento, portanto de um outro mundo e de uma vida pregressa, não é o regalo de uma graça alheia, mas os frutos de suas próprias ações realizadas naquele outro mundo. — Mas ao dogma de Agostinho se ajusta também este: de que da depravada, e por isso votada à danação eterna, massa da espécie humana, somente pouquíssimos, e de fato em consequência da eleição da graça e da predestinação, se acharão justificados e serão abençoados, o restante, porém, encontrará a merecida ruína, portanto o eterno tormento do inferno.⁴³ Tomado *sensu proprio,* o dogma aqui é revoltante. Pois não somente em virtude de sua danação eterna ao inferno, os deslizes ou até a incredulidade de uma vida que muitas vezes não passa de vinte anos, são expiados por meio de tormentos infinitos, mas a isso se acrescenta o fato de que essa danação quase universal é na realidade efeito do pecado original e, portanto, consequência necessária da queda. Mas isto em todo caso deveria ter sido previsto por aquele que, em primeiro lugar, não criou os homens melhores do que eles são e em seguida, porém, preparou-lhes uma cilada na qual ele teria que saber que eles cairiam pois tudo era sua obra e nada lhe permanecia oculto. Por conseguinte, ele teria lançado do nada à existência uma espécie fraca e sujeita ao pecado para então entregá-la ao tormento infinito. Por fim, ocorre ainda que o Deus que prescreve indulgência e perdão de toda culpa e até o amor ao inimigo não os exercita e ainda incorre no contrário; pois uma pena que sobrevém no fim das coisas, quando tudo já passou e se acabou para sempre, não pode ter por propósito nem a melhora nem a dissuasão, é portanto mera vingança. Mas de fato, considerando desse modo, toda a espécie parece ter sido diretamente destinada e expressamente criada para o tormento eterno e a danação — até aquelas poucas exceções que são salvas pela eleição da graça, sabe-se lá por quê. Mas colocando isso de lado, é como se o bom Deus tivesse criado o mundo para que o diabo o carregasse; teria sido então bem melhor se ele tivesse se abstido. É o que acontece com os dogmas quando se os interpreta *sensu proprio*: pelo contrário, se são compreendidos *sensu allegorico* então tudo isso é ainda passível de uma interpretação satisfatória. Mas como dito, o absurdo e até mesmo revoltante dessa doutrina é apenas consequência do teísmo judaico, com sua criação a partir do nada e a conseguinte negação, efetivamente paradoxal e

---

⁴³Veja Wiggers, *Augustinismus und Pelagianismus,* p. 335. [N.A.]

chocante, da doutrina da metempsicose, natural, de certa maneira evidente por si mesma e por isso aceita por quase todo o gênero humano, em todas as épocas, com exceção dos judeus. Justamente para pôr de lado o colossal inconveniente que surge disso e amenizar a revolta causada pelo dogma, no século VI o papa Gregório I muito sabiamente formulou e incorporou formalmente à fé da Igreja a doutrina do purgatório, que já se encontrava no essencial em Orígenes (cf. Bayle, no artigo *Origenes*, nota B); com isso a coisa foi bastante atenuada e a metempsicose foi de algum modo substituída, já que tanto uma como a outra oferecem um processo de purificação. Com a mesma intenção foi estabelecida a doutrina da restauração de todas as coisas ($\mathit{\dot{α}ποκατάστασις}$ $\mathit{πάντων}$), pela qual no último ato da comédia do mundo são restituídos até os pecadores sem exceção, *in integrum*. — Os protestantes, com sua rígida crença na Bíblia, são os únicos que não se desviaram das eternas penas do inferno! Que aproveitem! — Poderia dizer alguém malicioso: o único consolo aqui é que eles tampouco acreditam nisso e de vez em quando deixam o assunto de lado, pensando em seus corações: ora, isto não deve ser assim tão grave.

Agostinho, como consequência de sua mente rígida e sistemática, com sua severa apresentação dogmática do cristianismo e sua fixa determinação do que na Bíblia estava meramente insinuado e apoiado na obscura base de doutrinas oscilantes, conferiu a isso contornos tão firmes e deu ao cristianismo uma exposição tão seca que hoje em dia nos parece incômoda; justamente por isso, assim como em seu próprio tempo o pelagianismo, em nosso o racionalismo se lhe opôs. Por exemplo, em *De civitate Dei*, livro 12, capítulo 21, o assunto, tomado *in abstracto*, vem a ser propriamente assim: um Deus *cria um ser do nada*, opõe-lhe proibições e ordens e, dado que essas não são seguidas, ele o tortura por toda a infinita eternidade com todos os suplícios imagináveis, a cujo efeito liga inseparavelmente corpo e alma (*De civit.*

Dei, lib. 13, c. 2; c. 11 *in fine* e 24 *in fine*), para que o tormento desse ser jamais possa ser aniquilado devido à decomposição e deixe escapá-lo, mas que possa viver eternamente em eterno suplício — esse pobre diabo surgido do nada que ao menos tem direito a seu *nada* original — última *retraite* [saída] essa que em nenhum caso pode ser um grande mal e que lhe deveria estar assegurada por direito como sua propriedade herdada. Eu pelo menos não posso deixar de simpatizar com ele. — Ora, se nós juntarmos ainda as restantes teorias de Agostinho, a saber, que tudo isso não depende propriamente de sua conduta, mas estava predeterminado pela eleição da graça — então já não se sabe o que se deve dizer. Certamente, nossos mui cultivados racionalistas dizem: "Porém, tudo isso não é verdadeiro e não passa de um simples espantalho, mas nos elevaremos, de grau em grau, em constante progresso, até uma perfeição cada vez maior". — É uma pena que não começamos antes, pois então já teríamos chegado lá. Mas nossa perplexidade diante de tais afirmações aumenta quando nós entrementes ouvimos a voz de um herege maligno e que foi inclusive queimado na fogueira, Julio Cesar Vanini: *Si nollet Deus pessimas ac nefarias in orbe vigere actiones, procul dubio uno nutu extra mundi limites omnia flagitia exterminaret profligaretque: quis enim nostrum divinae potest resistere voluntati? quomodo invito Deo patrantur scelera, si in actu quoque peccandi scelestis vires subministrat? Ad haec, si contra Dei voluntatem homo labitur, Deus erit inferior homine, qui ei adversatur, et praevalet. Hinc deducunt, Deus ita desiderat hunc mundum qualis est, si meliorem vellet, meliorem haberet* (*Amphith.*, exercit. 16, p. 104).[44] Antes, na página 103, havia

---

[44] "Se Deus não quisesse que no mundo vigorassem as piores e mais nefastas ações, sem dúvida desterraria com um gesto todos os crimes para fora dos limites do mundo e os destruiria; pois quem entre nós poderia resistir à vontade divina? Como podemos admitir que crimes sejam cometidos contra a vontade de Deus se é ele quem oferece aos criminosos a força para cometê-los? Além disso, se o homem peca contra a vontade divina, Deus

dito: *Si Deus vult peccata, igitur facit: si non vult, tamen committuntur; erit ergo dicendus improvidus, vel impotens, vel crudelis, cum voti sui compos fieri aut nesciat, aut nequeat, aut negligat.*[45] Aqui fica claro ao mesmo tempo por quê, até os dias de hoje, o dogma da vontade livre foi mantido *mordicus*;[46] apesar de que de Hobbes a mim todos os pensadores sérios e honestos o rechaçaram como absurdo, como se pode ver em meu premiado escrito *Sobre a liberdade da vontade*. — Com efeito, era mais fácil queimar Vanini do que refutá-lo; por isso, preferiram fazer o primeiro depois de haver-lhe cortado a língua. A segunda possibilidade permanece ainda agora aberta para todos: que se tente fazer isso, porém não com oca verborragia, mas seriamente com pensamentos. —

A concepção agostiniana, em si mesma correta, do imenso número de pecadores e a exígua quantidade dos que merecem a salvação eterna, também se encontra no bramanismo e no budismo, mas nesses últimos não choca graças à metempsicose; pois de fato a redenção final (*final emancipation*) do primeiro e o *nirvana* do último (ambos são equivalentes à nossa salvação eterna) são concedidos apenas a uns poucos, mas que não são, porém, privilegiados, e sim chegaram ao mundo com os méritos acumulados em vidas anteriores e percorrem agora o mesmo caminho. Os demais, porém, não são precipitados no abismo infernal eternamente ardente, mas são transferidos para o mundo correspondente a seus atos. Quem perguntasse aos mestres dessas religiões, onde estão e o que são todos os outros que não alcançaram a redenção, a resposta seria a seguinte: "Olha

---

será inferior ao homem que se opõe a ele e prevalece. Donde se conclui que Deus quer este mundo tal qual ele é; se o quisesse melhor, ele o teria feito melhor." *Amphitheatrum aeternae providentiae, exercitatio* 16, p. 102. [N.T.]

[45] "Se Deus quer o pecado, então ele os comete; se ele não os quer, eles no entanto são cometidos. Então deveria ser dito que ele é ou imprevidente, ou impotente ou cruel, porque ou não sabe ou não pode ou não se preocupa em cumprir seus decretos." [N.T.]

[46] "Com unhas e dentes." [N.T.]

a tua volta, aqui estão e são isto: esta é sua arena, este é o *Samsara*, isto é, o mundo do desejo, do nascimento, da dor, da velhice, da enfermidade e da morte". — Se compreendermos meramente *sensu allegorico*, porém, o mencionado dogma agostiniano do pequeno número de escolhidos e o tão grande dos eternamente condenados, para interpretá-lo no sentido de nossa filosofia, então tal dogma concorda com a verdade de que de fato só uns poucos alcançam a negação da vontade e com isso a redenção deste mundo (como entre os budistas, o nirvana). O que, pelo contrário, o dogma hipostasia como danação eterna é apenas este nosso mundo: é a *ele* que estão votados todos os restantes. Ele é suficientemente ruim, ele é o purgatório, o inferno e também nele não faltam demônios. Considere-se apenas o que os homens infligem aos homens ocasionalmente, com quais martírios refinados alguém tortura lentamente o outro até a morte e se pergunte se o demônio poderia fazer mais. Da mesma forma, a estadia nele também é infinita para todos aqueles que ao não se converterem permanecem na afirmação da vontade de viver.

Mas realmente, se um homem da Alta Ásia me perguntasse o que é a Europa eu teria que lhe responder: ela é a parte do mundo que está completamente tomada pela inaudita e incrível ilusão de que o nascimento do homem é seu começo absoluto e ele saiu do nada.

No fundo e deixando de lado suas respectivas mitologias, o *Samsara* e o *Nirvana* de Buda são idênticos às duas *civitates* de Agostinho, a *civitas terrena* e a *coelestis* que dividem o mundo, tal como ele as apresenta no livro *De civitate Dei*, especialmente livro 14, cap. 4 *et ultimum;* livro 15, caps. 1 e 21; livro 18 *in fine;* livro 21, cap. 1. —

O *diabo* é, no cristianismo, um personagem extremamente necessário, enquanto contrapeso da bondade infinita, da onisciência e da onipotência de Deus, com relação às quais não se poderia ver de onde procederiam os preponderantes, incontáveis e ilimitados males do mundo, se o diabo não estivesse lá para tomá-los por sua própria conta. Por isso, desde que os racionalistas o suprimiram, o inconveniente que daí se originou tornou-se cada vez maior e cada vez mais perceptível, como era previsível e foi previsto pelos ortodoxos. Pois não se pode retirar um pilar do edifício sem comprometer o resto. — Aqui se confirma também o que foi constatado em outro lugar, a saber, que Jeová é uma transformação de Ormuzd e Satã, de seu inseparável Ahriman: mesmo Ormuzd é uma transformação de Indra. —

O cristianismo tem a peculiar desvantagem de não ser, como o são as outras religiões, uma pura *doutrina*, mas é essencial e principalmente uma *história*, uma sequência de acontecimentos, um complexo de fatos, de ações e de sofrimentos de seres individuais: e é precisamente essa história que constitui o dogma, a fé que santifica. Outras religiões, notadamente o budismo, até possuem um elemento histórico na vida de seu fundador; mas esta não é parte do próprio dogma, mas apenas o acompanha. Pode-se comparar, por exemplo, o *Lalitavistara*[47] ao Evangelho, uma vez que contém a vida de *Shakyamuni*, o Buda do período histórico presente; mas isso permanece sendo uma coisa totalmente separada e distinta do dogma, ou seja, do budismo, já pelo fato de que as vidas dos budas anteriores que existiram também eram distintas e a dos futuros também serão diferentes. Aqui o dogma não se desenvolveu de modo algum com o curso de vida do fundador e nem repousa em pessoas e fatos individuais, mas é algo universal, válido igualmente em todas as épocas. Por isso, o *Lalitavistara* não é nenhum Evangelho no sentido cristão da palavra, a boa nova de um fato redentor, mas o curso de vida

---

[47] *The Lalita Vistara, or Memoires of the Life and Doctrines of Sákya Sinha*. Edited by Babu Rajendralal Mitra, bildet den 5 Bd. der in Calcutta erscheinenden Biblioteca Indica, 1848. [N.A.] / *Lalitavistara* (c. séc. I) é um livro doutrinário do budismo indiano, escrito em sânscrito e páli, que narra os feitos notáveis da vida de Buda. [N.E.]

daquele que forneceu a indicação de como cada um poderia redimir-se a si mesmo. — Dessa característica histórica do cristianismo vem o fato de que os chineses achincalharam os missionários como contadores de fábulas. —

Um outro defeito fundamental do cristianismo que se pode mencionar a esse propósito, mas não eludir e cujas consequências funestas se manifestam diariamente é que ele separou de modo antinatural o homem do *mundo animal*, ao qual ele pertence essencialmente e doravante quer admitir apenas ele, considerando os animais exclusivamente como *coisas*; — já o bramanismo e o budismo, fiéis à verdade, decididamente reconhecem a manifesta afinidade do homem com toda a natureza em geral, mas sobretudo e principalmente com o mundo animal e sempre o apresenta em estreita conexão com o mundo animal através da metempsicose e outros meios. O papel significativo que desempenham *os animais* no bramanismo e no budismo, comparado a sua total nulidade no *judeu-cristianismo*, condena irrevogavelmente as pretensões de perfeição deste último, por mais que estejamos acostumados na Europa com tal absurdo. Para atenuar esse erro fundamental, embora acabe de fato aumentando-o, encontramos o ardil tão miserável como desavergonhado que já foi censurado em minha ética (p. 244), que consiste em designar todas as funções naturais que os animais têm em comum conosco e que atestam a identidade de nossa natureza com a sua — como comer, beber, gravidez, nascimento, morte, cadáver, entre outros mais — com outras palavras inteiramente diferentes das que se empregam em relação aos homens. Eis uma artimanha realmente infame. O mencionado erro fundamental é, porém, apenas uma consequência da criação a partir do nada, segundo a qual o criador (veja os capítulos 1 e 9 do Gênesis) confiou ao homem o conjunto dos animais, como se fossem coisas, e sem lhe recomendar que os tratasse bem, como até um vendedor de cachorros diz quase sempre quando se separa de seu pupilo, e isso para que ele os *dominem*, ou seja, faça com eles o que bem entender; e daí que, no segundo capítulo, ele o designa como o primeiro professor de zoologia ao lhe outorgar a incumbência de lhes dar o nome que doravante eles terão que portar, o que novamente é apenas um símbolo de sua total dependência em relação aos homens, isto é, de sua falta de direitos. — Sagrada Ganga![48] Mãe de nossa espécie! Tais histórias me fazem o mesmo efeito que o betume judaico e *foetor judaicus* [fedor judaico]![49] É próprio da visão judaica, que considera o animal como um produto fabricado para uso do homem. Mas infelizmente as consequências disso são sentidas até hoje em dia, pois foram transmitidas ao cristianismo, e que por essa razão deveríamos deixar de elogiar dizendo que sua moral é a mais perfeita de todas. Ela tem verdadeiramente uma grande e essencial imperfeição pelo fato de que limita seus preceitos aos homens e deixa todo o mundo animal sem direitos. É por isso que para protegê-los da massa rude e insensível, frequentemente mais que bestial, a polícia deve tomar o lugar da religião e, já que isso não basta, sociedades protetoras dos animais se formam hoje em dia em toda a parte na Europa e na América, o que seria, ao contrário, a coisa mais supérflua do mundo em toda Ásia *incircuncidada*, onde a religião protege suficientemente os animais e até mesmo os torna objeto de beneficência positiva. Os frutos disso temos, por exemplo, no grande hospital de animais de Surate, ao qual também os cristãos, maometanos e judeus podem enviar seus animais enfermos, sem poder resgatá-los depois de curados, o que é muito correto. Do mesmo modo, quando a um bramanista ou budista ocorre um golpe de fortuna pessoal ou desenlace favorável, não choramingam um *te Deum*, mas vão ao mercado onde compram pássaros para soltá-los de suas gaiolas nas portas da cidade,

---

[48] Ganga: deusa fluvial indiana. [N.T.]
[49] A passagem é patentemente antissemita. Os editores brasileiros manifestam seu repúdio ao racismo aqui manifestado. [N.E.]

tal como se tem frequentemente a ocasião de observar em Astracã, lugar de encontro de adeptos de todas as religiões, e também em centenas de outros casos. Observe, pelo contrário, a revoltante perversidade com a qual nossa plebe cristã trata os animais, como os matam, mutilam ou torturam de modo inteiramente gratuito e sorrindo e inclusive aqueles que são seus sustentadores, seus cavalos, os submetem à mais extrema fadiga quando estão velhos para explorar até o fim a medula de seus pobres ossos, até que sucumbem sob seus golpes. Poder-se-ia verdadeiramente dizer: os homens são os demônios da Terra e os animais as almas atormentadas. Essas são as consequências daquelas cenas de instalação no jardim do Paraíso, pois a plebe só pode ser abordada pela violência ou pela religião: aqui porém o cristianismo nos deixa vergonhosamente abandonados. Ouvi de uma fonte segura que um pregador protestante encarregado por uma sociedade protetora dos animais de dar um sermão contra o maltrato aos animais teria recusado a tarefa com a alegação de que, apesar de toda boa vontade, ele não poderia fazê-lo pois a religião não lhe oferecia nenhuma base. O homem foi honesto e tinha razão. Uma comunicação da mui louvável associação muniquense de defesa dos animais, datada de 27 de novembro de 1852, esforça-se com a melhor das intenções para ensinar "os mandamentos que pregam a preservação dos animais" extraídos da Bíblia e cita: Provérbios 12,10; Eclesiastes 7,24; Salmos 147,9 e 104,14; Jó 39,41; Mateus, 10,29. Mas isso é apenas uma *pia fraus* calculada para que as passagens em questão não sejam consultadas: apenas a primeira passagem, muito conhecida, diz algo pertinente, embora frágil; as outras até falam de animais, mas não da preservação deles. E o que diz aquela passagem? "O justo apieda-se de seu gado." — "Apieda-se!" — Que expressão! Apiede-se de um pecador, de um malfeitor, não de um inocente e fiel animal que muitas vezes é aquele que dá de comer a seu dono e não recebe em troca mais que um frugal pasto. "Apieda-se!" Não é piedade, mas justiça aquilo que se deve aos animais — e se segue devendo principalmente na Europa, esse continente tão impregnado pelo *foetor judaicus* que a evidente e simples verdade "o animal é essencialmente a mesma coisa que o homem" constitui um paradoxo chocante.⁵⁰ — Portanto, a proteção dos animais recai nas sociedades que têm tal fim e na polícia, as quais, porém, muito pouco podem contra aquela perversidade generalizada da plebe, aqui, em que se trata de seres que não podem reclamar e em que de cada centena de crueldades cometidas apenas uma é percebida, além de serem as penas bem leves. Na Inglaterra, há pouco foi proposto o castigo corporal, o que me pareceu inteiramente adequado. O que se pode esperar da plebe, porém, quando há eruditos e até zoólogos que, ao invés de reconhecer a identidade daquilo que é essencial no homem e no animal e é tão intimamente conhecido por ambos, são beatos e limitados o bastante para polemizar e comportar-se como fanáticos contra honestos e racionais colegas que colocam o homem na classe animal apropriada ou comprovam a grande semelhança do chimpanzé e do orangotango com ele? Mas é realmente revoltante que Jung-Stilling, de disposição tão cristã e sumamente devoto, em seu *Cenas do mundo espiritual*, vol. 2, esc. 1, p. 15, aduza a seguinte comparação: "subitamente, o esqueleto se contrai na forma de um anão indescritivelmente atroz, como uma grande aranha cruzeira quando colocada no foco de um espelho ustório [*Zündglas*]⁵¹ e o sangue semelhante a uma matéria purulenta estala e cozinha no calor". Assim pois, este homem de Deus realizou uma tal vilania ou a observou como

---

⁵⁰ As sociedades protetoras de animais em suas admoestações utilizam-se sempre do péssimo argumento de que a crueldade contra os animais leva à crueldade contra os homens; — como se apenas o homem fosse um objeto imediato do dever moral e o animal um objeto somente mediato, em si mesmo uma simples coisa! Pfui! (Veja *Os dois problemas fundamentais da Ética*, pp. 164 e 243 e seguintes). [N.A.]

⁵¹*Espelho ustório* ou ardente: espelho côncavo que comunica aos corpos o calor dos raios solares e os abrasa. [N.T.]

um tranquilo espectador — o que, neste caso, dá no mesmo. De fato, ele não teve nenhum receio e nos conta isso casualmente e com toda a ingenuidade! Essas são as consequências do primeiro capítulo do Gênesis e em geral de toda a compreensão judaica da natureza. Entre os hindus e budistas, pelo contrário, prevalece a *Mahavakya* (a grande palavra) *tat-twam asi* (isto és tu) que se expressa sempre acerca de cada animal para nos tornar presente a identidade de sua essência interior com a nossa, como guia de nossa conduta. — Longe de mim com vossa moral mais perfeita de todas!

Quando eu estudava em Göttingen, Blumenbach nos falou, no curso de fisiologia, bem seriamente sobre os horrores da vivissecção e nos representou o quanto elas eram algo cruel e chocante. Por isso, se deveria recorrer a elas de maneira muito rara e somente em investigações muito importantes e de utilidade imediata; e além disso, deveriam ocorrer com a maior publicidade, em grandes auditórios e depois de terem sido convidados todos os médicos, a fim de que o cruel sacrifício sobre o altar da ciência traga a maior utilidade possível. — Hoje em dia, porém, qualquer medicastro sente-se autorizado a praticar o mais cruel tormento aos animais em sua câmara de tortura, e isso para resolver problemas que há muito tempo já estão nos livros, nos quais eles são muito preguiçosos e ignorantes para meter o nariz. Nossos médicos não têm mais a formação clássica de outrora que lhes conferia uma certa humanidade e um ar de nobreza. Agora chegam à universidade o mais rápido possível, onde querem aprender apenas a untar emplastros para depois prosperar no mundo.

Os biólogos franceses parecem ter dado aqui o exemplo, e os alemães rivalizam com eles na busca pelos mais cruéis martírios aos inocentes animais, frequentemente em grande número, para decidir questões sempre muito fúteis, puramente teóricas. Quero apenas ilustrar isso com alguns exemplos que me revoltaram especialmente, embora eles de modo algum sejam casos isolados, pelo contrário, poderia contar outros cem casos semelhantes. O professor Ludwig Fick, de Marburgo, em seu livro *Sobre as causas das formas ósseas* (1857) informa ter extirpado os globos oculares de animais jovens a fim de obter uma confirmação de sua hipótese de que os ossos crescem nas cavidades! (Veja o *Central-Blatt* de 24 de outubro de 1857.)

Menção especial merece a atrocidade que foi cometida em Nuremberg pelo Barão Ernst von Bibra e que narra ao público *tanquam re bene gesta*[52] com inconcebível ingenuidade em suas *Investigações comparativas sobre o cérebro do homem e dos vertebrados* (Mannheim, 1854, pp. 131 e ss.). Ele deixou metodicamente dois coelhos *morrerem de fome*! E isso para estabelecer a frívola e inútil pesquisa para saber se por meio da morte por inanição os elementos químicos do cérebro sofrem uma alteração de proporção! Em prol da ciência — *n'est-ce-pas*? Não ocorre a esses senhores do escalpelo e do crisol que antes de serem químicos eles são homens? — Como se pode dormir tranquilamente quando se enjaula esses animais inofensivos amamentados pela mãe para fazê-los suportar uma lenta morte por inanição plena de sofrimentos? Não se acorda assustado? E isso ocorre na Baviera, onde, sob os auspícios do príncipe Alberto, o digno e meritório conselheiro da Corte *Perner* se distingue em toda a Alemanha por sua proteção dos animais frente à brutalidade e à crueldade. Não há em Nuremberg uma filial dessa sociedade tão exitosa quanto a de Munique? O ato cruel de Bibra, se não pôde ser impedido, permaneceu impune? — Mas no que menos deve pensar aquele que ainda tem tanto a aprender dos livros, como esse senhor Bibra, é em extorquir as últimas respostas no caminho da crueldade,[53] e colocar

---

[52] "Como se o tivesse feito bem." [N.T.]

[53] Pois ele conduz, por exemplo, detalhadas investigações sobre a relação entre o peso do cérebro e o do resto do corpo, enquanto que desde que Sömmering com lúcida inteligência o descobriu, é conhecido por todos e inquestionável que se deve avaliar o peso do cérebro não em relação ao

a natureza sob tortura para enriquecer seu saber e extirpar seus segredos, que são quiçá há muito conhecidos. Pois para esse saber há muitas outras fontes inócuas, sem que haja necessidade de atormentar até a morte pobres e indefesos animais. Que crime cometeu, em todo o mundo, o pobre e indefeso coelho para que seja preso e entregue ao suplício de uma lenta morte por inanição? Ninguém está autorizado a fazer vivissecções se não sabe e conhece tudo o que há nos livros acerca do objeto de investigação.

Está manifestamente na hora de chegar ao fim, pelo menos no que diz respeito aos animais, aquela visão judaica da natureza na Europa e que *a essência eterna que, como em nós, vive também em todos os animais*, seja como tal reconhecida, preservada e respeitada. Saiba e tome nota! Isso é sério e não cessará ainda que se cubra a Europa de sinagogas. — Tem-se que estar cego de todos os sentidos ou totalmente cloroformado pelo *foetor judaicus* para não entender que *o animal é essencialmente e no principal inteiramente o mesmo que nós* e a diferença reside apenas no acidente, o intelecto, e não na substância, que é a vontade. O mundo não é uma manufatura, nem os animais um produto fabricado para nosso uso. Tais opiniões deveríamos deixá-las para as sinagogas e os auditórios filosóficos, que no essencial não são tão diferentes. O conhecimento acima, porém, nos dá a regra para o tratamento correto dos animais. Aos fanáticos e aos curas eu aconselho não se opor demasiadamente a isso: pois dessa

---

peso do conjunto do corpo, mas do conjunto do restante sistema nervoso (*Blumenbachii instit. physiol.* Edit. Quart., 1821, p. 173. Primeiro aprenda, depois discuta. Seja dito de passagem para todos os colegas que escrevem livros que não demonstram nada além de sua ignorância). E está claro que isso pertence aos conhecimentos preliminares que se deve possuir antes de se empreender pesquisas experimentais sobre o cérebro do homem e do animal. Mas certamente é mais fácil martirizar lentamente até a morte os animais do que aprender algo. [N.A.]

vez não é apenas a *verdade*, mas também a *moral* que está do nosso lado.⁵⁴ —

O *maior benefício das ferrovias* consiste em que pouparam a milhões de cavalos de tiro uma existência repleta de dores.

Infelizmente é verdade que o homem que foi empurrado ao norte, e foi por isso tornado branco, necessita da carne dos animais; — se bem que há *vegetarians* na Inglaterra: mas deve-se então tornar a morte de tais animais inteiramente imperceptível por meio do cloroforme e um rápido golpe no ponto letal; e não por "piedade" como se diz no Antigo Testamento, mas pela enorme culpabilidade com respeito à essência eterna que vive, como em nós, em todos os animais. Dever-se-ia cloroformizar antes todos os animais que serão abatidos. Esse seria um procedimento nobre que honraria a humanidade, em que a ciência superior do Ocidente e a moral superior do Oriente se dariam as mãos, já que o bramanismo e o budismo não limitam seus preceitos ao "próximo", mas assumem sob sua proteção "todos os seres vivos".

Apesar de toda mitologia judaica e da intimidação dos padres, também na Europa há de impor-se e deixar de encobrir-se por fim uma verdade que é evidente por si mesma e imediatamente certa para qualquer homem cuja mente não esteja transtornada nem ofuscada pelo *foetor judaicus*: que os animais, *no principal e essencial, são inteiramente o mesmo que nós* e que a diferença reside apenas no grau de inteligência, isto é, na atividade do cérebro, o que em todo caso, porém, admite grande diversidade entre as diversas espécies animais; com isso os animais receberão um tratamento mais humano. Pois somente quando aquela verdade simples e acima de toda a dúvida penetrar no povo os animais deixarão de existir como seres destituídos de direitos e então não estarão

---

⁵⁴ *Missionários* são enviados aos brâmanes e budistas para ensinar-lhes a "verdadeira fé": mas quando estes ficam sabendo como são tratados os animais na Europa, nutrem o mais profundo horror contra os europeus e seus artigos de fé. [N.A.]

mais entregues ao malvado capricho e à crueldade de qualquer rude patife — e aqueles medicastros não estarão mais livres para pôr à prova qualquer capricho extravagante de sua ignorância infligindo os sofrimentos mais abomináveis a incontáveis animais, como acontece hoje em dia. Há de se notar, aliás, que agora os animais são em sua maioria *cloroformizados*, com o que se lhes evita o tormento durante a operação e depois disso uma rápida morte pode salvá-los. Contudo, esse procedimento permanece necessariamente excluído nas operações orientadas à atividade do sistema nervoso e sua sensibilidade, agora tão frequentes, pois ele suprime precisamente aquilo que aqui há de se observar. E infelizmente, para as vivissecções se toma quase sempre o moralmente mais nobre de todos os animais: o cão, cujo sistema nervoso muito desenvolvido o torna, além de tudo, suscetível à dor.[55] O tratamento inescrupuloso dos animais têm de acabar também na Europa. — A visão judaica do mundo animal têm de ser desterrada da Europa em virtude de sua imoralidade: e o que é mais evidente do que o fato de que no essencial e no principal o animal é inteiramente o mesmo que nós? E para desconhecer isso é preciso estar cego de todos os sentidos ou não *querer* ver, pois alguns preferem a gorjeta a ver a verdade.

---

[55] Sobre a crueldade contra *cães de guarda*: o único companheiro verdadeiro do homem e seu mais fiel amigo, a mais preciosa conquista que o homem já fez, como diz Fréderic Cuvier [*Le Règne animal*], e além disso, um ser inteligente e de fina sensibilidade, atado como um criminoso a uma cadeia em que ele da manhã até a noite não sente mais que um reiterado e nunca satisfeito anelo de liberdade e movimento, e sua vida é um lento martírio! Com tal crueldade termina por deixar de ser um cão e se transforma em um animal sem amor, selvagem e infiel, em um ser que treme e se arrasta diante do homem-diabo. Preferia ser roubado uma vez do que ter diante dos olhos tal suplício de que eu seria a causa (cf. *Do Senhor e seu cão de guarda*, § 153). Também todas as gaiolas de aves são uma vergonhosa e estúpida crueldade. Deveriam ser proibidas e a polícia deveria aqui também ocupar o lugar do senso de humanidade. [N.A.]

§. 178. — *Sobre o teísmo*

Assim como o politeísmo é a personificação de partes e forças singulares da natureza, o monoteísmo é a de toda a natureza — de um só golpe.

Mas quando eu procuro imaginar que me encontro frente a um ser individual para o qual digo: "Meu criador! Eu antes não era nada, mas tu me criaste, de modo que agora sou algo e na verdade sou eu"; — e ainda: "eu te agradeço por essa benfeitoria"; — e ainda no fim: "se eu não servi para nada, então é *minha* culpa" — então tenho de confessar que como consequência de estudos filosóficos e hindus minha mente se tornou incapaz de aturar tal pensamento. Ademais, este é o contraponto para aquilo que Kant nos apresenta na *Crítica da razão pura* (na seção "Da impossibilidade de uma prova cosmológica"): "Não podemos afastar nem tampouco suportar o pensamento de que um ser, que representamos como o mais alto entre todos os possíveis, diga de certo modo para consigo: Eu sou desde a eternidade para a eternidade; fora de mim nada existe a não ser pela minha vontade; *mas de onde sou então?*"[56] — Seja dito de passagem que nem essa última pergunta, nem todo o trecho citado fizeram com que os professores de filosofia desde Kant desistissem de erigir o *absoluto* como tema principal de todo seu filosofar, isto é, dito simplesmente, aquilo que não tem nenhuma causa. É um pensamento que lhes cabe bem. Em geral essas pessoas são incuráveis, e eu não saberia aconselhar suficientemente a não perder tempo algum com seus escritos e conferências.

Que se faça um *ídolo* de madeira, pedra, metal ou o componha com conceitos abstratos dá no mesmo: permanece *idolatria*, porquanto se tem diante de si um ser pessoal ao qual se sacrifica, se invoca ou se agradece. Também não é no fundo muito diferente se alguém oferece suas ovelhas ou seus

---

[56] *Crítica da razão pura*, trad. Manuela Pinto dos Santos e Alexandre Fradique Morujão. Lisboa: Calouste Gulbenkian, 1994, p. 513 (A 613, B 641). [N.T.]

pendores. Todo rito ou prece testemunha irrefutavelmente a *idolatria*. É por isso que as seitas místicas de todas as religiões concordam em abolir todo rito para seus adeptos.

§. 179. — *Antigo e Novo Testamento*

O judaísmo tem como características fundamentais *o realismo e o otimismo*, que são intimamente afins e são as condições do verdadeiro *teísmo*, já que esse apresenta o mundo material como absolutamente real e a vida como um agradável regalo feito para nós. Bramanismo e budismo têm, pelo contrário, por característica fundamental *o idealismo e o pessimismo*, pois atribuem ao mundo apenas uma existência onírica e consideram a vida uma consequência de nossa culpa. Na doutrina do Zende-Avesta,[57] da qual, como se sabe, surgiu o judaísmo, o elemento pessimista era ainda representado por Ahriman. No judaísmo, porém, ele tem ainda um lugar subalterno, como Satã que todavia como Ahriman também é o autor das serpentes, dos escorpiões e dos bichos nocivos. O judaísmo o aplica em seguida para emendar seu erro otimista fundamental, a saber, no pecado original, que introduz naquela religião o elemento pessimista exigido em tributo à mais patente verdade e constitui seu pensamento fundamental mais correto, embora desloque para o curso da existência aquilo que deveria ter sido apresentado como razão da mesma e como anterior a ela.

Uma confirmação definitiva de que Jeová é Ormuzd fornece o primeiro livro de Esdras na Septuaginta, ou seja, *ho hiereus*[58] (c. 6, v. 23), omitido por Lutero: "Ciro, o rei, fez construir em Jerusalém a casa do Senhor, donde se oferecem sacrifícios por meio do *fogo perpétuo*". Também o segundo livro dos *Macabeus*, capítulos 1 e 2, assim como o capítulo 13,8, demonstra que a religião dos judeus era a dos persas, já que se conta que os judeus que foram levados presos no

---

[57] *Avesta* é a coleção de textos sagrados primitivos do zoroastrismo, escritos na língua avesta. [N.E.]

[58] "O sacerdote." [N.T.]

cativeiro de Babilônia, sob a condução de Neemias, primeiro haviam escondido o fogo sagrado em uma cisterna seca, a mesma caiu na água, mas por meio de um milagre ele foi novamente aceso para grande edificação do rei persa. — Também os persas, assim como os judeus, rejeitavam o culto às imagens e, portanto, não apresentavam deuses em imagens. (Também Spiegel, *Sobre a religião zende*, explica o estreito parentesco entre a religião zende e o judaísmo, mas entende que a primeira deriva do segundo). Assim como Jeová é uma transformação de Ormuzd, a transformação correspondente de Ahriman é Satã, isto é, o adversário, portanto, de Ormuzd. (Lutero verte "adversário" onde a Septuaginta diz "Satã", por exemplo, em Reis I, c. 11,23). Parece que o culto a Jeová surgiu no reinado de Josias com a ajuda de Hilkias, isto é, foi adotado pelos persas e se completou graças a Esdras no retorno do exílio babilônico. Pois é manifesto que, até Esdras e Hilkias, a religião natural, o sabeísmo, a adoração a Baal, a Astarte, entre outros, dominou na Judeia, inclusive no reinado de Salomão. (Ver os livros dos Reis sobre Josias e Hilkias).[59]

---

[59] A clemência, de outro modo inexplicável, que, segundo Esdras, Ciro e Dario testemunharam em relação ao judeus cujos templos eles deixaram que fossem reconstruídos, repousa talvez no fato de que os judeus que até então adoravam Baal, Astarte, Moloc etc., adotaram na Babilônia, após a vitória dos persas, a crença no Zoroastrismo e então adoravam Ormuzd, sob o nome de Jeová. Com isso concorda também o fato (coisa que seria absurda) de que Ciro preze o Deus de Israel (Esdras I, c. 2, v. 3 na Septuaginta). Todos os restantes livros do Antigo Testamento ou foram escritos mais tarde, portanto depois do cativeiro babilônico, ou ao menos foram introduzidos mais tarde na doutrina de Jeová. De resto, aprende-se a conhecer, por meio de Esdras I, capítulos 8 e 9, o lado mais ignominioso: aqui o povo eleito atua conforme o exemplo mais revoltante e ignóbil de seu patriarca Abraão; assim como este expulsou Hagar e Ismael, também foram expulsas as mulheres com seus filhos pois não eram da raça de Moisés, já que se casaram com judeus durante o cativeiro babilônico. Mal se pode pensar em algo mais indigno, a não ser que essa infâmia de Abraão tenha sido inventada para amenizar a infâmia ainda maior de todo o povo. [N.A.]

Seja mencionado aqui de passagem, como confirmação da origem zende do judaísmo que, segundo o Antigo Testamento e outras autoridades judaicas, os querubins são seres com cabeça de touro, sobre as quais cavalgava Jeová. (Salmos 99,1. Na Septuaginta, Reis, livro 2, cap. 6,2, e cap. 22,11; livro IV, cap. 19,15: "[Senhor Deus] que monta sobre os querubins".[60]) Semelhantes animais, metade touro, metade homem, ou também metade leão, que se assemelham muito à descrição de Ezequiel, capítulos 1 e 10, se encontram em esculturas de Persépolis, em particular nas estátuas assírias descobertas em Mosul e Nimrud e até em Viena há uma pedra gravada que representa Ormuzd cavalgando sobre um desses querubins em forma de boi; mais detalhes sobre isso se encontram nos *Anuários vienenses de literatura*, setembro de 1833, registro das viagens à Pérsia. A apresentação detalhada dessa origem ofereceu também J.G. Rhode em seu livro *A saga sagrada do povo zende*. Tudo isso lança luz sobre a genealogia de Jeová.

O Novo Testamento, pelo contrário, há de ter alguma procedência hindu: isso atesta sua ética plenamente hindu, cuja moral conduz ao ascetismo, da mesma forma seu pessimismo e seu avatar. Mas justamente por isso ele está em decidida e íntima contradição com o Velho Testamento, de modo que somente a história do pecado original fornece um ponto que poderia conectá-los. Pois quando aquela doutrina hindu pôs o pé no solo da Terra Prometida surgiu a tarefa de unir o conhecimento da corrupção e miséria do mundo, sua necessidade de redenção e salvação mediante um avatar, além da moral da autonegação e da penitência, com o monoteísmo judaico e seu *panta kala lian* [tudo muito bem]. E se conseguiu isso até onde se podia, a saber, até onde era possível unir duas doutrinas tão inteiramente heterogêneas e até mesmo opostas.

---

[60] Em grego, no original: ὁ κατήμενος ἐπὶ τῶν κερουβίμ. [N.T.]

Assim como uma trepadeira, ao necessitar apoio e sustento, enrosca-se por uma estaca rudemente talhada, acomodando-se sempre à deformidade desta, e reproduzindo-a, revestida, porém, com sua vida e seus atrativos e ao invés da visão da estaca se nos apresenta outra mais agradável; do mesmo modo, a doutrina de Cristo, nascida da sabedoria hindu, revestiu o antigo tronco do grosseiro judaísmo, totalmente heterogêneo a ela; e o que teve de manter de sua forma fundamental se transformou, graças a ela, em algo totalmente distinto: parece o mesmo, mas é efetivamente outra coisa.

Com efeito, o criador que, separado do mundo, criou do nada, é identificado com o Salvador e, através dele, com a humanidade que representa, pois ela foi redimida nele, assim como ela havia caído em Adão e encontrava-se desde então enredada nos laços do pecado, da corrupção, do sofrimento e da morte. Pois o mundo se apresenta, tal como no budismo, como sendo tudo isso — não mais à luz do otimismo judaico, que encontrou "tudo muito bem" ($\pi\acute{\alpha}\nu\tau\alpha\ \kappa\alpha\lambda\grave{\alpha}\ \lambda\acute{\iota}\alpha\nu$): agora o diabo se chama antes "príncipe deste mundo" ($\acute{o}\ \grave{\alpha}\rho\kappa\hat{\omega}\nu\ \tau\grave{o}\nu\ \kappa\acute{o}\sigma\mu o\nu\ \tauo\acute{\upsilon}\tau o\nu$. João 12,32), literalmente "regente do mundo". O mundo não é mais um fim em si, mas um meio: o reino da paz eterna se encontra além do mundo e da morte. Renúncia neste mundo e orientação de toda esperança a um mundo melhor constitui todo o espírito do cristianismo. Mas o que abre uma via para tal mundo é a reconciliação, isto é, a redenção do mundo e de seus caminhos. Na moral, no lugar do direito à vingança, aparece o mandamento de amor ao inimigo, no da promessa de uma numerosa descendência a de vida eterna, e no da transmissão dos pecados até a quarta geração aparece o Espírito Santo que tudo abraça.

Vemos assim as doutrinas do Antigo Testamento retificadas e reinterpretadas por aquelas do Novo Testamento com o que se logra uma concordância no mais íntimo e essencial com as antigas religiões da Índia. Tudo o que é verdadeiro no cristianismo, encontra-se também no bramanismo e no budismo. Mas a visão judaica de um nada vivificado, de uma obra temporal que não saberíamos agradecer com suficiente humildade por uma existência efêmera cheia de miséria, angústia e necessidade, nem louvar Jeová por ela — isso em vão procuraríamos no hinduísmo e no budismo. Pois o espírito da sabedoria hindu pode ser percebido no Novo Testamento assim como o aroma de uma flor que chega desde as distantes paisagens tropicais acima dos montes e cataratas. Por outro lado, nada do Antigo Testamento combina com isso, com exceção do pecado original que teve que ser logo acrescentado como corretivo do teísmo otimista e ao qual também se ligou o Novo Testamento como o único ponto de apoio que se ofereceu.

Mas assim como se requer, para o conhecimento aprofundado de uma espécie, o conhecimento de seu *genus*, e este não pode ser conhecido a não ser em sua *species*, também para compreender profundamente o cristianismo se requer o conhecimento das duas outras religiões que negam o mundo, o bramanismo e o budismo, e um conhecimento sólido e o mais preciso possível. Pois da mesma forma que o sânscrito nos oferece em primeira mão a compreensão profunda e correta das línguas gregas e latinas, o bramanismo e o budismo fazem o mesmo com o cristianismo.

Eu nutro inclusive a esperança de que um dia surgirão investigadores bíblicos familiarizados com as religiões hindus que poderão comprovar a afinidade destas com o cristianismo mesmo em traços bem específicos. A título de ensaio, gostaria de chamar a atenção para os seguintes aspectos. Na epístola de Santiago (3,6), a expressão *ho trokhos tēs geneseōs* (literalmente, "a roda do nascimento") sempre foi a *crux interpretum*.[61] No budismo, porém, a roda da transmigração das almas é um conceito muito corrente. Na tradução do *Foe*

---

[61]"Cruz dos intérpretes." [N.T.]

Koue Ki de Abel Rémusat[62] é dito na página 28: "*la roue est l'emblème de la transmigration des âmes, qui est comme un cercle sans commencement ni fin*".[63] Página 179: "*la roue est un emblème familier aux Bouddhistes, il exprime le passage succesif de l'âme dans le cercle des divers modes d'existence*".[64] Na página 282 o próprio Buda diz: "*qui ne connaît pas la raison, tombera par le tour de la roue dans la vie et la mort*".[65] Na *Introduction à l'histoire du Buddhisme* de Burnouf, vol. 1, p. 434, encontramos a significativa passagem: "*il reconnut ce que c'est que la roue de la transmigration, qui porte cinq marques, qui est à la fois mobile et immobile; et ayant triomphé de toutes les voies par lesquelles on entre dans le monde, en les détruisant etc.*"[66] No, *Eastern Monachism* de Spence Hardy (Lond., 1850), lemos na página 6: "*like, there is a regular succession of death and birth, the moral cause of which is the cleaving to existing objects, whilst the instrumental cause is karma (action)*".[67] (Cf. *ibidem*, pp. 193 e 223-24). Também em *Prabodha Chandrodaya* (ato 4, cena 3) se diz: "*Ignorance*

---

[62] *Foe Koue Ki* ou *Peregrinações de Fa Hian*, narra as viagens de um monge chinês pelos lugares sagrados do budismo na Índia, no final do século IV. A edição a que Schopenhauer se refere é *Foe Koue Ki ou Relations des royaumes bouddhiques: voyage dans la Tartarie, dans l'Afghanistan et dans l'Inde, exécute, a la fin du IV siécle*, par Chy Fa Hian, traduit du chinois et commenté par M. Abel Rémusat (Paris, Imprimerie Royale, 1836). [N.E.]

[63] "A roda é o emblema da transmigração das almas, que é como um círculo sem começo nem fim." [N.T.]

[64] "A roda é um emblema familiar aos budistas; ela expressa a sucessiva passagem da alma no círculo dos distintos modos de existência." [N.T.]

[65] "Quem não conhece a razão cairá pelo giro da roda na vida e na morte." [N.T.]

[66] "Ele reconheceu o que é a roda da transmigração, que tem cinco marcas, que é ao mesmo tempo móvel e imóvel; e tendo vencido todas as vias pelas quais se entra neste mundo, destruindo-as etc." [N.T.]

[67] "Como as revoluções de uma roda, há uma sucessão regular de morte e nascimento, cuja causa moral é o apego aos objetos existentes, enquanto que a causa instrumental é o *karma* (ação)." [N.T.]

is the source of, who turns the wheel of this mortal existence".[68]
Do contínuo nascer e perecer de mundos sucessivos se fala na exposição do budismo segundo textos birmânicos, de Buchanan, nos *Asiatic Researches*, vol. 6, página 181: "*the successive destructions and reproductions of the world resemble* a *great wheel, in which we can point out neither beginning nor end*".[69] (A mesma passagem, apenas mais longa, se encontra em Sangermano, *Description of the Burmese Empire*, Roma, 1833, p. 7).[70]

Segundo o glossário de Graul, *Hansa* é um sinônimo de *Saniassi*. — Estaria o nome de *Johannes* (do qual deriva *Hans*) ligado com ele (e com sua vida de *Saniassi* no deserto)? —

Uma semelhança completamente externa e casual do budismo com o cristianismo é que ele não é dominante em sua terra de origem, portanto ambos têm de dizer: "ninguém é profeta em sua própria terra" (*vates in propria patria honore caret*).[71]

Se se quer formular todo tipo de conjecturas para explicar aquela concordância com as doutrinas hindus, poder-se-ia supor que a nota evangélica da fuga ao Egito tem uma base histórica e que Jesus, educado por sacerdotes egípcios cuja religião era de origem hindu, teria adotado deles a ética hindu e o conceito de avatar, e depois se esforçou em adequá-los aos dogmas judaicos e enxertá-los no velho tronco. O sentimento de sua própria superioridade moral e intelectual o

---

[68] "A ignorância é a fonte da paixão, que faz girar a roda desta existência mortal." [N.T.]

[69] "As sucessivas destruições e reproduções do mundo se assemelham a uma grande roda na qual não podemos assinalar nem início nem fim." [N.T.]

[70] *Código de Manu* XII, 124. *Sancara*, p. 103. *Obry, Nirvana*; p. 31 e 30 ele diz: "*la transmigration porte en Sanscrit le nom vague de Samsara, cercle ou mouvement circulaire des naissances*". ["Em sânscrito, a transmigração tem o nome vago de Samsara, círculo ou movimento circular de nascimentos."] [N.A.]

[71] João 4,44; Mateus 13,57; Marcos 6,4; Lucas 4,24. Em grego, no original: προφήτης ἐν τῇ ἰδίᾳ πατρίδι τιμὴν οὐκ ἔχει. [N.T.]

teria finalmente conduzido a considerar-se a si mesmo como um avatar e, por conseguinte, denominar-se o "filho do homem", a fim de indicar que ele era mais que um mero homem. Poder-se-ia mesmo pensar que com a força e a pureza de sua vontade e em virtude da onipotência que cabe em geral à vontade como coisa-em-si e que conhecemos a partir do magnetismo animal e os efeitos mágicos vinculados a ele, ele teria sido capaz de realizar os assim chamados milagres, ou seja, de atuar por meio do influxo metafísico da vontade; para o quê, em todo o caso, o ensino dos sacerdotes egípcios o teria preparado. A lenda teria posteriormente aumentado e multiplicado esses milagres. Pois um verdadeiro milagre seria um *démenti* que a natureza faria de si mesma.[72] Entrementes, somente sob pressupostos desse tipo se torna explicável de algum modo como Paulo, cujas epístolas principais têm de ser autênticas, pôde apresentar de modo inteiramente sério um homem cuja morte era tão recente que muito de seus contemporâneos ainda viviam, como o Deus encarnado e idêntico ao Criador do mundo; pois em outros casos apoteoses desse tipo e dessa magnitude tomadas a sério levariam séculos para se tornarem pouco a pouco maduras. Por outro lado, porém, poder-se-ia então tomar daqui um argumento contra a autenticidade das epístolas de Paulo em geral.

Gostaria de concluir que em geral nossos evangelhos se baseiam em algo original, ou ao menos um fragmento, do

---

[72] Para a grande massa, os milagres são os únicos argumentos compreensíveis; por isso, todos os fundadores de religiões os realizam. —

Os documentos religiosos contêm milagres para firmar seu conteúdo: mas chega um tempo em que produzem o efeito contrário. —

Os evangelhos queriam apoiar sua credibilidade por meio do relato de milagres, mas justamente com isso a minaram. —

Os *milagres* da Bíblia devem comprovar sua verdade: mas atuam no sentido contrário.

Os teólogos procuram ora alegorizar, ora naturalizar os milagres da Bíblia, para livrar-se deles de algum modo: pois sentem que *miraculum sigillum mendacii* [o milagre é um sinal da mentira]. [N.A.]

tempo e do entorno de Jesus, precisamente a partir da profecia tão escandalosa do fim do mundo e do glorioso retorno do Senhor sobre as nuvens, que deveria ter lugar ainda na vida de alguns que estavam presentes quando se fez a promessa. Que de fato essa promessa não tenha sido cumprida é uma circunstância bem embaraçosa que não escandalizou somente as épocas posteriores, mas já causou embaraços para Paulo e Pedro, os quais são pormenorizadamente explicados no muito valioso livro de Reimarus, *Vom Zwecke Jesu und seiner Jünger*, §§. 42-44. Se os evangelhos tivessem sido redigidos uns cem anos depois sem que houvesse documentos contemporâneos, então se teria evitado incluir semelhantes profecias cujo escandaloso descumprimento já era patente na época. Tampouco se incluiu nos evangelhos todas aquelas passagens a partir das quais Reimarus constrói de maneira muito sagaz aquilo que ele chama de "o primeiro sistema dos discípulos" e segundo o qual Jesus era para eles apenas um libertador mundano dos judeus; isso a não ser que os redatores dos evangelhos tivessem trabalhado baseados em documentos contemporâneos que continham tais passagens. Pois mesmo uma simples tradição oral entre os crentes teria deixado escapar coisas que causariam embaraços para a fé. Seja dito de passagem, Reimarus desconsiderou de maneira incompreensível a passagem mais favorável a sua hipótese, a saber, João 11,48 (a comparar com 1,50 e 6,15); como também Mateus, 27, vers. 28-30, Lucas 23, vers. 1-4, 37, 38 e João 19, vers. 19-22. Mas se se quer fazer valer seriamente essa hipótese e desenvolvê-la, se terá que admitir que o conteúdo religioso e moral do cristianismo foi composto por judeus alexandrinos conhecedores das doutrinas hindus e budistas e que então um herói político com seu triste destino se converteu no ponto de contato dos mesmos, ao transformar o original Messias terreno em um celeste. Entretanto, há muito a objetar contra isso. Não obstante, o princípio mítico estabelecido por Strauß para o esclarecimento da história evangélica permanece certamente correto, ao menos para os detalhes dessa última; e seria difícil determinar sua extensão. Seja lá o que for o mítico, tem-se de cercar de exemplos mais próximos e que são menos duvidosos. Assim, por exemplo, em toda a Idade Média, tanto na França como na Inglaterra, o rei Arthur é uma pessoa bem determinada, muito célebre, admirável, que sempre aparece com o mesmo caráter e com o mesmo séquito e com sua távola redonda, seus cavalheiros, seus atos heroicos inauditos, seu assombroso senescal, sua infiel esposa, assim como Lancelot do Lago etc., ele constitui o tema permanente dos poetas e novelistas de muitos séculos, que em sua totalidade nos apresentam as mesmas pessoas com os mesmos caracteres, também concordam bastante nos acontecimentos e só se distinguem uns dos outros nos trajes e costumes, ou seja, em função de suas respectivas épocas. Há alguns anos o ministério francês enviou à Inglaterra o senhor De la Villemarqué para investigar a origem dos mitos desse rei Arthur. Em relação à sua base fática, o resultado foi que no começo do século VI viveu no País de Gales um pequeno chefe chamado Arthur que lutou infatigavelmente contra os invasores saxões e cujas irrelevantes ações, porém, foram esquecidas. Disso nasceu, sabe Deus por quê, um personagem tão esplendoroso, celebrado durante muitos séculos em inumeráveis cantos, romances e novelas. Veja *Contes populaires des anciens Bretons, avec un essay sur l'origine des épopées sur la table ronde*, par Th. de la Villemarqué, 2 vol. 1842, assim como *Life of King Arthur, from Ancient Historians and Authentic Documents* de Ritson, 1825, em que ele aparece como uma longínqua e indefinida figura nebulosa, ainda que não desprovida de núcleo real. — Quase o mesmo se passa com Rolando, que é o herói de toda a Idade Média e é celebrado em incontáveis canções, histórias e romances épicos e mesmo pelas colunas de Rolando até que ao fim forneceu material a Ariosto e ressurgiu transfigurado. Ora, ele é mencionado apenas uma única vez pela história, de forma ocasional e com três palavras, a saber, quando Eginhard o conta entre as notabilidades que permaneceram em Roncesvall (Roncevaux) como *Hroudlandus, Brittannici limitis praefectus*,[73] e isso é tudo o que sabemos dele; assim como tudo o que sabemos realmente de Jesus Cristo está numa passagem de Tácito (*Annal.*, l. xv, cap. 44). Ainda um outro exemplo fornece o mundialmente conhecido Cid dos espanhóis, a quem sagas e crônicas enaltecem, mas sobretudo os cantos populares contidos no famoso e belo *Romancero* e, finalmente, também a melhor tragédia de Corneille. Todos eles concordam profundamente no que concerne aos eventos principais, notadamente aquele que diz respeito à Jimena. Já os escassos dados históricos sobre ele não mostram mais do que um cavaleiro, de fato valente, e destacado general, mas de um caráter cruel e infiel e mesmo venal, que ora serve a uma ora a outra facção e mais frequentemente aos sarracenos que aos cristãos, quase como um *condottieri*, mas casado com uma Jimena. Mais detalhes sobre isso se encontrará nas *Recherches sur l'histoire de l'Espagne* por Dozy, 1849, que parece ter chegado pela primeira vez às fontes corretas. — Qual pode ser o fundamento histórico da *Ilíada*? — De fato, para se aproximar o máximo possível da coisa, pense na historieta da maçã de Newton, cuja falta de fundamento já apresentei acima no § 86, e que porém foi repetida em milhares de livros; e nem sequer Euler deixou de colori-la *con amore* no primeiro volume de suas *Cartas à princesa*.[74] — Se todas as histórias deveriam ter tanta importância, a nossa espécie não teria de ser tão fortemente mentirosa como é.

§. 180. — *Seitas*

O *agostinismo* é com seu dogma do pecado original e aquilo que se liga a ele, como já dito, o verdadeiro e bem compreendido cristianismo. O *pelagianismo*, ao contrário,

---

[73] "Rolando, o prefeito do distrito fronteiriço britânico." [N.T.]

[74] *Lettres à une princesse d'Allemagne* (1768), de Leonhard Euler (1707–1783), matemático e físico suíço. [N.E.]

é a tentativa de reconduzir o cristianismo ao pesado e rude judaísmo e seu otimismo.

A oposição entre agostinismo e pelagianismo, que constantemente divide a Igreja, pode ser reduzida, em última instância, ao fato de que o primeiro fala da essência em si das coisas e o último, ao contrário, fala do fenômeno que ele toma porém pela essência. Por exemplo, o pelagiano nega o pecado original; pois a criança que ainda nada fez, teria que ser inocente; — porque não compreende que a criança começa a existir apenas como fenômeno, não como coisa-em-si. O mesmo ocorre com a liberdade da vontade, com a morte expiatória do Salvador, com a graça, em suma, com tudo. — Como consequência de seu caráter compreensível e de sua platitude, o pelagianismo prevalece sempre; mais do que nunca agora, como racionalismo. Moderadamente pelagiana é a Igreja grega e desde o Concílio Tridentino também a católica que por aí quis se colocar em oposição ao agostiniano e por isso místico Lutero, assim como contra Calvino: os jesuítas não são menos semipelagianos. Os jansenistas, ao contrário, são agostinianos e sua concepção poderia bem ser a forma mais genuína de cristianismo. Pois dessa forma o protestantismo, ao rechaçar o celibato e em geral o verdadeiro ascetismo, assim como seus representantes, os santos, converteu-se num cristianismo embotado, ou melhor, quebrado, ao qual falta o cimo: não dá em nada.[75]

§. 181. — *Racionalismo*

O ponto central e o coração do cristianismo é a doutrina da queda, no pecado original, do caráter ímpio de nossa condição natural e da corrupção do homem natural, unido à intervenção e à reconciliação do redentor, da qual participamos por meio da fé nele. Com isso porém, o cristianismo

---

[75] Nas igrejas *protestantes* o objeto mais notável é o *púlpito*; nas *católicas*, o *altar*. Isso simboliza que o protestantismo se dirige antes à compreensão; o catolicismo à fé. [N.A.]

se apresenta como pessimismo, diretamente oposto ao otimismo do judaísmo, assim como de seu autêntico rebento, o islamismo e, por outro lado, aparentado ao bramanismo e ao budismo. — Com isso, que todos nós pecamos em Adão e estamos condenados e que, por outro lado, no Salvador todos serão redimidos, expressa-se igualmente que a autêntica essência e a raiz verdadeira do homem não se acha no indivíduo, mas na espécie, que é a *ideia* (platônica) do homem, cujo fenômeno desdobrado no tempo são os indivíduos.

A diferença fundamental das religiões consiste em saber se são otimismo ou pessimismo; de modo algum se são monoteísmo, politeísmo, trimúrti, trindade, panteísmo ou ateísmo (como o budismo). Por conseguinte, o Antigo e o Novo Testamento são diametralmente opostos um ao outro e sua unificação forma um espantoso centauro. O velho é de fato otimismo, o novo, pessimismo. Aquele procede comprovadamente da doutrina de Ormuzd; o segundo é em seu espírito íntimo aparentado ao bramanismo e ao budismo, e provavelmente pode ser de algum modo também historicamente deduzido deles. O primeiro é uma música em modo maior, o segundo em modo menor. Somente o pecado original constitui uma exceção no Antigo Testamento, permanece, porém, desaproveitado, está lá como um *hors d'oeuvre*, até que o cristianismo o retoma como seu único ponto de contato adequado.

Mas essa característica fundamental do cristianismo mencionada acima, que Agostinho, Lutero e Melanchthon[76] compreenderam com todo acerto e sistematizaram o máximo possível, nossos racionalistas de hoje, seguindo as pegadas de Pelágio, tentam suprimir com todas as suas forças e excluir da exegese a fim de reduzir o cristianismo a um judaísmo insípido, egoísta e otimista, lhe acrescentando uma moral

---

[76] Philipp Melanchton (1497-1560), filósofo e teólogo alemão, é considerado um dos fundadores do luteranismo. [N.E.]

melhor e uma vida futura, como o exige o otimismo desenvolvido de forma consequente, para que a glória não encontre um final tão rápido e a morte seja rechaçada, a qual grita muito alto contra a concepção otimista e, como o hóspede de pedra, entra no final diante do alegre Don Juan. — Esses racionalistas são gente honrada, porém triviais colegas que não têm nenhuma ideia do sentido profundo do mito neotestamentário, e não conseguem ir além do otimismo judaico, que lhes é compreensível e do seu gosto. Querem a verdade nua, seca, na história e na dogmática. Pode-se compará-los ao evemerismo[77] da Antiguidade. De fato, o que os supranaturalistas aportam é no fundo uma mitologia: mas ela é o veículo de importantes e profundas verdades que não seria possível trazer ao conhecimento da grande massa por uma outra via. O quanto pelo contrário esses racionalistas estão longe de todo conhecimento e mesmo de toda ideia do sentido e espírito do cristianismo mostra, por exemplo, seu grande apóstolo Wegscheider, em sua ingênua dogmática (§ 115 e notas) ele não enrubesce ao opor às profundas palavras de Agostinho e dos reformadores acerca do pecado original e da corrupção essencial do homem natural a insossa verborragia de Cícero nos livros que compõem o *De officiis*, pois tal obra é bem de seu gosto. Deve-se realmente se surpreender com a naturalidade com a qual esse homem manifesta sua insipidez, trivialidade e mesmo completa falta de sentido para o espírito do cristianismo. Mas ele é somente *unus e multis*.[78] Bretschneider porém deixou o pecado original fora da exegese da Bíblia, quando o pecado original e a redenção constituem a essência do cristianismo. — Por outro lado, não se pode negar que os supranaturalistas são ocasionalmente algo bem pior, a saber, curas, no pior sentido da palavra. Daí

---

[77] Corrente interpretativa que busca uma base histórica para os seres e fatos mitológicos. Seu nome remete a Evêmero de Messina (que teria vivido entre o século IV e III a.C.). [N.T.]

[78] "Um de muitos." [N.T.]

o cristianismo pode se ver passando entre Cila e Caríbdis.⁷⁹ O erro comum de ambos os partidos é que eles buscam na religião a verdade desvelada, seca e literal. Mas esta só é almejada na filosofia: a religião só tem uma verdade na medida em que ela é adequada ao povo, uma verdade indireta, simbólica, alegórica. O cristianismo é uma alegoria que representa um pensamento verdadeiro; mas o verdadeiro não é a alegoria em si mesma. Supor isso é o erro em que coincidem os supranaturalistas e os racionalistas. Aqueles querem afirmar a alegoria como verdadeira em si; estes a reinterpretam e a modelam até que ela possa ser verdadeira em si de acordo com sua medida. Logo, cada partido combate o outro com argumentos fortes e pertinentes. Os racionalistas dizem para os supranaturalistas: "vossa doutrina não é verdadeira". E estes dizem, por outro lado: "vossa doutrina não é um cristianismo". Ambos têm razão. Os racionalistas acreditam tomar a razão como medida: mas de fato eles consideram apenas a razão submetida aos pressupostos do teísmo e do otimismo, algo como na *Profession de foi du vicaire savoyard* de Rousseau,⁸⁰ esse protótipo de todo racionalismo. Por isso não pretendem deixar de pé nada do dogma cristão que não seja aquilo que eles acreditam ser verdadeiro *sensu proprio*: o teísmo e a alma imortal. Mas quando apelam para a *razão pura*, com a ousadia da ignorância, devemos servi-lo com a *crítica* da mesma para obrigá-los a ver que seus dogmas, selecionados para que se conservem por serem conformes à razão, se fundam simplesmente em um uso transcendente de princípios imanentes e constituem portanto apenas um dogmatismo filosófico não crítico, e por isso insustentável, como é aquele que a *Crítica da razão pura* combate por to-

---

⁷⁹ Na mitologia grega, Cila e Caríbdis são monstros marinhos. Os dois moravam nos lados opostos do estreito de Messina, de modo que os marinheiros ao se afastarem de um se aproximavam do outro. [N.T.]

⁸⁰ *Profession de la foi du vicaire savoyard* é um fragmento do livro IV de *Émile, ou A educação* (1762), de Jean Jacques Rousseau (1712-1778). [N.E.]

dos os lados e prova seu caráter totalmente vão. É por isso que já seu nome anuncia seu antagonismo ao racionalismo. Enquanto o supranaturalismo possui ao menos uma verdade alegórica, não se pode atribuir nenhuma ao racionalismo. Os racionalistas estão diretamente equivocados. Quem quer ser um racionalista tem que ser um filósofo e como tal se emancipar de toda autoridade, seguir em frente e não recuar diante de nada. Mas se se quer ser um teólogo, então que se seja consequente e não se abandone o fundamento da autoridade, mesmo quando ela pede que se acredite no inconcebível. Não se pode servir a dois senhores: portanto ou a razão ou a Escritura. *Juste milieu* aqui significa sentar-se entre duas cadeiras. Ou acreditar, ou filosofar! Seja lá o que se escolhe, que seja totalmente. Mas acreditar até um certo ponto e não mais, e da mesma forma, filosofar até um certo ponto e não mais — essa é a meia medida que constitui o caráter fundamental do racionalismo. Por outro lado, os racionalistas estão moralmente justificados pelo fato de que eles procedem de modo inteiramente honesto e só se iludem a si mesmos, enquanto que os supranaturalistas com sua reivindicação da verdade *sensu proprio* para uma mera alegoria procuram iludir os outros na maioria das vezes intencionalmente. Contudo, é pelo esforço destes que a verdade contida na alegoria é salva, enquanto que os racionalistas, pelo contrário, com sua insipidez e platitude nórdicas a jogam pela janela e com ela toda a essência do cristianismo, e terminam paulatinamente por chegar lá onde há oitenta anos Voltaire já havia chegado voando. É divertido ver como amiúde no estabelecimento das qualidades de Deus (sua *quidditas*) não lhes basta mais a simples palavra e xibolete [*Schiboleth*][81] "Deus", e buscam cuidadosamente encontrar o *juste milieu* entre um homem e

---

[81]Segundo o Dicionário Houaiss, xibolete significa um sinal convencionado de identificação, uma senha. Vem do hebraico *shibóleth*, "espiga", palavra através de cuja pronúncia os soldados de Jefté identificavam os efraimitas, que a articulavam como *sibóleth*. Ver Juízes 12,1–15. [N.T.]

uma força natural; o que evidentemente dificilmente se mantém. Entrementes, nesse conflito entre os racionalistas e os supranaturalistas, ambos os partidos se exterminam um ao outro como o fizeram os homens armados surgidos dos dentes de dragão semeados por Cadmo. O remate de tudo isso é um certo tartufismo[82] ainda vigente de um certo lado. Com efeito, assim como no carnaval das cidades italianas vemos caminhar máscaras extravagantes entre pessoas que cuidam sóbria e honestamente de seus negócios, da mesma forma vemos hoje na Alemanha, entre filósofos, investigadores da natureza, historiadores, críticos e racionalistas se espalharem tartufos trajados com a roupagem de uma época que data de séculos atrás e cujo efeito é burlesco especialmente quando fazem arenga.

Aqueles que imaginam que a ciência progride e pode se expandir cada vez mais, sem que isso impeça a religião de prosperar e florescer continuamente estão imersos num grande erro. Física e metafísica são os inimigos naturais da religião e portanto esta é inimiga daquelas, que sempre se esforça em reprimi-las assim como elas se esforçam em miná-la. É completamente ridículo querer falar de paz e concordância entre elas: trata-se de um *bellum ad internecionem*.[83] As religiões são filhas da ignorância que não sobrevivem muito tempo à sua mãe. Omar, Omar compreendeu isso quando queimou a biblioteca de Alexandria. Sua razão para isso, que o conteúdo dos livros ou estava contido no Corão ou seria supérfluo, é considerada néscia mas é muito sagaz, quando se compreende *cum grano salis* que ele quer dizer que as ciências, quando vão além do Corão são inimigas da religião e portanto intoleráveis. O cristianismo estaria bem melhor se os soberanos cristãos fossem tão espertos quanto Omar. Mas agora talvez seja um pouco tarde para queimar todos

---

[82] Hipocrisia, por associação ao personagem da comédia *Tartuffe* (1664), de Molière. [N.E.]

[83] "Guerra de vida e morte." [N.T.]

os livros, suprimir as academias, para fazer penetrar nas universidades o *pro ratione voluntas*[84] até os tutanos a fim de conduzir a humanidade ao estado em que ela se encontrava na Idade Média. E com um punhado de obscurantistas nada se pode conseguir: hoje em dia são vistos como gente que quer apagar a luz para roubar. Assim é, pois, evidente que pouco a pouco os povos procuram sacudir o jugo da fé: os sintomas disso se encontram em toda parte ainda que modificados em cada país. A causa é o saber excessivo que chegou até eles. Os conhecimentos de todos os tipos que crescem diariamente e se difundem cada vez mais em todas as direções ampliam de tal modo o horizonte de cada um segundo sua esfera que ela termina por adquirir uma tal magnitude frente a qual os mitos que constituem o esqueleto do cristianismo se encolhem de modo que a fé não pode mais aderir a ele. Semelhante a um traje infantil, a religião não serve mais para a humanidade: e como ela não para de crescer, a vestimenta arrebenta. Pois a fé e o saber não se dão na mesma cabeça: são como lobo e cordeiro numa mesma jaula; e de fato o saber é o lobo que ameaça devorar seu vizinho. Em seus estertores, vê-se a religião aferrar-se à moral querendo se passar por sua mãe: — Mas de jeito nenhum! A autêntica moral e a moralidade não dependem de nenhuma religião, ainda que todas elas a sancionem e com isso elas recebem um apoio. — Expulsa da classe média, o cristianismo se refugia nas classes mais baixas, onde se apresenta como um conventículo, e nas mais altas quando se trata de política, mas dever-se-ia pensar que também aqui as palavras de Goethe encontram uma aplicação:

Nota-se a intenção e se sente desgosto.[85]

[84] Juvenal, *Sátiras* 6, 223: "Hoc volo, sic iubeo, sit pro ratione voluntas" [Assim quero, assim ordeno, faça-se minha vontade em detrimento da razão]. [N.E.]

[85] "*So fühlt man Absicht und man ist verstimmt*". Goethe, *Torquato Tasso*, II, 1. [N.T.]

Ao leitor a passagem de Condorcet mencionada no §. 174 será bem-vinda.

A fé é como o amor: ela não se deixa obrigar. Por isso é uma empresa duvidosa querer instaurá-la ou consolidá-la por meio de decretos estatais: pois assim como a tentativa de forçar o amor gera o ódio, da mesma forma, forçar a fé gera antes incredulidade.[86] Somente de modo muito indireto e, por consequência, depois de grandes preparativos previamente planejados é que se pode exigir a fé, ou seja, preparando um terreno favorável em que ela germinará: esse solo é a ignorância. Daí que na Inglaterra, desde tempos antigos até o nosso, cuidou-se tanto disso, de modo que dois terços da nação não sabe ler; e por isso também ainda hoje em dia prevalece ali uma fé de carvoeiro como em vão se buscaria em outro lugar. Mas a partir de agora também lá o governo retirou a instrução do povo das mãos do clero, depois do que logo se seguirá o declínio da fé. — Em suma, pois, o cristianismo, minado continuamente pela ciência, caminha rumo a seu fim. Entrementes, uma esperança poderia advir da consideração de que apenas as religiões que não possuem documentos sucumbem. As religiões dos gregos e romanos, esses povos que dominaram o mundo, sucumbiu. Ao contrário, a religião do desprezado povo judeu, se manteve; da mesma forma que a religião do povo zende entre os guebros.[87] Ao contrário, a religião dos gauleses, escandinavos e germânicos desapareceu. Porém, as religiões bramânica

---

[86] Pode-se calcular a má consciência que há de ter *a religião* no fato de que esteja proibido, sob pena de severa punição, *zombar* dela.

Os governos europeus proíbem qualquer ataque à *religião nacional*. Mas eles mesmos enviam *missionários* aos países budistas e bramânicos que combatem vigorosamente e a fundo as religiões desses países, para dar lugar àquela que eles importam. E logo em seguida eles gritam aos céus quando um imperador chinês ou um mandarim de Tonkin corta a cabeça de tais pessoas. [N.A.]

[87] Guebros é a denominação comum entre os muçulmanos para os persas seguidores do zoroastrismo. [N.E.]

e budista persistem e florescem: elas são as mais antigas de todas e possuem documentos detalhados.

§. 182.

Uma religião que tem por fundamento um *único acontecimento* e dele, narrado aqui e acolá, em tal ou tal momento, quer fazer o ponto crítico do mundo e de toda existência, tem um fundamento tão fraco que é impossível que possa subsistir tão logo alguma reflexão venha à mente das pessoas. Quão sábio é, ao contrário, no *budismo* a aceitação dos mil budas! O que não ocorre no cristianismo em que *Jesus Cristo* salvou o mundo e fora dele nenhuma salvação é possível; — mas quatro milênios dos quais os monumentos subsistem grandiosos e esplêndidos no Egito, na Ásia e na Europa não puderam saber nada dele e aquela época com todo o seu esplendor foi ao diabo sem o ver! Os muitos budas são necessários porque ao final de cada *kalpa* o mundo desaparece e com ele a doutrina, e assim um novo mundo requer um novo buda. A salvação está sempre presente.

Que a *civilização* esteja em seu estágio mais elevado nos povos *cristãos* não se deve a que o *cristianismo* lhe favoreça, mas que ele está em declínio e pouca influência ainda tem; enquanto a teve, a civilização estava bem atrasada: na Idade Média. Ao contrário, o *islã*, o *bramanismo* e o *budismo* ainda têm influência decisiva na vida: na China bem menos e por isso a civilização se assemelha bastante à europeia. Toda *religião* está em antagonismo com a cultura. —

Nos séculos anteriores a religião era uma floresta na qual o exército poderia se deter e se esconder. A tentativa de repetir isso em nossos dias acabou mal. Porque depois de tantas quedas ela não é mais do que uma moita atrás da qual eventualmente os ladrões se escondem. Por isso deve-se proteger-se diante daqueles que querem introduzi-la em tudo e ao encontrá-los lembrar-se do provérbio citado acima: *detras de la cruz está el diablo*.

COLEÇÃO HEDRA

1. *Iracema*, Alencar
2. *Don Juan*, Molière
3. *Contos indianos*, Mallarmé
4. *Auto da barca do Inferno*, Gil Vicente
5. *Poemas completos de Alberto Caeiro*, Pessoa
6. *Triunfos*, Petrarca
7. *A cidade e as serras*, Eça
8. *O retrato de Dorian Gray*, Wilde
9. *A história trágica do Doutor Fausto*, Marlowe
10. *Os sofrimentos do jovem Werther*, Goethe
11. *Dos novos sistemas na arte*, Maliévitch
12. *Mensagem*, Pessoa
13. *Metamorfoses*, Ovídio
14. *Micromegas e outros contos*, Voltaire
15. *O sobrinho de Rameau*, Diderot
16. *Carta sobre a tolerância*, Locke
17. *Discursos ímpios*, Sade
18. *O príncipe*, Maquiavel
19. *Dao De Jing*, Lao Zi
20. *O fim do ciúme e outros contos*, Proust
21. *Pequenos poemas em prosa*, Baudelaire
22. *Fé e saber*, Hegel
23. *Joana d'Arc*, Michelet
24. *Livro dos mandamentos: 248 preceitos positivos*, Maimônides
25. *O indivíduo, a sociedade e o Estado, e outros ensaios*, Emma Goldman
26. *Eu acuso!*, Zola | *O processo do capitão Dreyfus*, Rui Barbosa
27. *Apologia de Galileu*, Campanella
28. *Sobre verdade e mentira*, Nietzsche
29. *O princípio anarquista e outros ensaios*, Kropotkin
30. *Os sovietes traídos pelos bolcheviques*, Rocker
31. *Poemas*, Byron
32. *Sonetos*, Shakespeare
33. *A vida é sonho*, Calderón
34. *Escritos revolucionários*, Malatesta
35. *Sagas*, Strindberg
36. *O mundo ou tratado da luz*, Descartes
37. *O Ateneu*, Raul Pompeia
38. *Fábula de Polifemo e Galateia e outros poemas*, Góngora
39. *A vênus das peles*, Sacher-Masoch
40. *Escritos sobre arte*, Baudelaire
41. *Cântico dos cânticos*, [Salomão]
42. *Americanismo e fordismo*, Gramsci
43. *O princípio do Estado e outros ensaios*, Bakunin
44. *O gato preto e outros contos*, Poe
45. *História da província Santa Cruz*, Gandavo
46. *Balada dos enforcados e outros poemas*, Villon
47. *Sátiras, fábulas, aforismos e profecias*, Da Vinci
48. *O cego e outros contos*, D.H. Lawrence

49. *Rashômon e outros contos*, Akutagawa
50. *História da anarquia (vol. 1)*, Max Nettlau
51. *Imitação de Cristo*, Tomás de Kempis
52. *O casamento do Céu e do Inferno*, Blake
53. *Cartas a favor da escravidão*, Alencar
54. *Utopia Brasil*, Darcy Ribeiro
55. *Flossie, a Vênus de quinze anos*, [Swinburne]
56. *Teleny, ou o reverso da medalha*, [Wilde et al.]
57. *A filosofia na era trágica dos gregos*, Nietzsche
58. *No coração das trevas*, Conrad
59. *Viagem sentimental*, Sterne
60. *Arcana Cœlestia* e *Apocalipsis revelata*, Swedenborg
61. *Saga dos Volsungos*, Anônimo do séc. XIII
62. *Um anarquista e outros contos*, Conrad
63. *A monadologia e outros textos*, Leibniz
64. *Cultura estética e liberdade*, Schiller
65. *A pele do lobo e outras peças*, Artur Azevedo
66. *Poesia basca: das origens à Guerra Civil*
67. *Poesia catalã: das origens à Guerra Civil*
68. *Poesia espanhola: das origens à Guerra Civil*
69. *Poesia galega: das origens à Guerra Civil*
70. *O chamado de Cthulhu e outros contos*, H.P. Lovecraft
71. *O pequeno Zacarias, chamado Cinábrio*, E.T.A. Hoffmann
72. *Tratados da terra e gente do Brasil*, Fernão Cardim
73. *Entre camponeses*, Malatesta
74. *O Rabi de Bacherach*, Heine
75. *Bom Crioulo*, Adolfo Caminha
76. *Um gato indiscreto e outros contos*, Saki
77. *Viagem em volta do meu quarto*, Xavier de Maistre
78. *Hawthorne e seus musgos*, Melville
79. *A metamorfose*, Kafka
80. *Ode ao Vento Oeste e outros poemas*, Shelley
81. *Oração aos moços*, Rui Barbosa
82. *Feitiço de amor e outros contos*, Ludwig Tieck
83. *O corno de si próprio e outros contos*, Sade
84. *Investigação sobre o entendimento humano*, Hume
85. *Sobre os sonhos e outros diálogos*, Borges | Osvaldo Ferrari
86. *Sobre a filosofia e outros diálogos*, Borges | Osvaldo Ferrari
87. *Sobre a amizade e outros diálogos*, Borges | Osvaldo Ferrari
88. *A voz dos botequins e outros poemas*, Verlaine
89. *Gente de Hemsö*, Strindberg
90. *Senhorita Júlia e outras peças*, Strindberg
91. *Correspondência*, Goethe | Schiller
92. *Índice das coisas mais notáveis*, Vieira
93. *Tratado descritivo do Brasil em 1587*, Gabriel Soares de Sousa
94. *Poemas da cabana montanhesa*, Saigyō
95. *Autobiografia de uma pulga*, [Stanislas de Rhodes]
96. *A volta do parafuso*, Henry James
97. *Ode sobre a melancolia e outros poemas*, Keats
98. *Teatro de êxtase*, Pessoa
99. *Carmilla — A vampira de Karnstein*, Sheridan Le Fanu

100. *Pensamento político de Maquiavel*, Fichte
101. *Inferno*, Strindberg
102. *Contos clássicos de vampiro*, Byron, Stoker e outros
103. *O primeiro Hamlet*, Shakespeare
104. *Noites egípcias e outros contos*, Púchkin
105. *A carteira de meu tio*, Macedo
106. *O desertor*, Silva Alvarenga
107. *Jerusalém*, Blake
108. *As bacantes*, Eurípides
109. *Emília Galotti*, Lessing
110. *Contos húngaros*, Kosztolányi, Karinthy, Csáth e Krúdy
111. *A sombra de Innsmouth*, H.P. Lovecraft
112. *Viagem aos Estados Unidos*, Tocqueville
113. *Émile e Sophie ou os solitários*, Rousseau
114. *Manifesto comunista*, Marx e Engels
115. *A fábrica de robôs*, Karel Tchápek
116. *Sobre a filosofia e seu método — Parerga e paralipomena (v. II, t. I)*, Schopenhauer
117. *O novo Epicuro: as delícias do sexo*, Edward Sellon
118. *Revolução e liberdade: cartas de 1845 a 1875*, Bakunin
119. *Sobre a liberdade*, Mill
120. *A velha Izerguil e outros contos*, Górki
121. *Pequeno-burgueses*, Górki
122. *Um sussurro nas trevas*, H.P. Lovecraft
123. *Primeiro livro dos Amores*, Ovídio
124. *Educação e sociologia*, Durkheim
125. *Elixir do pajé — poemas de humor, sátira e escatologia*, Bernardo Guimarães
126. *A nostálgica e outros contos*, Papadiamántis
127. *Lisístrata*, Aristófanes
128. *A cruzada das crianças/ Vidas imaginárias*, Marcel Schwob
129. *O livro de Monelle*, Marcel Schwob
130. *A última folha e outros contos*, O. Henry
131. *Romanceiro cigano*, Lorca
132. *Sobre o riso e a loucura*, [Hipócrates]
133. *Hino a Afrodite e outros poemas*, Safo de Lesbos
134. *Anarquia pela educação*, Élisée Reclus
135. *Ernestine ou o nascimento do amor*, Stendhal
136. *A cor que caiu do espaço*, H.P. Lovecraft
137. *Odisseia*, Homero
138. *O estranho caso do Dr. Jekyll e Mr. Hyde*, Stevenson
139. *História da anarquia (vol. 2)*, Max Nettlau
140. *Eu*, Augusto dos Anjos
141. *Farsa de Inês Pereira*, Gil Vicente
142. *Sobre a ética — Parerga e paralipomena (v. II, t. II)*, Schopenhauer
143. *Contos de amor, de loucura e de morte*, Horacio Quiroga
144. *Memórias do subsolo*, Dostoiévski
145. *A arte da guerra*, Maquiavel
146. *O cortiço*, Aluísio Azevedo
147. *Elogio da loucura*, Erasmo de Rotterdam

148. *Oliver Twist*, Dickens
149. *O ladrão honesto e outros contos*, Dostoiévski
150. *Diários de Adão e Eva e outros escritos satíricos*, Mark Twain
151. *Cadernos: Esperança do mundo*, Albert Camus
152. *Cadernos: A desmedida na medida*, Albert Camus
153. *Cadernos: A guerra começou...*, Albert Camus
154. *Escritos sobre literatura*, Sigmund Freud
155. *O destino do erudito*, Fichte

Edição _	Iuri Pereira e Jorge Sallum
Coedição _	Bruno Costa
Capa e projeto gráfico _	Júlio Dui e Bruno Oliveira
Imagem de capa _	Abstract (pavement with marks), by tanakawho ©
Programação em LaTeX _	Bruno Oliveira
Preparação e revisão _	Iuri Pereira
Notas do editor _	Iuri Pereira
Revisão das citações gregas _	Jorge Sallum
Assistência editorial _	Bruno Oliveira
Colofão _	Adverte-se aos curiosos que se imprimiu esta obra na Digital Page em 20 de junho de 2014, em papel off-set 75 g/m², composta em tipologia Minion Pro, em GNU/Linux (Gentoo, Sabayon e Ubuntu), com os softwares livres LaTeX, DeTeX, vim, Evince, Pdftk, Aspell, svn e TRAC.